皇陵探秘系列

汉武帝陵密码

赵佳 著

辽宁人民出版社

图书在版编目（CIP）数据

汉武帝陵密码 / 赵佳著 . —沈阳：辽宁人民出版
社，2023.1
（皇陵探秘系列）
ISBN 978-7-205-10566-2

Ⅰ . ①汉… Ⅱ . ①赵… Ⅲ . ①汉武帝（前 156—前 87）
—陵墓—研究 Ⅳ . ① K928.76

中国版本图书馆 CIP 数据核字（2022）第 171409 号

出版发行：辽宁人民出版社
　　　　　地址：沈阳市和平区十一纬路 25 号　邮编：110003
　　　　　电话：024-23284191（发行部）　024-23284304（办公室）
　　　　　http ://www.lnpph.com.cn
印　　刷：北京长宁印刷有限公司天津分公司
幅面尺寸：165mm×235mm
印　　张：18.5
字　　数：242 千字
出版时间：2023 年 1 月第 1 版
印刷时间：2023 年 1 月第 1 次印刷
责任编辑：赵维宁
封面设计：乐　翁
版式设计：一诺设计
责任校对：冯　莹
书　　号：ISBN 978-7-205-10566-2
定　　价：59.80 元

序
旷古帝王归宿——"东方金字塔"

泱泱大国，巍巍中华，历史悠久，傲视群雄。在中华五千多年的历史长河里，曾涌现出数百位帝王。在漫长的帝制社会中，皇帝是国家的最高统治者，是专制统治的象征与代表。在《与陈伯之书》中曾记载："当今皇帝盛明，天下安乐。"一朝皇帝是否贤能，决定着当朝天下百姓是否能安定。

岁月尘封，历史汤汤，有的帝王熠熠生辉，当朝百姓也能安居乐业；有的皇帝残酷暴虐，当朝百姓的日子便苦不堪言。中国漫长的历史上，众多的君王中，有三位极其杰出的帝王被后世称为千古一帝，其中就有这部书的主角——汉武帝刘彻。

班固在《汉书》中评价汉武帝"雄才大略"；曹植谈到汉武帝时，也说其"功越百王"；李世民则说："近代平一天下，拓定边方者，惟秦皇、汉武。"

近代史学家夏增佑先生也曾评价道："武帝时为中国极强之世，故古今称雄主者，曰秦皇汉武。"并称汉武帝刘彻是"百代帝王"，意思是刘彻在世时的功绩，不仅止于对当时朝代的影响，而且还深深地影响了后面很多朝代。汉朝统治时期所确立的社会与政治制度，一直延续到20世纪。到现在，很多中国人仍然称呼自己为"汉人"。

汉武帝在世时，雄才大略，开疆拓土，奠定版图。对外，汉武帝攘夷拓土，东并朝鲜，南吞百越，西征大宛，北破匈奴。对内，汉武帝知人善任，礼贤下士，广纳贤才，他甚至摈弃正统，容纳异类，将庄严的朝堂变成一个充满温情和快乐的休息室，君臣之间宛如玩伴。汉武帝真不愧为一代帝王，焕发出气象万千，令人仰慕不已。汉武帝的功绩也奠定了整个汉王朝强盛的局面，成为中国封建王朝第一个发展高峰期。

活着轰轰烈烈，离去也要感天动地。在我国古代，人们对于一个人身后事的重视程度，可以说要比人活着的时候更甚。作为一代君王汉武帝也不例外，他继位第二年就开始修建自己的陵墓。

说起陵墓，古埃及金字塔具有超凡入圣的魅力，是巨大的历史遗迹，被全世界人民所称奇。在中国所有的皇帝陵寝中，也有一座皇帝的陵寝被称为是"东方的金字塔"，它就坐落在中国陕西省的兴平市，这座皇帝陵寝光修建就花了53年的时间，而且是汉朝帝王陵墓中规模最大、陪葬品最丰富的一座，它就是汉武帝的茂陵。汉武帝茂陵工期之长、规模之大无人可及。汉武帝生前"威名弘贯宇内，伟业鼎立千秋"，身后"茂陵金玉如山，美誉东方金字塔"。

接下来，就让我们一起探索这位旷古帝王与他的"金字塔"的传奇。

目　录

第一章

旷古帝王归宿——"东方金字塔"

一、风水宝地——麒麟、祥云

汉武帝是旷古罕见的一位帝王，他战功赫赫，伟业昭昭，北拒匈奴、南逐百越、西越葱岭，一举奠定了中华版图的基础。他海纳百川，驾驭豪杰，奠定了一个民族鼎立千秋的基石与力量。他声名远播、文治武功，树立了一个国家前所未有的尊严与荣耀。而汉武帝刘彻长眠的安息所——茂陵，也是整个西汉帝陵中最为雄伟的一座帝王陵墓，是规模最大、修建时间最长、陪葬品最为丰富的西汉帝王陵，堪称"东方的金字塔"。

中国古人非常崇拜鬼神，无论是达官贵人，还是寻常百姓，他们都特别讲究在行事之前，叩拜询问自己所信奉的鬼神，希望鬼神能给自己一些提点和指引。而对于丧葬之事，古人更是尤为重视。古代的帝王由于身份地位都极为尊贵，所以，在丧葬礼仪上也最为考究。其中，最为显著的就是皇陵。古代帝王认为人死以后，会有一个与生前一样的世界，这种想法导致他们一定要在活着的时候，把生前的荣华、地位，都用皇陵的方式带到另一个世界，好让自己死了以后，也同样可以享受无比尊荣的生活。许多皇帝在登基后，就开始想着如何建造自己的皇陵了。而建造皇陵，首先就是选址，皇陵一般都会选在龙脉之地，以求上天保佑皇帝死后能够前往极乐世界以及享受永世安宁。古人在陵墓选址上，非常注重风水一说，认为陵墓的风水直接关系到后代的命运，皇家陵墓更是决定着国运兴衰。《葬书》中有云："生气行乎地中，发而生乎万物。人受体于父母，本骸得气，遗体受荫。"这句话的大意是，世间万物都是由"生气"构成，而生气源自尘土，如果逝者能葬在富有生气的地方，那么他从尘土中得到的生气，就能传送给他在世活着的子孙，使子孙得到庇佑。还有就是能祈佑在逝世后，国家依然能够国泰民安，繁荣昌盛，在世的子女后代安康，有所成就，为国效力。

"千古一帝"的汉武帝刘彻的茂陵坐落于今天的陕西省兴平县渭北原上，俯瞰整个茂陵，它北面远依九骏山，南面遥屏终南山，东西为横亘百里的"五陵原"。

大家肯定想知道，汉武帝刘彻为何要选择在这里建造自己的茂陵呢？关于这个疑问在民间一直流传着一个神奇的传说。

茂陵选址传说

相传，这一年深秋，在这天地为之变色的季节，树上的枝叶褪尽了青春的容颜，清幽的小草用心蘸满金黄的汁水，龙飞凤舞地抒写着……十六岁的汉武帝刘彻率领着他的小伙伴们，驾马奔出长安城未央宫，过了渭河，来到渭北原上打猎。

渭北的天空澄明，阵阵秋风拂面吹过，汉武帝刘彻的心情很是舒畅。可接下来的事情并不顺利，天不遂人愿，已经快到中午了，汉武帝他们一路寻找、狩猎，一直来到了槐里县茂乡（刘彻的母亲王皇后娘家所在地）的时候，汉武帝的箭头还没有射中一个猎物，就连一只兔子也没有打到。再加上一想起自己的母亲，汉武帝心中莫名有些不快，心中五味杂陈的汉武帝，准备命令人马稍作休息之后，打道返回长安。

当汉武帝长出一口气，正准备坐在草地上好好休息一下的时候，一只硕大的形似麒麟一般的动物突然间从他眼前一滑而过。说时迟、那时快，汉武帝立刻拉弓射箭，利箭带着疾风，瞬间射向麒麟。可是汉武帝的利箭并没有射中这只突然而来的麒麟，原本就很惆怅的汉武帝心中便更加不悦，他回头想再次休息，奇迹却突然出现了。原来，在汉武帝箭头落地的位置上，居然立即升起一团祥云。这分明就是一个祥瑞之兆啊，眼前的一切让刚刚当上皇帝的刘彻惊呆了。

汉武帝陵密码

此时，刘彻心里所有的愁云全部跑到了九霄云外，他的心情迅速明快起来。刘彻站在茂乡的田野上远眺，这是一片高敞开阔的地方，是不是母亲在她的家乡透过这祥瑞之兆来祝福自己呢？刘彻暗自思忖着，眼前的土地一望万里无垠，远处，巍巍秦岭如一道天然的屏障，近前，壮美渭河似一条洁美如玉的素练。突然间，刘彻喜上眉梢、神采飞扬。原来，祖上有一个传统，天子即位的第二年就可以开始修建自己的寿陵。汉武帝把茂乡的地理形态和刚才的那一幕祥瑞情景联想在一起，他心想：这里作为自己的千年吉壤（墓地）该有多好啊！想到这里，刘彻立刻打马回宫。

回宫之后，汉武帝刘彻就开始了自己的建陵计划。他立即把"风水大师"东方朔叫来询问。"风水大师"东方朔接着汉武帝的命令迅速前往槐里县茂乡实地踏勘。东方朔来到茂乡，见此地南望秦岭，北依群山，气象开阔，气脉极佳。东方朔立时觉得这位年少的汉武帝眼光的确不一般，此地完全可以作为万年之处。但是东方朔并没有立刻回报汉武帝，而是在那里埋下了一枚渭河青石后，才回朝复命。

东方朔对汉武帝说："此地形胜天设，气息所集，风物地造，聚风顺气。风水乃千百年来第一吉壤。且又与渭北诸陵连成一体，与西、北龙脉相连。另外，此地'土'大盛。陛下的名字里的'彻'中间有土，若居于此，可居中以镇四方。"听了"风水大师"东方朔一番分析后，汉武帝龙颜大悦，高兴得不得了，立即下令在茂陵营建陵墓。

公元前 139 年的初冬，汉武帝刘彻命令东方朔带着修建陵山的队伍，进入到槐里县茂乡原上，为自己修建寿陵。

只是，不知年轻的汉武帝有没有发觉东方朔心中已打起了一个小算盘，接下来，发生了一件让刘彻和所有人想不到的事情。

在建陵队伍来到渭北平原以后，东方朔负责开穴。他却在开穴口的时候，把汉武帝箭头落地的位置向西北方向做了移动。下面的建陵人员只知按指示干活，他们也并不晓得东方朔的心思，建陵队伍立刻就按照东方朔指认的方位开始了建设茂陵。

原来，东方朔知道汉武帝落箭的位置在茂乡原上最好的位置，怀有私心的东方朔并不想把这个位置给年轻的汉武帝，他想要把最好的穴位留给自己，所以，他上次踏勘时，并没有及时回朝复命，而是在箭落之处悄悄埋下青石作为记号。并且，他还将汉武帝茂陵的穴口有意向西北方向做了移动。最初，此事一直深藏在东方朔的心底，并无人知晓。直到晚年，东方朔在要离开人世的时候，他交代儿子，要去茂陵东南方向一千步开外寻找到那块青石，要在青石处为自己开方挖穴。东方朔的儿子按照老爸的吩咐，都如数照办了。

东方朔埋葬在那里后，发生了一些奇异的现象，原来，东方朔那不很高大的墓葬的封土却一天一天往高长，大有超过汉武帝刘彻茂陵的势头。汉武帝的接班人汉昭帝刘弗陵听到这种情况后，十分不爽快，可他一时也不知原委，更想不出办法。最后，有人向汉昭帝透露玄机，汉昭帝询问破解之法后，派人给东方朔墓葬的封土上压了一块巨大的石头。从此以后，东方朔的墓葬再也不长了。

汉武帝打猎背后的玄机

公元前 141 年，年仅 16 岁的刘彻接了老爸汉景帝的班，当上了皇帝。汉武帝刘彻登基的时候，汉朝建立已经有 60 多年了。

汉初，因多年战乱导致社会经济凋敝，刘彻的爷爷汉文帝刘恒在位23 年，为了让百姓吃饱穿暖，他曾下令全免田租。同时，对周边敌对国家也不轻易出兵，以免耗损国力。汉文帝刘恒一生提倡节俭，他的宫室内没有增添过几件新衣服，为了节省，汉文帝提倡衣不曳地。汉文帝在位时，他的车驾也没有增添一辆，就连他用的帷帐也不施文绣，除此之外，汉文帝还下诏禁止郡国贡献奇珍异物。汉文帝的节俭治国，为国家节省了大量开支，在汉文帝的带动下，全国上下贵族官僚都不敢奢侈无度，百姓也因此减轻了很多负担。

汉文帝还特别重视农业，曾多次下令劝课农桑，鼓励农民生产。对于每天辛苦劳作，努力耕作的农民，朝廷还会给予一定的奖励。每年春耕时，汉文帝还会亲自下地耕作，给天下百官和普通百姓做榜样。汉文帝一生推行无为而治，所以他也被称为是史上最好命的帝王，没有什么实力，也没有什么功绩，偏偏还当上了皇帝，更开挂的是，还开创了盛世。

公元前157年，汉武帝老爸汉景帝刘启接任皇帝，刘启也学着老爸，重视"以德化民"，继续推行无为而治。在汉文帝和汉景帝的努力下，百姓慢慢富裕起来，社会也比较安定。汉景帝后期，国家的粮仓也逐渐丰满起来了，府库里的大量铜钱因多年不用，以至于穿钱的绳子烂了，散钱已经多得无法计算了。就这样，这两父子携手打造了中华文明迈入帝国时代后的第一个盛世——文景之治，也为汉武帝征伐匈奴奠定了坚实的物质基础。

汉武帝刘彻成了皇帝以后，天下安定，百姓安居，汉武帝以"建元"为年号。皇帝以年号纪元，自此始于刘彻。这位少年的天子从即位之初，便带着一番大有作为的派头，诚如后来的太史公所说："汉兴五世，隆在建元。"正当汉武帝准备在爷爷和老爸的盛世之上，撸胳膊、挽袖子，大干一番时，却被他的保守的奶奶——窦太皇太后迅速镇压了下来。原来，窦太皇太后并不是最喜欢汉武帝的老爸汉景帝刘启，她倒是很喜欢小儿子梁孝王刘武，而在思想形态上，窦太皇太后还喜欢黄老学问。

刚刚登基的汉武帝准备大展身手，刚一即位，就立即下令招贤，指导思想和重要纲领是要加强中央集权的儒家、法家。年少的汉武帝以为掌舵宫廷之内的窦太皇太后并不会为难自己，并且依附祖母的窦婴及一干老人们都年事已高，就是仰仗母亲王太后和舅父田蚡的一干新人们也没有什么杰出者。至于姑母大长公主和妻子陈阿娇那一脉，也不过是祖母的跟班，不成气候。所以，年少气盛的汉武帝根本没有顾及窦太皇太后秉持黄老之道，就私自想起用儒家、法家治国，也就是思想渊源于贾谊和晁错这两脉的人士。汉武帝还封了自己当太子时候的主儒学思想的启蒙老师赵绾为第一任御史大夫，又封了他当太子时候的主儒学思想的启蒙老师王臧为第一任郎中令。看上去，好戏马上上演了，年轻的汉武帝准备开始"大有作为"了。

结果？这出戏并没有按照汉武帝计划的剧本进行，第一集刚播出，第二集剧情就失控了。原来，汉武帝即位第二年，被汉武帝提拔上来的赵绾自然知晓汉武帝的心病是什么，可就当他仅仅上书建议皇帝处理国事不必请示太皇太后时，立马戏份就杀青了。窦太皇太后将赵绾、王臧二人全部下到狱中，随后两人便都在狱中自杀了。这出刚刚开播的大戏，到此也就结束了。

年轻的汉武帝受到了如此大的挫折，他才明白自己只不过是名义上的天子。面对此情此景，刚刚登基且又年少的汉武帝敢怒不敢言，只能一忍再忍。

《淮南子·原道训》在此记录道：这段时间十分憋屈的汉武帝，没事就去终南山射猎，还自称为"平阳侯"。少年天子在雄性荷尔蒙分泌之下，驾马驰骋，践踏农田无数。一直生活在汉文帝和汉景帝恩惠之下的平民百姓，哪里见过如此蛮狠肆虐的统治者，纷纷大骂。国内平民对年少的汉武帝骂声一片，大致翻译成白话就是："你这个横行霸道的皇三代。"

说到这里，有人会问了，大名鼎鼎的汉武帝年轻时也是一个糊涂蛋吗？非也，别看当时汉武帝年轻，他却有着自己的小算盘。面对奶奶对自己政治上的干涉，他深知不能在明面上对着干，却暗地里为自己拉拢势力。这些与他共同狩猎的骑射者，都是他最信任的小伙伴，他借着狩猎召集来的伙伴，都是为了将来所储备的，他将来要用这些人对抗宫廷

汉武帝陵密码

诸窦。很多很多年后，康熙大帝不也是学着汉武帝，聚集自己的摔跤小伙伴们，用这些小伙伴对抗鳌拜群党嘛。由此可见，有志不在年高。

茂陵选址多方因素

《汉旧仪》上是这样说的："天子即位，明年，将作大将营陵地。"汉朝皇帝有即位第二年就营建寿陵的制度和风俗。

汉武帝刘彻的茂陵，营建始于公元前139年。他的寿陵基址选在槐里县茂乡。为什么选在这里？这里除了要讲讲传说，还要说说汉朝皇陵的选址制度。中国古代皇陵选址，一般都会受到四大因素的影响：地理因素、政治因素、礼制因素、风水因素。

汉武帝茂陵的选址也受了地理因素的影响。汉礼学家戴圣曾编了一本书，叫《礼记》，就记载了当时的典章制度，书中提到了当时皇陵选址的原则，就是"葬者宜在国都之北"。根据《礼记》记载，陵墓选址最好的方位，并不是正北或东北，而是西或西北。原因是因为太阳东升西落，傍晚时分，太阳在西方徐徐落下、归家休息，所以，古人认为西北也是神明休息的地方。而皇帝在古时就是天之骄子，所以，离开人世以后，也要在神明休息之处休息。另外，日落于西，称为"暮"，"暮"通"墓"。所以，当时的自然现象，日出日落对皇朝皇陵选址影响很大。所以，有人曾说：汉武帝当时并非不知晓东方朔的小算盘，只是他认为西北方向更佳。

那么，皇帝的陵墓要离都城多远为宜？这个以方便后人祭祀为宜。路程以早上去了，中午能到，太阳落山前可以回到家中为宜。而茂乡正在这个距离的范围内，所以，在这种考虑下，渭水北岸的咸阳原，就成为西汉皇帝的最佳葬地。当然，这也是帝王"死后镇国"的需要。

无论是流传于民间的茂陵选址传说究竟是真是假，还是当时汉武帝内心真正的企盼，我们后人自然都不得而知。不过，不管风水之说是否可信，汉武帝确实实现了长寿梦想。但是，汉武帝的梦想也仅实现了一半，至于他想要"死后镇国"，坐居茂陵，"镇压四方"却没能实现。

二、大将军卫青——庐山冢

　　他虽是奴隶出身，却难掩绝世才干，七战七捷，成为汉朝时期抗击匈奴最功勋卓著的大将军，他的存在，让匈奴不敢再入侵大汉。他生前深得汉武帝宠信，他死后，享受国葬，汉武帝还特意将他安葬在自己寿陵的东北侧，离茂陵仅有 1000 多米。他就是大家所熟知的大将军卫青。作为一个低贱的奴隶，卫青到底是如何逆袭成为一代名将，他的庐山冢与汉武帝的茂陵又有怎样千丝万缕的联系呢？让我们一起来穿越历史，了解一下卫青的逆袭人生以及他与汉武帝茂陵的故事吧！

悲惨童年

　　了解一些历史的朋友们都知道卫青和霍去病两人都是西汉武帝时期赫赫有名的抗击匈奴的将领，而且卫青和霍去病还是舅舅和外甥的关系，而大将军卫青的姐姐卫子夫又是汉武帝的第二任皇后。不仅在古时，这样的身份地位十分显赫，即使是放在现代，这一家人也可谓是风光无限。就是如此厉害的大将军，说起他的出身还真不算是高贵，反而是十分低微。在很多人固有的观念中，西汉一代名将卫青必定有着高贵的出身，至少得有一个当高官或富贵的爹，然而事实并非如此。历史上真实的卫青竟然是一个奴隶出身，而且还是一个私生子。这到底是怎么回事呢？咱们现在就来一起唠唠卫青。

　　《汉书·卫青传》中记载：卫青，字仲卿。其父郑季，河东平阳人也，以县吏给事侯家。平阳侯曹寿尚武帝姊阳信长公主。季与主家僮卫媪通，生青。

汉武帝陵密码

卫青的母亲被称为卫媪（卫媪是否为其夫家姓存在争议）。卫青的母亲是平阳侯府的一个无比普通的女仆，周围的人都称她为"卫妈"。卫媪与丈夫结婚后生有一男三女：长子卫长君（即卫长子）、长女卫孺（《汉书》作卫君孺，《史记》作卫孺）、次女卫少儿、三女卫子夫。说到这里，恐怕有人会感到奇怪了，这里面也没有卫青啊，别着急，接下来的故事不太风光，却十分有趣！

在平阳侯府做事的人中有一个叫郑季的男人，是河东平阳人，担任县吏，早年曾在平阳侯家里当差。当时，郑季正值壮年，是一个血气方刚的汉子，妻子却又不在身边，自然会有一些孤独难熬，而此时，卫媪的丈夫也离开人世，她成了独居的寡妇。两个人在平时的生活中，日日接触，难免生出情愫，于是，两人私通，卫青就成为他爸在外面的私生子。卫青也是一个苦命的孩子，老爸压根没有打算认他，所以，卫青只能随母姓。还没等卫青长大成人，老爸郑季在平阳侯府的工作就结束了，并回到家乡。卫青在母亲膝下度过童年。但卫媪只是一个女仆，没有办法养育这五个孩子，生活实在是太艰苦了，无奈之下，在卫青10岁的时候，卫媪只好将卫青送到亲生父亲郑季的家里。

卫青的老爸家里有一位明媒正娶的妻子，还有几个名正言顺的子女，他们对卫青的到来，可是一点都不欢迎。卫青在郑家的待遇可想而知，老爸郑季居然让小小的卫青去放羊。卫青每天早出晚归，顶风雨，冒寒暑，忍饥挨饿，辛苦一天，回到家中，就连温饱问题也解决不了。郑家的儿子也没把卫青看成兄弟，他们把卫青当成奴仆畜生一样虐待。卫青在郑家过得十分悲惨，整日被人白眼相看。

有一次，卫青跟随郑家的人一起去甘泉，途中，他们遇到了一个项束铁刑具、善观相的犯人，犯人看见卫青长得一表人才，气宇轩昂，立刻就站住了，回过头来，对卫青说："您是贵人的面相啊，官至封侯。贵人也！"卫青听了这话，苦笑着说："我身为人奴之子，只求免遭笞骂，已是万幸，哪里谈得上立功封侯呢？"郑家的其他人也觉得这个囚犯是胡言乱语，没有把这个犯人的话放在心上。

随着时间的推移，卫青渐渐长大，身躯也变得高大、雄健、有力。卫青在郑家痛苦熬煎了这么多年，现在的他只想回到亲生母亲身边，摆脱这种受歧视的环境。身体强壮的卫青已经有了选择的能力，他毅然回到生母身边，寄居于平阳侯府。

没过多久，卫青就做了平阳公主的骑奴。年轻又英俊的卫青，通情达理，勤奋好学，很快就得到平阳公主赏识，被任为侍从骑士。卫青常常利用空闲时间学习，他在公主府里慢慢地获得了一些文化知识，开始晓得封建社会上层待人接物的道理，因为为人勤勉，所以卫青在平阳公主府也越来越受众人的喜欢了。

因祸得福

之前我们提过，卫青的妈妈还生有四个孩子，卫青同母异父的三姐就是卫子夫。不知是不是卫家都有逆流而上的伟大精神，说起卫子夫，大家都知道她是汉武帝的第二位皇后，身份低微却硬是逆流而上坐到皇后的位置。

原来，平阳公主是汉武帝的亲姐姐，并且她深受汉武帝的宠信。平阳公主为了使汉武帝对自己的宠信更加长久，所以，她就效仿馆陶长公主为汉武帝送美人，以便更加巩固自己在汉武帝心中的地位。

那是在汉武帝建元二年（前139）的时候，当时只有18岁的少年天子汉武帝去霸上祭祀祖先，归来的途中去了平阳公主府想探望姐姐平阳公主。得知消息的平阳公主早已选了一批才貌俱佳的美人，并且计划着把这一批美人全部都送给汉武帝，可令平阳公主大失所望的是，一大群美女，汉武帝居然一个也没有看上。

虽然没有看上美女，饭还是需要吃的。在宴会中，为了能让汉武帝高兴，平阳公主又找来了一些歌女跳舞助兴，而在这些歌女中，卫子夫便是其中一个。歌女献舞的时候，汉武帝一眼就看上了卫子夫，眼睛直盯着卫子夫不肯移动，脸上也露出了笑容。平阳公主可是一个非常聪明的人，她眼明心亮，在自己弟弟看向歌女卫子夫的那一瞬间，她便明了了他的心思。大家继续吃饭，把酒言欢，好不快活。

宴会结束后，心领神会的平阳公主赶紧把卫子夫叫来，好生交代。汉武帝前往更衣的途中，平阳公主已经提前把卫子夫派去换衣间等候了。汉武帝来到换衣间以后，刚刚已经对卫子夫一见倾心，便迫不及待地立刻在换衣间里面临幸了卫子夫。就这样，小小歌女就和汉武帝扯上了关系。汉武帝准备起驾回宫，平阳公主又赶紧把卫子夫献给汉武帝伴驾入宫。一场宴会下来，卫青因着自己的三姐，也就顺理成章地和当今皇帝有了那么一丝丝关系。可事情的发展，并没有想象中的那么顺利，和很多后宫剧情一样，卫子夫入宫一年多，并没有得到汉武帝的宠幸，汉武帝早把跟自己只有一夜情的小歌女卫子夫忘得一干二净了。

这一天，汉武帝突发奇想，他觉得自己后宫的女人实在是太多了，于是，准备在自己的后宫选上自己喜欢的人，释放一批不中用的宫女。卫子夫可不想让自己老死在深宫之中，借此机会见到汉武帝后，她哭泣着请求汉武帝放自己出宫。汉武帝见到梨花带雨的卫子夫，怜爱之心再次被激起，便不许她出宫，还又一次临幸了她。卫子夫也真是好命，不久就有了身孕。

老掉牙的剧情又来了，陈皇后知道卫子夫怀孕以后，十分妒忌。为了能帮助自己的女儿除掉心中大患，馆陶大长公主派人去绑架正在当值的卫青，企图杀了卫青。还好，卫青的好朋友公孙敖听到了这个消息后，立刻带人将卫青救出。汉武帝得知此事后，大为愤怒，立刻命人召来卫子夫的兄长卫长君、弟弟卫青入宫为侍中。

之后，卫家大姐卫君孺嫁给太仆公孙贺，二姐卫少儿嫁给汉朝开国功臣陈平的曾孙陈掌。卫子夫被封为夫人，其后卫家开始显贵。卫青的好朋友公孙敖也跟着卫家显贵了很多。汉武帝特别喜欢少年才俊卫青，一连数日，赏赐卫青多达千金，真是给足了卫家颜面，从此，卫青的人生也开始飞黄腾达。

不久后，才干突出的卫青，就又被任命为太中大夫，俸禄千石，掌管朝政议论。在接下来的近十年间，卫青作为建章监和侍中，跟随皇帝左右，和汉武帝一起听闻朝政。小小的奴役，在一夜之间，居然登上了朝堂，伴随在天子左右。不知此时卫青的那个爹会有怎样的想法，是不是又悔又怕呢？悔，当初没有善待自己的亲生儿子；怕，如今这小子这般有出息，会不会找自己报仇呢？不过，卫青才没有时间理他那个无聊又无情的爹。他入宫后，更加殷勤办差，聪明好学，这也为他后来七征匈奴，任大司马大将军为内朝参决政事、秉掌枢机打下了良好基础。

看来，真如古人所云：自古英雄不问出处。卫青颇受汉武帝的宠信，之后又成为太中大夫，足见其才干深得汉武帝信任。

初伐匈奴

公元前 129 年，匈奴来犯，带兵南下直指上谷。汉武帝任命卫青为车骑将军，率领一万骑兵，迎击匈奴。这是卫青第一次带兵打仗，并不是武将世家出身的卫青，能否打赢这场仗，成为当时满朝上下热议的话题。有人说：卫青是靠姐姐上位。也有人说：卫青是哄住了皇帝。不过，迎击匈奴，卫青率领的一万骑兵只是汉武帝派的一路人马。原来，汉武帝分派四路出击。车骑将军卫青出上谷，骑将军公孙敖从代郡、轻车将军公孙贺从云中、骁骑将军李广从雁门出兵。这下子，有好戏看了，四路将领各率一万骑兵，皇帝和看热闹的大臣都在长安等待结果。

别看卫青是首次出征，但他在战场上表现得异常冷静和勇敢，深入险境，率领一万人马直捣匈奴祭天圣地龙城，首战告捷，居然俘虏匈奴700 余人。再看看另外三路，其中有两路失败，另外一路也是无功而还。汉武帝看到只有卫青凯旋，立刻封卫青为关内侯，满朝文武也被青年卫青惊得哑口无言。卫青的龙城之战是自汉初以来对战匈奴的首次胜利，这次标志性的战役，为以后汉朝的进一步反击打下了良好的人心基础。

公元前128年的秋天，卫青为车骑将军出雁门，领军也由以前的一万改为三万骑兵，长驱而进。第二战，卫青更加勇猛，手下将士也十分给力，斩首匈奴数千人。

从此，匈奴知道了汉朝有一位大将叫卫青。可一连两次失利的匈奴并不甘心，就在公元前127年，匈奴大举入侵上谷、渔阳，此番匈奴来势汹汹，先攻破辽西，杀死辽西太守，又打败渔阳守将韩安国，劫掠百姓两千多人。要说，汉武帝绝对是文武双全的皇帝，他立刻派李息从代郡出击，然后，命令卫青率大军进攻匈奴盘踞的河南地，正面与匈奴发生接触，采用"迂回侧击"的战术。除此又派兵西绕到匈奴军的后方，迅速攻占高阙，切断了驻守河南地的匈奴白羊王、楼烦王同单于王庭的联系，让匈奴没有了后方的依靠。孤军奋战的匈奴虽然凶狠，但是没有了后方的支持，再加上卫青有勇有谋，很快就败下阵来。卫青又率精骑飞兵南下，进到陇县西，形成了对白羊王、楼烦王的包围。此次战役，汉军活捉敌兵数千人，夺取牲畜数百万之多，并且还控制了河套地区。

卫青上报汉武帝，河套地区水草肥美，形势险要，既利于百姓安居，又是兵家必争之要地。汉武帝立刻下令在河套地区修筑朔方城，设朔方郡、五原郡，从内地迁徙10万人到那里定居，还修复了秦时蒙恬所筑的边塞和沿河的防御工事。这一场战争，解除了匈奴骑兵对长安的直接威胁，控制了河套地区，不仅为长安城建起一道保障，也建立起了进一步反击匈奴的前方基地。

此次战役匈奴损失惨重，但是汉军却全甲兵而还，卫青立有大功，被封为长平侯，食邑3800户，其余将领也都纷纷受封。至此，卫青已经连胜匈奴三战。

再次北上

自从上次汉军大获全胜以后，好战的匈奴并没有就此罢手，反而变本加厉。先是在公元前126年的夏天，匈奴数万骑兵攻代郡，杀太守共友，掳掠千余人。随后又在同年的秋天，攻入雁门，杀掠千余人。接着又在公元前125年，率领三万骑攻入代郡、定襄、上郡。

公元前124年的春天，汉武帝命令车骑将军卫青率领三万骑兵，从高阙出兵，又命卫尉苏建做游击将军，左内史李沮当强弩将军，太仆公孙贺当骑将军，代国之相李蔡当轻车将军，以上四将大军都隶属车骑将军卫青，他们一同从朔方出兵。随后，汉武帝又命令大行李息、岸头侯张次公为将军，从右北平出兵。这几路人马全部是汉朝去攻打匈奴的。

当时，卫青率军正对着的是匈奴右贤王，这位右贤王哪里晓得卫青行军的神速，整日喝酒吃肉，根本不会想到卫青会率领军队到达。兵贵神速，刚一入夜，卫青就带领着三军精兵将右贤王重重包围，里面的匈奴大兵哪里会想到汉朝军队这么快就会到达这里，他们还正在喝酒作乐呢。晚上，卫青带领汉军包围了右贤王。右贤王面临大军如从天而降惊慌不已，根本没有任何的反抗能力，连夜逃跑，仅仅带了他一个爱妾和几百个精壮的骑兵，急驰突围，落荒而逃。卫青命轻骑校尉郭成等追赶了几百里路，虽然没有追上，但汉军俘虏右贤王的小王十余人，男女1.5万余人，牲畜达千百万头。

再次大败匈奴的卫青，率军胜利回汉，军队行走到边塞时，汉武帝派来的一位使者迎面而来。原来，在长安的汉武帝接到战报，龙颜大悦，汉武帝说："大将军卫青亲率战士征战，出师大捷，捉获匈奴王十余人，增封卫青食邑8700户。"说完，便立刻派特使前去迎接将军卫青。于是，天子的使者捧着大将军印，受汉武帝的委托，就在军中任命车骑将军卫青担任大将军，所有将领全部把部队归大将军统率，所有将领归卫青指挥。自此，卫青成为大汉朝的大将军！大家所熟悉的"飞将军"李广也归到了大将军卫青统率之下。

公元前 123 年的春天和夏天，大将军卫青又两次出征，率领十万骑兵，分领六路大军，出击匈奴，歼灭匈奴军过万。张骞也跟随在大将军出征的队伍中，并获封为博望侯。至此，卫青已经连胜匈奴六战。

远征漠北

自从卫青上次大败匈奴以后，匈奴再也没有主动入侵大汉，但是，这并不代表好战的匈奴就此停战。为了能彻底打消匈奴对于大汉的野心，公元前 119 年的春天，汉武帝命大将军卫青和霍去病，兵分两路，跨漠长征，出击匈奴。

在汉军的原计划中，是由霍去病先选精兵去攻击单于主力，而卫青率军去攻打匈奴的左贤王。但是，后来从俘获的匈奴兵口中得知伊稚斜单于在东方，所以，大将军卫青和霍去病两军赶紧对调出塞线路。

不知是不是上天有意为之，大将军卫青率领大军刚刚出塞一千多里，就与匈奴单于主力相遇，真是命中注定啊！大将军卫青立刻下令，让手下前将军李广和右将军赵食其两军合并，从右翼对匈奴单于进行包抄。卫青则把最难的仗留给了自己，他亲率左将军公孙贺、后将军曹襄从正面与单于主力交手。同时，卫青下令让武刚车排成环形营垒，又命五千骑兵纵马奔驰，抵挡匈奴，一时间，战场上沙尘四处，恰巧又逢太阳西落，空中刮起大风，沙石漫天飞舞，也重重地打在了人们的脸上。天地间，一片昏黄，汉军与匈奴谁也看不清对方的脸。卫青见此形势，支援自己的后方部队迟迟不到，于是，利用对方看不清自己到底有多少人马的优势，赶紧又从自己队伍中分出一路人马从左翼对单于进行包抄，就这样，卫青正面攻打单于，两路人马从左右两翼急驰向前，包抄单于，如此一来，单于看到汉朝军队很多，而且，汉军个个强壮勇敢，战马也都十分高大，若是交战，对匈奴不利。于是，单于趁天色昏暗，赶紧乘着六头骡子拉的车子，命令几百名健壮的骑兵，保护自己冲开汉军包围圈，像他的右贤王一样，向西北奔驰而逃。直至夜幕降临，汉朝军队和匈奴队伍死伤人数大致相同。从匈奴俘虏的口中得知，单于在天未黑时已经逃跑了。于是，卫青派出轻骑兵连夜追击，大将军的军队也跟随其后。匈奴的士兵四散奔逃。直到天快亮时，汉军已行走200余里，未追到单于，俘获和斩杀敌兵1.9万余人，到达了寘颜山赵信城，获得匈奴积存的粮食以供军队食用。汉军留驻一日，把城中剩余的粮食全部烧掉才归来。直至卫青大军回营时才遇到迷路失期未支援的李广和赵食其部。

漠北之战击溃了匈奴在漠南的主力，部族逐渐向西北迁徙，十几年内再无南下之力。而汉军损失也很大，出征的14万马匹仅3万余匹返回。汉军士兵、马匹损失十几万，兵器甲仗等物水陆运输的费用还都未计算在内，于是，朝廷倾尽库藏钱和赋税收入仍不足以供给战士的费用。汉武帝设置武功爵，以筹集军费。

汉武帝为表彰卫青、霍去病的战功，特加封他们为大司马，得以管理日常的军事行政事务，以代太尉之职。卫青受封长平侯，后又经两次益封，按《史记》记载，其所得封邑总共有1.67万户，《汉书》则有2.2万户和3万户的不同记载。

病逝追封

司马迁在《史记·淮南衡山列传》里提到："大将军材干绝人……众将皆乐为大将军所用。"可见卫青身为大将军，的确是才干绝人，可统领百将。

前文中我们提到，卫青也是汉朝大将军霍去病的舅舅，他为汉武帝时期的大司马大将军，曾七次击败匈奴，在阴山脚下驰骋，收复了河套地区，在汉武帝时期立下汗马功劳。大将军卫青虽然战功显赫，权倾朝野，但从来不私下结交党羽，扩大自己的势力。他对士卒体恤较多，能与将士同甘苦。

公元前106年，卫青病逝，汉武帝为纪念他的彪炳战功，在距茂陵一千多米的东北侧修建了一座阴山形状的墓冢。高 24.72 米，东边边长 113.5 米，南边边长 90 米，北边边长 67.6 米，西北角凹进一部分，而西南角凸出一部分，北边宽 23 米，西边长 62 米，占地总面积为 8064.55 平方米，体积为 94412 立方米。遥望如一小山，南面坡陡，北面坡长缓，北坡中腰有平台。墓为山形，墓前有清乾隆年间陕西巡抚毕沅所题的墓碑："汉大将军大司马长平侯卫公青墓"。《汉书·卫青霍去病传》载："为冢象庐山。"谥号为"烈"，取《谥法》"以武立功，秉德尊业曰烈"之意。卫青薨后，汉武帝因文武名臣欲尽下求贤诏。

三、骠骑将军霍去病——祁连山冢

在汉武帝茂陵东约一千米处，有一墓为山形，"冢象祁连山"，当地人俗称"石岭子"。此墓与大将军卫青冢并排，茂陵东为此墓，西为卫青墓。此墓前有石人、石马相对，周围有一批巨型石雕群，作为墓饰物品，又有许多巨石，散置于墓地。墓冢上下，墓地周围，乱石嶙峋，苍松翠柏，荫蔽墓身。墓南东西两角，各有回栏曲径，通向墓顶。此墓的主人就是西汉著名抗匈将领，一位少年将军——霍去病。

在霍去病的祁连山冢前，石刻题材多样，匠人雕刻手法十分简练，造型雄健遒劲，古拙粗犷，是中国迄今为止发现的时代最早、保存最为完整的大型圆雕工艺品，也是汉代石雕艺术的杰出代表。霍去病墓石刻原有总数已不可考，明嘉靖年间因地震有的倒置，有的被掩埋。在雕刻中"马踏匈奴"为墓前石刻的主像，为花岗岩制品，长 1.9 米，高 1.68 米，为灰白细砂石雕凿而成，石马昂首站立，尾长拖地。工匠用一人一马，高度地概括了霍去病的戎马征战。一匹强壮的战马，狠狠地踩在一个手拿弓箭的匈奴人头上，象征着当年霍去病率领汉家精骑，横扫大漠、击溃匈奴的丰功伟绩。只是由于汉朝雕工是一种相当简练且干净的风格，石马在经过几千年风雨的冲刷后每个细部都更加模糊不清。不仔细端详，它似乎已经不像一座雕塑，倒像是一块天生的奇石，就像天赋异禀的霍去病一样。

"惜秦皇汉武"，从伟大领袖毛主席的这首词中，我们能够看出，我国汉朝时期，特别是汉武帝时期，是处于一个鼎盛时期的。而造就这种强盛局势的背面，我们不得不提两个人：霍去病和卫青。他们为汉武帝打下这江山，战功累累，为后世所敬仰。霍去病虽然只有24年的短暂生命，却像流星一样，在短暂的时光中尽情地释放着自己的光和热，创下了令国人永远无法忘怀的功绩，更是深得当朝皇帝汉武帝的器重。这从茂陵东去一千米顺次排开的三座墓冢就能够看出。这三座墓冢就是被西汉武帝刘彻批准，埋在了离自己最近的陵地的，其中就有霍去病的墓。由此可见，在汉武帝的心中，霍去病的确有着举足轻重的位置。

可怜孩儿横空出世

唐代大诗人李白曾为霍去病作诗写道："严风吹霜海草凋，筋干精坚胡马骄。汉家战士三十万，将军兼领霍嫖姚。流星白羽腰间插，剑花秋莲光出匣。"描写的就是：在霜风凌厉、大漠草凋的边际，匈奴人再一次背着精坚的弓箭，骑着骄悍的战马入侵汉朝了。这时，汉武帝派出威猛的大将军霍去病。只见年轻的霍去病率领着三十万战士出征迎敌。在英姿威猛的大将军霍去病的带领下，将士们个个果敢剽悍，腰插着速如流星一样的白羽箭，手持闪耀着秋莲寒光的利剑。张扬着跟随骠骑将军击败匈奴的昂扬斗志，向着战场进发。

年轻有为，少年骁勇，相信很多人都想知道这位少年才俊到底是如何走上成功之路的。其实，霍去病也是一个可怜的孩儿，这一切都要从他那个不负责的老爸说起。

汉武帝陵密码

　　霍去病出生在一个具有传奇性的家庭，他的老爸是平阳县小吏霍仲孺，当时，他老爸与平阳公主府的女奴卫少儿相好，一来二去，就又上演了一出私通的大戏。不久之后，这个女奴就怀了孕，只可惜，这位小吏是一个胆小鬼，根本不敢承认自己跟公主的女奴私通。于是，毫无选择权的霍去病只能以私生子的身份来到人世间。父亲不敢承认的私生子，母亲又是一个卑贱的女奴，在所有人看来，霍去病是永无出头之日了，然而，老天偏爱可怜孩儿，奇迹也终于在霍去病身上发生了。

　　就在霍去病大约刚满周岁的时候，他的姨母卫子夫进入了汉武帝的后宫。这让霍去病和他的母亲也看到了一线曙光，因为卫少儿是卫子夫的姐姐。

　　一天，卫少儿带着年幼的儿子进宫看望妹妹。年幼的孩子时常会因为各种原因哭闹，当时，正好是汉武帝卧病在床，突然听到孩子大声哭闹，惊得汉武帝一身冷汗。惊了圣驾，这还了得，可是，汉武帝却因为出了一身冷汗，身体大好了！于是，汉武帝召来了卫少儿和年幼的孩童，说："朕近几天来，身体总是欠安，这孩子几声大哭，惊得我一身冷汗，病便霍然而去，朕赐名于这孩子叫'去病'怎么样？"卫少儿一听，高兴得连忙叩头谢恩。

　　从此，这个年幼的孩子就有了"霍去病"这个名字。而更让他们兴奋的事还在后头，一年多以后，姨母卫子夫很快被封为夫人，地位仅次于皇后。卫氏家族从此改变了命运，而这一切也给霍去病带来了机会。

　　在大将军卫青建功立业的同时，霍去病也渐渐地长大了。卫青成为了霍去病心中所向往的英雄，在舅舅卫青的影响下，霍去病自幼精于骑射。虽然年纪不大，但是霍去病自幼聪慧，他不屑于像其他的王孙公子那样，整天待在长安城里放纵声色，享受长辈的荫庇。他渴望自己像舅舅卫青那样，能有杀敌立功的那一天。

　　当时的皇帝汉武帝刘彻也是中国历史上武功颇盛的帝王，但此时的汉王朝，边境并不安宁，时常会遭受到匈奴人的侵扰，这让汉武帝十分的心烦。作为游牧民族的匈奴，作风野蛮，几乎把以农耕为生的汉朝当成了自己予取予求的库房，自己有什么想要的，有什么想取的，直接进攻汉朝边境，烧杀掳掠无所不为。而面对这样的局面，自从汉朝建立以来根本就无力反抗，只能逆来顺受，任人宰割。他们将自己的希望都寄托在"和亲"上，以及平时不停地向匈奴贡献大量"陪嫁"财物，来保全自己暂时的平安。

雄才大略的汉武帝可不想这样继续下去，他希望运用自己的智慧改变这样的形势，而他很快就在身边找到了和自己志向相同的人，他就是卫子夫的弟弟卫青。

公元前 123 年，汉军和匈奴发生漠南之战。当时，还未满 18 岁的霍去病再也坐不住了，他认为这是自己建功立业的一个机会。于是，霍去病主动请缨，汉武帝看着已经渐渐长大的霍去病，十分喜欢，立刻封他为骠姚校尉随军出征。霍去病满怀信心，随着舅舅远赴战场。在战场上，霍去病英勇杀敌，并向卫青再三请战，卫青给了他八百骑兵，凭着一腔血气骁勇，他率领着自己的第一批士卒——八百骑兵，在茫茫大漠里奔驰数百里寻找敌人踪迹。结果他独创的"长途奔袭"遭遇战首战告捷，仅仅凭借八百骑兵，斩敌两千余人，并且，让匈奴单于的两个叔父一个毙命一个被活捉。首上战场，在"长途奔袭"中，霍去病带着他的八百骑兵与匈奴厮杀，以少胜多，还全身而返。汉武帝听到消息后，立即将霍去病封为"冠军侯"，赞叹他的勇冠三军。看来，年幼的霍去病，曾为汉武帝去除身体的疾病，现在渐渐长大的霍去病，要为汉武帝去除心头的病了。汉武帝越想越欢喜，对于霍去病更是多加宠信。

年轻的霍去病首战告捷，他以这样夺目的战果，向世人宣告，最耀眼的一代名将横空出世了。

汉武帝陵密码

少年骁勇战神无敌

汉武帝对霍去病的用兵天赋啧啧称奇，公元前121年的春天，不知是不是为了再一次试探霍去病的用兵天赋和沙场勇气，汉武帝任命20岁的霍去病为骠骑将军，让他独自率领精兵一万出征匈奴，这就是历史上著名的河西大战。

年仅20岁的统帅霍去病果然不负众望，在千里茫茫的大漠中闪电奔袭，与野蛮好战的匈奴打了一场漂亮的大迂回战。仅仅用了六天的时间，他带着一万精兵，转战匈奴五部落，一路猛进，并且在皋兰山与匈奴卢侯王、折兰王打了一场硬碰硬的生死战。

在这场惨烈的战斗中，霍去病拼死杀敌，而跟随他的部下从上到下都抱着视死如归的决心奋勇拼杀。最终，汉军在霍去病的率领下，取得了胜利。可是，走出长安城的一万精兵，仅有三千人回师长安。然而，敌人的损失更加惨重，卢侯王和折兰王都死于战阵，浑邪王子及相国、都尉做了俘虏，斩敌8960人，匈奴休屠祭天金人也成了汉军的战利品。

在真实的战场上，在生与死的搏斗中，在血与火的对战后，汉王朝中再也没有人敢质疑20岁少年霍去病的统军能力了。

同年夏天，为了乘胜追击，汉武帝决定展开收复河西之战。这一战由霍去病作为汉军的统帅，而多年的老将李广等人都成为霍去病的策应部队。

战场中，有时也有笑点，在这场战斗中，令人哭笑不得的是，配合作战的公孙敖等常跑大漠的"老马"，居然还不如两年前的长安公子霍去病。他们在作战中，除了没有取得任何功绩外，不知什么原因，居然还在大漠中迷了路，就连应有的助攻作用也没有起到。而老将军李广带领的部队居然被匈奴左贤王包围。孤立无援的霍去病，只好再次孤军深入与匈奴交战，并再次大胜。经此一战，汉军军威大振。匈奴不得不退到焉支山北，汉王朝收复了河西平原。而20岁的霍去病成为令匈奴闻风丧胆的战神。曾经在汉王朝头上为所欲为、使汉朝人家破人亡无数的匈奴终于也唱出了哀歌："亡我祁连山，使我六畜不蕃息；失我焉支山，使我妇女无颜色。"

两次率兵出击匈奴，两次征战，共歼敌4万余人。俘虏匈奴王5人及王母、单于阏氏、王子、相国、将军等120多人。两场河西大战后，气急败坏的匈奴单于想要狠狠地打击败阵的浑邪王，浑邪王得知消息后，为了能保住性命，拉上休屠王就想要投降汉朝。收到降书的汉武帝，不知道匈奴二王投降是真还是假。于是，同年的秋季，霍去病奉命迎接率众降汉的匈奴浑邪王，谁知，途中突生变故，部分降众发生变乱，在这紧急关头，霍去病当机立断，竟然只带着几名亲兵亲自冲进匈奴营中，面对这样的情形，年轻的霍去病直面浑邪王，并且命令他下令诛杀发生变乱的士卒。

无论是在当时，还是在现在，都没有人能猜想到当时的浑邪王到底心里在想些什么。在那一刻，匈奴完全有机会将年轻的霍去病扣为人质，甚至是杀了他。如果浑邪王选择杀了霍去病，他不但能在匈奴单于那里保住性命，还极有可能获得奖赏。然而，不知是被霍去病这个年轻气盛敢于孤身犯险，又不惧生死、一身正气的少年的气势镇住了，还是这位浑邪王另有他想，或是他真心臣服于汉朝，最终，浑邪王听从了霍去病，而霍去病的气势不仅镇住了浑邪王，同时也镇住了跟从一起前来投降的匈奴人，他们最终并没有将变乱扩大，河西受降很快就结束了。时至今日，我们只能凭借着脑补，去想象在那个局势迷离、危机四伏的时候，一位年仅20岁的少年将军孤身站在敌人的营帐里，仅仅用了一个表情、一个手势、一句话，就将帐外四万兵卒、八千乱兵制服。

因着这位少年的出现，汉王朝的版图上，多了四郡，而河西走廊也正式被列入汉王朝的版图中。

转眼间，到了公元前119年，为了能够彻底地消灭匈奴主力，汉武帝发起了对匈奴规模空前的"漠北大战"。

而此时的霍去病，已经毫无争议地成为了汉军的王牌。汉武帝对于霍去病的军事能力也是无比信任。汉武帝亲自策划，在这场战争中事先安排好让霍去病去对打匈奴单于，结果由于当时的情报错误，剧情发生一个大翻转，最终阴差阳错，变成了由大将军卫青对战匈奴单于。虽然，霍去病并没有能遇上他自己最渴望的对手，而是与左贤王部进行交战，但这场大战依然可以算是霍去病的战场巅峰之作。

霍去病率领部分兵力深入沙漠，寻找匈奴主力，军队奔袭了两千多里，在途中，遇到匈奴，霍去病带军歼敌七万多人，俘虏匈奴王爷三人，而汉军仅损失一万五千的兵力。也许是因为太渴望碰上匈奴单于，也许是因为想快一点结束战斗，"独孤求败"的霍去病一路追杀，一直打到翰海（今俄罗斯贝加尔湖），方才回兵。

从长安出发，霍去病率兵一路奔袭直至今天的贝加尔湖，在一个几乎完全陌生的环境里，他们所向披靡，沿路大胜，这是怎样的成就！经此一役，"匈奴远遁，漠南无王庭"。饱受匈奴侵扰之苦百年的汉朝人终于可以扬眉吐气了，他们再不需要给匈奴提供违心的"和亲"、丰富的"嫁妆"。从此，汉朝人有了身为强者的信心。

霍去病一生四次领兵出击匈奴，都以大胜回师，他开疆拓土，战功比他的舅舅大将军卫青还要壮观，因此成为了中国历代兵家人生的最高追求，终生奋斗的梦想。而这一年的霍去病，年仅 22 岁。所以，对于中国军事史，甚至整个世界军事史来说，霍去病都是彪炳千秋的传奇。

忠孝两全军事传奇

霍去病忠心于汉武帝，他将国家安危和建功立业放在一切之前。虽然他生为奴子，长于绮罗，却从来不曾沉溺于富贵荣华。有一次，汉武帝心疼霍去病，便为其修建过一座豪华的府邸，霍去病却当面断然拒绝了汉武帝，坚定地说："匈奴未灭，何以家为？"这短短的八个字，血性悍勇，震撼人心，让汉武帝感动不已，这短短的八个字，也深深地刻在了历朝历代保家卫国将士们的心里。

之前，我们有提过霍去病是小吏霍仲孺的私生子，霍仲孺当初不愿做胎中霍去病的父亲。对于年幼的霍去病，霍仲孺并没有尽过一天当父亲的责任。所以，卫少儿也从来没有告诉过霍去病他的亲生父亲是谁。随着年纪的长大，霍去病也立下了不世功勋，母亲觉得是时候让他知道自己的身世了，所以把事情的前因后果都告诉了霍去病。谁知，霍去病知道了父亲的事情，却并没有怨恨。

就在霍去病成为骠骑将军之后，带兵出征时，顺道路过了平阳。霍去病让下属去将在此地居住的霍仲孺请到休息的旅舍，见到抛弃自己的亲生父亲后，已经有成就的霍去病没有一句责问，反而跪拜道："去病早先不知道自己是大人（大人：汉唐时指父亲）之子，没有尽孝。"这一跪，让霍仲孺愧不敢应，他满脸羞愧，匍匐叩头说："老臣得托将军，此天力也。"霍去病连忙扶起父亲，并为从未尽过一天父亲之责的霍仲孺置办田宅奴婢，还在领军归来后，再次路过平阳，将同父异母的弟弟霍光带到长安栽培成才。

纵死犹闻侠骨香

在完成了这样不世的功勋之后，霍去病也登上了他人生事业的顶峰。公元前119年，汉武帝设置大司马位，大将军卫青、骠骑将军霍去病皆加官为大司马。这一年，霍去病22岁。然而仅仅又过了两年，霍去病就去世了。

说起霍去病的死因，褚少孙在《史记》卷二十中补记："光未死时上书曰：臣兄骠骑将军去病从军有功，病死，赐谥景桓侯，绝无后，臣光愿以所封东武阳邑三千五百户分与山。"这是历代史书中对霍去病死因的唯一记载。

也有人说，在漠北之战中，匈奴军因为大败，所以将病死的牛羊等牲口，偷偷埋在水源中祭祀诅咒汉军，水源区也因为这些病死的牲口产生了细菌。而霍去病在此征战时，饮用了带有病菌的水，或者是饮食中带有病菌，再加上长期劳累，征战在外，长时间处于艰苦的环境，身体抵抗力下降，这一切都足以对霍去病的身体造成不可治愈的伤病，所以漠北之战两年多后霍去病病亡。

汉武帝对大司马霍去病的离开非常悲伤，他曾一手提拔了这位少年，他曾见证这位少年为了他的大汉朝，挥刀厮杀在沙场，待他回来时，依然是少年，只是汉武帝没来得及仔细端详这少年的模样，少年就让病魔夺走了生命……年轻的霍去病为了保护大汉，殚精竭虑，倾其一生。这不禁让人想起，孔子痛失爱徒颜回时，悲伤地恸哭，说："天亡我，天亡我！有恸乎？非夫人之为恸而谁为？"恐怕汉武帝也会如孔子一般说："我不为这样的人悲伤到极度还为谁呢！"为纪念霍去病的战功，汉武帝在茂陵东北为其修建大型墓冢，状如祁连山。封土上堆放着巨石，墓前置石人、石兽等。并且，下令调来铁甲军，列成阵沿长安一直排到茂陵东的霍去病墓。

霍去病的墓至今仍然矗立在茂陵旁边，墓前的"马踏匈奴"石像，象征着他为国家立下的不朽功勋。千载之后，世人仍然遥想少年大将霍去病的绝世风采，为他的精神和智勇而倾倒，为他那不恋奢华保家卫国的壮志而热血沸腾。

四、金日䃅墓——匈奴王子

在汉武帝茂陵东一千米外，由西向东有三座墓地一字排开，这三座墓地是离汉武帝茂陵最近的陪葬墓，由此可见，这三位墓主人生前肯定功绩显著，深得汉武帝信任。这三座陪葬墓主人依次分别是卫青、霍去病、金日磾（jīn mì dī）。金日磾（前 134—前 86），字翁叔，是驻牧武威的匈奴休屠王太子，汉武帝因获休屠王的祭天金人故而赐其金姓。一个亡国的王子，生前能在他国加官封侯，死后又能陪葬武帝茂陵，想必他一定拥有非凡的智慧与能力。

公元前 87 年，"千古一帝"汉武帝病重，他将霍光与金日磾等人叫到病榻前，叮嘱让他们几人辅佐太子刘弗陵。汉武帝的儿子昭帝即位后，金日磾就担起了辅佐少主的重任，鞠躬尽瘁，死后被封为敬侯，长眠陪葬在汉武帝茂陵旁边。虽为亡国王子，但金日磾在维护国家统一和社会安定方面建立了不朽的功绩，他是中国历史上一位有远见卓识的少数民族政治家。

说到这里，想必大家都很想知道，这位亡国王子到底有怎样的智慧和功绩，才能在异国他乡取得如此显赫的地位。现在就让我们一起穿越历史，走近金日磾。

匈奴王子沦为奴隶

公元前 121 年的春天，古人云：春风不度玉门关，虽然已经是春季，但是边境依然苦寒、凄凉。据《汉书·地理志》载，匈奴浑邪王和休屠王驻牧地在今甘肃河西走廊的张掖、武威一带，汉朝政府为控制河西走廊，打开通往西域的道路，汉武帝派骠骑将军霍去病率兵出击匈奴，霍去病率领骑兵一万，自陇西出发北击匈奴。匈奴犹如面临天降神兵，骠骑将军霍去病很快就越过焉支山一千余里，并迅速切断匈奴的右臂，还活捉了浑邪王子，缴获了休屠王的祭天金人。同年夏天，骠骑将军霍去病又攻打祁连山浑邪、休屠二王，两个部落全部败下阵来。霍去病率领的汉军所到之处，势如破竹，浑邪王屡为汉军所破，伤亡数万。此消息一传到匈奴单于的耳中，因再也无力维持西部地区的统治，大单于怒不可遏，马上下令，想要诛杀浑邪王。消息走漏后，浑邪王便赶紧找到了休屠王，说服他跟自己一起去降汉。休屠王答应后，霍去病前来迎接二王，谁知，休屠王突然在中途反悔，可能是因为他的部落损失不大，估计单于不会杀他，所以，不想归降汉军了。霍去病来到了，平息反叛，浑邪王便杀了休屠王，休屠王部下的4万余人全部归降大汉。回朝后，汉武帝封浑邪王为列侯。金日磾因父亲被杀，无所依归，浑邪王便让金日磾和母亲阏氏、弟弟成为自己的奴隶，而金日磾被安置在黄门署饲养马匹，主要负责后宫养马。当时的金日磾年仅14岁。他经历了战争的血腥，经历了失去父亲的惨痛，又经历了从王子到奴隶的悲哀，可他没有一丝仇恨和抱怨，他只是平静地接受这一切。

虽然是在国破家亡、寄人篱下的逆境中，但青年的金日磾聪明、笃实、忠厚，很快就得以脱颖而出。

公元前121年的秋天，秋高气爽，汉武帝在宫中宴游欢乐至极，为了助兴，诏令阅马。后宫佳丽个个粉黛，陪伴在汉武帝两侧，金日磾等奴隶牵着马从大殿走过，牵马的奴隶都偷偷斜着眼睛观看，只有金日磾不敢抬头。汉武帝十分惊讶，仔细观察这位目不斜视的青年（金日磾）牵着一匹膘肥体壮的骏马从殿上走过。汉武帝被眼前这个体型魁伟、容貌威严的青年人所吸引。汉武帝命人召来金日磾，当问到他的身世和经历的时候，金日磾谈吐自如。得知金日磾是休屠王之子之后，汉武帝更加赏识他了。汉武帝又问金日磾："别的牵马人都偷偷观看，你为何目不斜视？"金日磾答道："我是一个'外国人'，胡、汉有别，即使我没有造反的心，也需要在行动上处处小心谨慎、谦恭俭让。"听完这番话，汉武帝当天就拜他为马监。之后不久，又升迁为侍中、驸马都尉、光禄大夫。

金日磾亲近汉武帝以后，在任职期间，忠于职守，未尝有过失，汉武帝很信任宠爱他，赏赐累积千金。汉武帝外出的时候，金日磾就随侍车驾；在宫中，他就侍候身边，成为汉武帝身边的一位重臣。当时，一些汉朝贵戚在私下怨恨，说："陛下胡乱得到一个匈奴小儿，反倒看重他。"汉武帝听说后，不但没有疏远金日磾，反而更加厚待他。

怒杀长子击破叛乱

由于受到汉族先进文化的熏陶，金日磾常以忠孝礼义为家风，并以此来笃敬癙主。后来，金日磾的母亲病逝，武帝为表彰她"教诲两子，甚有法度"，下诏在甘泉宫壁上画成图像，署名曰"休屠王阏氏"。而作为孝子的金日磾，每次入宫看到母亲画像时，总是哭拜在地，表示怀念。这样的孝也成为了金日磾后代子孙历代相传的家风。金日磾的子孙后代因效法金日磾，忠孝显名，七世不衰，他的子孙历经130多年，为巩固西汉政权，维护民族团结，做出了极其重要的贡献。

金日磾有两个儿子，他的这两个儿子都非常讨汉武帝的宠爱。金日磾的长子幼年的时候，就生活在宫内，常在皇上身边。汉武帝只要一有空，就会和他逗趣玩耍，大家都称这个孩子"弄儿"。有一次，弄儿在汉武帝的背后，偷偷扑过去，从后面围住汉武帝的脖子。恰巧，金日磾就在前面，他看见后十分生气地瞪着弄儿。弄儿被父亲的眼神吓住了，他一边跑一边哭着说："爹爹发火了。"汉武帝立时变得严肃起来，对金日磾说："干吗生我弄儿的气！孩子都被你吓着了！"弄儿从小就被汉武帝宠着，后来弄儿长大了，行为也不知谨慎，完全不像他父亲的作风。

有一次，弄儿在殿上与宫女戏闹，正好被金日磾看见，金日磾"恶其淫乱"，对其行为很是不满，于是就动手杀了弄儿。汉武帝得知此事后勃然大怒，金日磾连忙叩头告罪，并把为什么要杀弄儿的情况如实告知。汉武帝听了以后，非常哀伤，为弄儿流泪不止，但作为一国之君，他的内心更加尊敬金日磾了。

金日磾对家人严厉要求，对于自己更是苛刻。自从在汉武帝身边，几十年来，金日磾从来都没有用目光直视过汉武帝。汉武帝赏赐给他宫女，他也从来都不敢亲近。当时，汉武帝想要把他的女儿纳入后宫，以

汉武帝陵密码

显示自己对他的厚爱，但是金日磾执意不肯。金日磾笃厚谨慎，汉武帝也因此更加宠信金日磾了。

汉武帝经历"巫蛊之祸"前，马何罗（本姓马，后人改为莽）与江充交好，马何罗的弟弟名叫马通，因为诛杀太子时，奋力作战而得到了汉武帝的封爵。公元前91年，汉武帝因为查明了太子是冤屈的，所以，把江充宗族和朋党全部诛杀。当时，马何罗兄弟害怕自己也因为此事被杀，决定联手，拼一个鱼死网破，他们开始策谋造反。金日磾发现这两兄弟，近日以来神情异样，心里就起了怀疑。于是，金日磾偷偷在暗中独自观察他们二人的动静，平时，也经常与二人一同上殿下殿。金日磾的举动，很快就引起了两兄弟的注意，他们也觉察到金日磾的用意，于是，行动更加小心谨慎。因为金日磾看得紧，所以，他们也一直没有找到机会动手。

这一天，汉武帝驾临林光宫，一直跟随在皇帝左右的金日磾因为身体不适，就在殿内休息。马何罗与马通以及小弟马成安假传圣旨深夜外出，一起杀了使者，发兵起事。

第二天早上，天刚蒙蒙亮，汉武帝还没有起床，马何罗就无故从外进入。当时，金日磾正在上厕所，他听到有人进来，心里一动，马上冲出厕所，跑入汉武帝卧室，然后，悄悄躲在内门后面。不一会儿，金日磾就看见马何罗袖藏利刃，从东厢而上，正向汉武帝卧室走来。此时，马何罗也看见了金日磾，他神情大变，连忙加快脚步跑向汉武帝的卧室，不料撞到宝瑟，摔倒在地。金日磾跑上前去抱住了马何罗，随即高声呼喊："马何罗造反了！"汉武帝被这一声惊起，立时从床上坐起来。御前侍卫拔刀正要杀马何罗，汉武帝连忙制止，原来，他恐怕伤到金日磾，所以阻止侍卫不要用刀杀。金日磾一把揪住马何罗的脖子，用力把他摔到殿下，侍卫上去将其捉住捆绑起来，最后马何罗及其党羽全部都伏法受诛。金日磾也因此以忠诚笃敬、孝行节操而闻名。

辅佐昭帝

公元前 87 年，汉武帝病重，病势垂危时，汉武帝把金日磾和霍光叫来床前，嘱托金日磾要辅佐太子刘弗陵，金日磾却推辞了，他说："我是一个外国人，如果让我辅佐太子，匈奴知道了，势必会轻视汉朝。我不如霍光！"汉武帝听取了金日磾的建议，于是金日磾就成为了霍光的助手。金日磾一生对汉武帝忠心耿耿，笃敬不忒，所以，武帝最后采纳了他的建议，封霍光为大司马大将军，拜金日磾为车骑将军，"授以后事"。汉武帝离开人世前，留下遗诏，以讨伐马何罗的功劳封金日磾为秺侯，金日磾因为汉昭帝刘弗陵年幼，坚辞不肯接受封爵。

公元前 86 年，九月初一日，辅佐朝政一年多的金日磾病情严重，大将军霍光奏明汉昭帝才封金日磾为侯，在病床边授予他侯爵封号及印绶。九月初二日，金日磾病逝，终年 49 岁。汉昭帝为他举行隆重的葬礼，赐给安葬器具及坟地，用轻车军士为他送葬，军队排列直到茂陵，赐谥号为敬侯。金日磾墓，位于陕西省兴平市南位镇道常村西北，霍去病墓东侧约 100 米处。形状为圆形，高 11.93 米，东宽 41.2 米，西宽 41.9 米，南长 35.5 米，北长 36.3 米，封土 18748 立方米。占地面积 1479.08 平方米。

金日磾在汉朝政府供职近 30 年，由于他"累著忠孝节，而笃慎克让有足多者"，所以在他一生的政治活动中是颇有政绩的。

第二章

汉代陵墓之冠

汉武帝陵密码

一、秦皇汉武——规模之冠

20 世纪 40 年代的一天，雨霁初晴，碧空如洗。澄澈的天宇向四边延伸，显得格外辽阔。这时，一位美国飞行员在上空飞行时，偶然间，他向着中国陕西省西安市的西北方向望去，突然发现在地面上有类似金字塔式的建筑，规模十分庞大。当时的美国飞行员并不清楚这如此规模宏大的建筑到底是什么，所以，这位美国飞行员就在航空地图上标记为"东方金字塔"。等他返航之后，美国飞行员请教了中国的学者，他才知道原来那座类似金字塔的大型建筑是一座陵墓，名为茂陵，墓主人是汉武帝刘彻。从此，这座规模宏大的茂陵，就被世界称为"东方的金字塔"。

皇陵的修建一般都耗时良久，说到皇陵，可能很多人都以为秦始皇陵已经是最大的了，但事实上，还有一个皇帝的陵墓更大，那就是汉武帝的茂陵。

地理位置主陵形制

秋风飒飒，小雨淅淅，冷风细雨的天气，配上这座历经千年的中华一帝的安息之所，这种氛围再合适不过了。这里保藏了遗闻旧事、往古的迹象，历史孕育了真理，它能和时间抗衡。

茂陵位于今天中国的陕西省咸阳市兴平市东北，东西为横亘百里的"五陵原"。西距兴平市 12 千米，东距咸阳市 15 千米。西汉时，茂陵地属槐里县茂乡，武帝在此建陵，故称茂陵。其北面远依九嵕山，南面遥屏终南山。远远望去陵体高大宏伟，形为方锥。

据《关中记》载："汉诸陵皆高十二丈，方一百二十丈，唯茂陵高十四丈，方一百四十丈。"与今测量数字基本相符。

茂陵陵区由茂陵陵园、茂陵邑、陪葬墓、修陵人墓地四大部分组成，分布范围东西约 9.5 千米、南北约 7.0 千米。茂陵陪葬墓分布在茂陵陵园的周围，主要有大司马大将军卫青墓、大司马骠骑将军冠军侯霍去病墓、大司马车骑将军金日磾墓、倾城倾国李夫人墓等 113 座。可惜的是，古时的这座千古帝陵如今能在地面上看到的，只是仅存的一片废墟，目前，我们能看得见的这座巨大土丘高 46.5 米，顶端东西长 39.25 米，南北宽 40.6 米。总占地面积为 56878.25 平方米，封土体积 848592.92 立方米。陵园四周呈方形，平顶，上小下大，形如覆斗。

规模空前奢华帝陵

汉武帝刘彻的茂陵修了 53 年的时间，打破了 7 项历史纪录。

汉武帝刘彻是西汉历史上第七位皇帝，他是一位杰出的政治家、战略家、诗人。刘彻 16 岁成为皇帝，为了巩固父亲留下的皇权，他建立了中朝，在地方设置刺史。并且，汉武帝非常注重人才，他开创察举制选拔人才。采纳主父偃的建议，颁行推恩令，解决王国势力，并将盐铁和铸币权收归中央。

刘彻崩于五柞宫，享年 70 岁，谥号孝武皇帝，庙号世宗，葬于茂陵，而他的这座陵墓修了整整 53 年。也许，很多人都会说，在历史上秦始皇陵应该是花钱最多的一座皇陵，但事实并非如此，历史上真相并不是大家想象的那样，汉武帝的茂陵才是耗资最多的皇陵。

回顾历史，在秦始皇嬴政统一天下之前，秦始皇就开始以秦国的财富来修陵墓，当他统一六国以后，虽然也抽出天下赋税来修建自己的皇陵，但因为当时国内早就积弱严重，财力物力的耗费上也不是很值钱的。而汉武帝修陵墓的情形就大不一样了，茂陵修建的时候正是在汉朝国力鼎盛的时期，一个在逐渐低落的时期，一个在鼎盛的时期，其中的差距，不说自明。事实也确实如此，据史书记载，汉武帝在修建茂陵时，居然

汉武帝陵密码

征用全国赋税的三分之一来修皇陵，而且动用的人力和物力根本无法想象，可是，秦始皇在修自己的陵墓时，也只用了30年。

《晋书·索绯传》云："汉天子即位一年而为陵，天下贡赋三分之一，一供山庙，一供宾客，一充山陵。"从《晋书·索绯传》的记载中，我们可以真实地知道，汉武帝在修建茂陵时，动用了全国赋税总额的三分之一作为建陵和征集随葬物品的费用，花费之大，无法想象。建陵时汉武帝还从全国各地征调建筑工匠、艺术大师3000余人。所以，茂陵工程规模之浩大，至今依然令人瞠目结舌。据说，在历代帝王的陵墓中，唯有秦始皇陵堪与茂陵媲美。这座千古帝陵的奢华程度由此可见一斑。

虽然，现在我们走进茂陵只能看到一个光秃秃的茂陵，但是考古学家们通过挖掘，不断地在还原当年的盛况。考古专家说，当年的茂陵富丽堂皇无比，在陵冢周围还有很多巍峨的寝殿、便殿。

原来，修建茂陵时，陵园分为内城和外城，内外城四周都有城门，内城有东、西、北三面门。在茂陵东南的350米处还有一座名叫白鹤馆的建筑。而白鹤馆是寝殿的附属建筑，就是专用来供墓主游乐的，现在当地人都叫它"白鹤冢"。除此以外，在陵园的东面还修建了武帝的原庙，人们都称之为"龙渊宫"，寝殿与原庙间有一条十分规整的通道。所有的人前来祭祀汉武帝的时候，会把象征着汉武帝神威的衣冠由寝殿迎出，经此道送进庙中，然后接受百官谒拜，祭祀礼仪完毕后，再由人从此道将衣冠送回寝殿安放。另外，据考古学家考证，茂陵的周围还建有供墓主游乐的"驰逐走马馆"和"西园"。只是，岁月流逝，风雨飘摇过后，这些地面上的附属建筑物，都已无任何遗迹，今天的我们已经没有办法在地面上看到这些建筑了。

地宫深处玄妙奥秘

前面我们与大家一同回顾了茂陵庞大的地面建筑，令我们这些后人叹为观止，那么，汉武帝茂陵的核心建筑——地宫又会恢宏到何种程度呢？现在，让我们一起潜入地宫深处，去寻找千古一帝在那里给我们留下的玄妙奥秘吧！

据说汉武帝即位的第二年，就任命张汤为茂陵尉，专门负责修建汉武帝的地宫。领了天子命令的张汤丝毫不敢怠慢，他立刻命民工在地下挖掘了一个深40米的大坑，然后开始在大坑之下修建了高6米，四周边长达8米的墓室。据历史文献记载，茂陵的墓室四面各设有能通过6匹马驾的车的墓道。各墓道的门叫羡门。每道墓门周围都埋设有暗箭、伏弩等机关，专门用来防止有人前来盗墓。

西汉是我们中国封建帝国时代的一个鼎盛时期，外拓疆土，内兴礼仪。一个国家的文明，可大多数取决于各种典章制度的实施，所以，我国封建社会的各种典章制度的完善、确立和巩固，大多都是在西汉时期完成的。古时，封建社会对礼仪典章制度十分重视，这些典章制度也包括丧葬制度，而且还是重要的组成部分。今天我们可以通过当时的皇帝陵墓，来了解当时社会的最高丧葬礼仪。汉代十分重视丧葬之事，古人常说"事死如生"，可见，当时人是多么重视丧葬。帝陵也可以说是西汉封建统治阶级社会历史活动的缩影，茂陵的形制是汉兴厚葬的典型。

梓宫、黄肠题凑、便房、地宫同为帝王规格陵墓的组成部分，使用者主要是皇帝及其妻妾、宠臣及诸侯国国王与王后，但经朝廷特赐，一些勋臣贵戚也可使用。

一是梓宫。茂陵的梓宫，是用来安放五棺二椁的，五层棺木，放在了墓穴后部椁室正中的棺床上。在梓宫墓室之内，放置着汉武帝的棺木。这五层棺所有木料都是经过层层选拔，五棺都用的是楸、檫和楠木，因为这些木料质地坚细，均耐潮湿，防腐朽性强，所以，特别适合在地下长期安放。而汉代，帝王的棺木一般都是用梓木制作的，所以人们又称帝王的棺木为梓棺，而将放皇帝尸体的地方称为"梓宫"。

汉武帝陵密码

五层棺木置于墓室后部椁室正中的棺床上。墓室的后半部是一椁室，有两层，内层以扁平立木叠成"门"形。南面是缺口；外层是黄肠题凑。

二是黄肠题凑。黄肠题凑是中国春秋时期至汉朝时的墓葬形制，那么什么是"黄肠题凑"呢？古书有载："以柏木黄心，致累棺外，故曰黄肠。木头皆内向，故曰题凑。""黄肠题凑"指西汉帝王陵寝椁室四周用柏木枋堆垒成的框形结构。也就是说，棺椁周围用木头垒起一圈墙，然后再在上面盖上顶板，就像一间房子似的。

另据专家介绍，黄肠题凑墓葬规格的西汉墓室在山东省尚属首次发现。黄肠题凑是西汉帝王陵寝独特的形制，是一种高规格葬制，只有天子才能享用，但天子也可以把这种待遇赏赐给王侯级皇室成员及宠臣。也就是说，这些墓葬形制除了天子可以用外，天子以下的诸侯、大夫、士也可用题凑。但是一般情况下都不能用柏木，而用松木及杂木等，以表示天子和臣子的区分。但是如果经天子特殊允许，诸侯王和重臣死后也可用黄肠题凑，如汉霍光死，汉宣帝"赐给梓宫、便房、黄肠题凑各一具"。

据史籍载：天子死后，所作黄肠题凑，表面打磨光滑，颇费人工，要由长90厘米，高宽各10厘米的黄肠木，总计15880根，堆叠而成。

但是，到了东汉，黄肠石逐渐取代黄肠木，黄肠题凑逐渐绝迹。

三是便房。因为，陵墓也是在模仿人活着时候的居住环境和宴飨之所，所以在梓宫的四周，设有四道羡门，分别设有便房。便房的作用和目的，是"藏中便坐也"。除此之外，墓主人也会将自己生前认为最珍贵的物品与自己一起葬于墓中，以便在幽冥中享用。茂陵的便房宽阔通畅，与武帝活着的时候所有居所和宴食之地所差无几。茂陵的墓道十分开阔，可容六匹硕马并排驾车通行。

四是地宫。茂陵这座"金字塔"在高大的夯土封冢之下，是它的核心建筑——地宫，称为"方中"。地宫中的堂坛高三丈，用以摆放奇器异珍。张汤调任茂陵尉，他亲自抓的一项具体工程就是"方中"建设。"方中"内部丰富多彩。茂陵地宫占地一顷，深十三丈（约合 30 米）。内置梓宫、黄肠题凑、便房、堂坛、墓道、羡门、甬道等，这些都属于地宫建置，不属于随葬品。

别具"象征"陪葬墓群

如此一代旷世君主，又是如此一座奢华帝陵，怎么少得了陪葬陵墓呢？到现在为止，考古学家已经在茂陵附近发现了 13 座陪葬墓，其中包括卫青墓、霍去病墓、李夫人墓等。在这些陪葬墓中，除了李夫人的墓位于茂陵西北外，其余的陪葬墓均位于茂陵以东。而且，这些陪葬墓与其他汉陵陪葬墓都不太一样，相比之下，茂陵的陪葬墓都有一个奇异之处，那就是这 13 座陪葬墓大多数都具有一定的"象征"意义。

比如说，我们之前提到过的霍去病墓，霍去病墓"为冢象祁连山"。霍去病的陵墓南北长 105 米，东西宽 73 米。顶部南北长 15 米，东西宽 8 米；占地面积 5841.33 平方米，封土体积 62961.24 立方米。在霍去病墓冢的周围，乱石嶙峋，苍松翠柏，荫蔽墓身，一派山林幽深景象。陵墓的南方，东、西两角，分别有回栏，弯曲的小路，伸向远方，顺着小路走去，可以通向陵墓的上顶。通过前文，我们知道霍去病是汉代名将，18 岁放弃优越的生活和地位，开始艰苦的讨伐匈奴战争，在与匈奴的战争中，年轻的霍去病屡战屡胜。战功赫赫的霍去病在河西走廊、祁连山一带，纵横驰骋，决战千里，匈奴的主力被他一扫无遗，匈奴再无反抗之力，从此，汉朝彻底开通了通往西域的"丝绸之路"。可是，令人惋惜的是，霍去病在年仅 24 岁的时候就去世了，皇帝非常悲伤，甚至还特意调来玄甲军，列成阵，沿长安一直排到茂陵附近的霍去病墓地，为霍去病送葬，并且将霍去病的陵墓建成"祁连山"形状，用此来表彰他的不朽功勋。

和霍去病的陵墓一样有着象征意义的陵墓，还有他的舅舅卫青的陵墓，"为冢象庐山"。卫青墓底部东边边长 113.5 米，南边边长 90 米，北边边长 67.6 米，西边边长 62 米，高 24.72 米，占地面积 8064.55 平方米，体积 94412 立方米。在陵墓的西北角有一处凹进一部分，而陵墓的西南角却有一处是凸出一部分，从远处遥望过去，卫青的陵墓就如一座小山，南面是缓缓下去的坡陡，北面是慢慢上去的缓长坡，中腰有一处是平台。卫青墓与外甥霍去病墓紧紧相邻，霍去病与卫青生前是汉武帝身边的"帝国双璧"，死了以后也像两座山一样一同守护茂陵。

除了上面讲述的两位汉代大将的陵墓外，还有另外一座值得一提的陪葬墓，那就是李夫人墓。李夫人的墓冢高大，状如磨盘，上小下大，中间有一道环线，俗称磨子陵。据史书记载，李夫人活着的时候，是汉武帝非常宠爱的一位妃子，她美丽的容颜可以算得上是"倾城倾国"，但是李夫人红颜薄命，不幸早逝。李夫人死了以后，汉武帝非常思念她，还曾作长赋《伤悼李夫人赋》："呜呼哀哉，想魂灵兮！"以寄托自己对李夫人的哀思。后来，汉武帝去世，大司马大将军霍光就追封了李夫人为皇后，并且让她陪葬茂陵，永伴在汉武帝的身旁。

在茂陵除陪葬墓和一些有功绩的人以外，还有一个万人陪葬坑。相比汉高祖刘邦、文帝、景帝陵墓的陪葬坑，汉武帝茂陵陪葬坑有了很大的变化。原来，刘邦的陵墓陪葬坑数量很少，到了景帝时期，陪葬坑的数量增加到了 183 个，而近期，考古学家勘探确定汉武帝茂陵的陪葬坑多达 400 个，汉武帝陪葬坑的数目、规模甚至远超秦始皇陵。

茂陵是五陵原上汉代最大的皇家陵墓园。茂陵为黄土高原中的渭河平原黄土地貌，南北参差不齐，错落有致。自然植被良好，具有地域特色。汉武帝茂陵位于西汉 11 座帝陵的最西端，是汉诸陵中规模最大的一座帝王陵。而今天我们再去茂陵时，只能用心灵来感悟历史了，经过两千多年的王朝更替、战火洗礼，茂陵的很多地面建筑早已毁灭殆尽。

二、十几岁预作寿陵——时间之冠

作为历史上大有名气、文武双全的皇帝，汉武帝用自己的文韬武略治理了一个强大的汉王朝。匈奴来犯，汉武帝运筹帷幄之中，决胜千里之外，提拔任用了多名将领击退匈奴。匈奴不敢再前来进犯。在此之后，汉武帝又广纳贤才，制定各种政策，这一切都让整个汉王朝开始处于一片生机之中。对于一个国家的百姓而言，能够遇到如此贤明的汉武帝来治理国家，真是幸运的，而汉武帝也是值得尊敬的，他用自己的力量守护这一片他热爱的土地。

汉武帝在位的时间也是非常长的，有 54 年。在这漫长的 54 年间，汉武帝除了消除外患、安邦定国外，对于自己身后事也是极为重视，一代天子也想要让自己死后得到一片安宁。汉武帝在位时，将国库里面三分之一的钱财用来修筑自己的茂陵。

所以有人也说：从这件事也可以看出，汉武帝本人并不像他的爷爷和父亲那样节俭，反而是一个极爱奢靡的皇帝。所以，后人说汉武帝陵墓内会有大量的珠宝也是不足为奇的。但是更让世人为之惊讶的是，这一座陵墓是自从汉武帝继位时起便开始进行修筑的。整整 53 年的时光，汉武帝派了大批的人在修筑着这一个陵墓。

汉武帝是在公元前 140 年即位的，他在即位的第二年就开始组织招募全国各地的民夫为自己修造陵墓。人未逝先修陵，这个陵墓又被称为"寿陵"。汉武帝的"寿陵"基址因选在槐里县茂乡，所以后来人都称汉武帝的陵墓为"茂陵"。

汉武帝陵密码

茂陵尉——张汤

说起茂陵开始筹建的阶段，就不得不提起一个人——张汤，他就是汉武帝时的著名酷吏，后又被封为茂陵尉。

张汤是杜县人，年幼的时候就十分喜爱刑律。张汤的父亲是长安丞的时候，有一次外出，他让只有几岁的儿子张汤留在家中，看守家舍。等到张汤的父亲办完事情，回到家中后，却发现厨房里的一块肉被老鼠偷吃了，张汤的父亲非常生气，就用鞭子鞭打了张汤。张汤心里不服气，于是，他整日里四处寻找那只偷吃的老鼠，不料，那只老鼠还真被他发现了，张汤穷追不舍，终于功夫不负有心人，他逮住了那只老鼠。为了确认就是这只老鼠偷吃的肉，他居然掘开鼠洞，在鼠洞里发现了吃剩的肉，"鼠赃"俱获。于是，张汤长出了一口气，他决定要揭露这只老鼠的罪行。年幼的张汤开始对老鼠进行拷打审讯，书写文书，再反复审讯定案，并将鼠犯和剩余的肉都提来取证。然后，张汤对鼠进行了审判，他高声宣判道：就地"正法"。最后，他将鼠犯处以磔刑，肢解分尸。这一幕都被张汤的父亲看见了。张汤的父亲看见小小年纪的张汤审判老鼠的文书写得像老练的狱吏写的一样，非常惊奇，于是，他就专门教他学习律令，学习法制，并教导张汤书写断案文书。张汤父亲去世后，张汤做了长安吏，任职了很久的时间。

周阳侯田胜在任职九卿的时候，曾因罪被拘押在长安。当时的张汤一心帮助田胜。所以，在田胜被释放后，升官被封为侯时，依然与张汤交情十分密切，他还带领张汤遍见各位贵族，把张汤介绍给了不少有权势的人。长大后的张汤依然酷爱刑律，后来，张汤担任给事内史，他在中尉宁成手下做小吏时，又从宁成这位"酷吏"身上学到很多处理案件的知识，特别是宁成不畏豪强，办案从速，执法峻烈的司法作风，深深地影响了张汤。因为在办理事务中谨慎无误，所以，宁成又把张汤推荐给了丞相，调任为茂陵尉，记录他在汉武帝的"寿陵"中所处理的大小事务。

公元前 139 年，汉武帝茂陵开始修建。几个月内，全国各地的能工巧匠和数万徭役被征集到槐里县茂乡（今陕西省兴平市），参加皇帝陵墓的修建，整个工程由茂陵尉张汤负责。古代帝王营建陵墓，完全不亚于任何大的工程，在征募的工匠、徭役的人数上，都不输大国工程。根据史料记载，在张汤任茂陵工程指挥部总指挥时，专门主持和监修茂陵工程。茂陵指挥部设有专管工程设计、后勤保障、采石运料、土木施工、质量监理、财务收支、葬品统筹、安全保卫等相关组织机构部门，俨然一个小型政府机构。而且，由于茂陵工程十分巨大，所以施工人员和监管官吏众多。因此，茂陵工地周围很快就成了一个繁华闹市。

公元前 138 年，也就是当汉武帝的茂陵工程进行到了第二个年头的时候，汉武帝决定成立茂陵县。这也是汉武帝的一个非常有远见的决定，在整个人类的历史上出名的皇陵有很多，比如秦始皇的帝陵、埃及法老的金字塔、蒙古皇帝的草原墓地……毋庸置疑，这些陵墓的建造，在当时都是十分浩大的工程，在当时也都是举全国之力，花费了众多的民力、财力才建造完成的，都可谓是"超级皇陵"。但是，事实证明，这些陵墓往往都是在建造的时候很"热闹"，到了入葬之后就会变得十分"冷清"，最后只剩下了零零散散的守陵人相伴于空寂。所以，汉武帝就下令建立了茂陵县。

天下事，皆决汤

在武安侯任丞相的时候，他十分欣赏张汤的做事和为人，于是，他时常向汉武帝推荐张汤。后来，汉武帝命张汤补任为御史（《汉书》作"侍御史"），派他审理、处理诉讼案件。在处理陈皇后巫蛊案件的时候，张汤坚持原则，深入追究查办参与的同党。通过此事，汉武帝认为张汤很有才能，于是就提拔张汤为太中大夫。让张汤与赵禹共同制定汉王朝所有的法律条令，命令他们二人务必将所有的条文法令制定得严谨细密，这些条文法令主要是用来约束在职的官吏。

没过多久，赵禹和张汤都得到了汉武帝的提拔，赵禹升为中尉，又调往少府，而张汤也升为午廷尉。两个人的来往也越来越密切，交情也更加深厚了。张汤对待赵禹就像对待自己亲哥哥一样。别看两个人十分要好，两个人的性格却大不相同。赵禹为人清高孤傲，他的府中从来都没有养过门客，不但如此，就是很多人前来拜访邀请赵禹，赵禹也从不与他们礼尚往来，更不会去回报答谢。而赵禹这么做的目的就是想要杜绝一些知己朋友和宾客来请他帮忙。赵禹希望自己在办理案件时，能独自按照自己的意愿行事。但张汤的为人却不似赵禹那般清正，他总喜欢玩弄智谋以控制他人。在张汤还是小吏的时候，就虚情假意地与长安的富商田甲、鱼翁叔一类人暗中交往。等到他升官之后，更是开始收留接纳天下的知名人士和大夫官员，即使张汤在内心里与这些人不合，但是表面上他还会装出一副十分敬慕他们的样子。

当时，汉武帝崇尚儒家学说，为了迎合汉武帝的喜好，所以张汤每次办理重大案件的时候，总想在儒家的古书经义找依据。为此，张汤就让博士们潜心研究《尚书》《春秋》，如果遇到了可疑的法律条文，就翻阅经书来评判，碰到难以解决的疑难案件，就去请汉武帝裁判。汉武帝认为对，张汤就记录下来，作为延尉断案的法律依据，然后公布，以此来称颂皇上的英明。如果上报的事情受到皇帝的斥责，张汤就会赶紧向汉武帝跪地请罪，并且，他还会揣摩汉武帝的意思，准能顺着皇帝的意思，然后说："他们（张汤自己身边的官员）之前向我建议过，就像皇上说的一样，只可惜，我没有采纳，我真是太愚蠢了！"皇上一听立刻就赦免了张汤。如果皇上拿出的奏章是对的，张汤立刻又说："我不知道这个奏议，都是我手下的属官们办的！"张汤就是用这种办法来推荐自己想要举荐的人。如果是皇上想严办的案子，张汤就交给严厉的官员去办，要是皇上想宽赦的案子，张汤就交给性情平和的官员去办理。处理的对象如果是贵族豪强，他就运用法令条文，巧妙地进行攻击，处置对象是平民百姓，他就向皇上口头汇报。虽然根据法律要判罪，但他还是让皇上裁断。而皇上总能被张汤说服，赦免那些人的罪过。就这样来向皇上举荐官吏，称赞那些人的好处，掩饰他们的缺点。张汤在处理案件的时候，可以说时时都考虑到了汉武帝的心情。虽然，所有的案件都应该根据法律作为依据判罪，但张汤还是让皇上再次裁断。而皇上也总能被张汤说服，武帝的裁决，便往往如张汤所说。

有人对张汤之所以能做大官，做出了一个总结，就是因为他会办事，会得人心。张汤有很多要好的朋友，他经常和他们一起喝酒吃饭。对于那些高官贵族，张汤在与他们相处的时候，都十分谨慎小心。对于那些寒门子弟、贫穷的兄弟们，张汤也都会关心照顾。无论是在酷暑还是严寒，张汤都会坚持亲自去拜访各位公卿大族。虽然张汤在办理案件时执法严厉，判决也没有做到完全公正，但是由于他的这些做法还是得到了好名声。而那些执法酷烈的官吏，也都成了他的部下，为他所用。

张汤在担任御史大夫第七年的时候，有人陷害张汤，因此汉武帝责怪了张汤，并将他免官治罪。后来，张汤自杀身亡。张汤死了以后，在他家里查出来的财产不超过五百金，而且还都是得自汉武帝的赏赐，除此之外，张汤并没有其他产业。张汤的兄弟之子得知张汤的死讯时，决定要厚葬张汤。而张汤的母亲却不同意，她说："张汤作为天子的大臣，他是被人恶言污蔑才致死的，这有什么可厚葬的！"于是就用牛车装载他的尸体下葬，只有棺木而没有外椁。汉武帝听说此事以后，非常后悔、惋惜，说："没有这样的母亲，不能生下这样的儿子。"后来，汉武帝将陷害张汤的三位长史处以死罪，并且还晋升了张汤的儿子张安世的官职。

夯土封冢

茂陵的修造工期历时 53 年，在原上挖墓坑，封土垒冢，仅封土就高达 46.5 米，其海拔高度绝对已经超过了秦始皇的皇陵。

汉武帝陵密码

张汤在成为汉武帝御史大夫（副丞相）的时候，除了要主管朝中司法大事之外，还要去分管修造茂陵工程。而这一切，都只不过是茂陵修建长达53年的开始。现在我们一起来看看张汤是如何为汉武帝设计茂陵的。从茂陵的陵园形制以及葬坑的设置，还有陪葬墓和陵邑的安排等方面来看，茂陵不仅沿袭了汉景帝的阳陵确立的诸多规矩，而且，还在汉景帝陵墓的规矩上进行了许多与以往不同的突破，特别是帝陵的中心地位被无限突出。

在汉武帝的茂陵中，茂陵园和茂陵园区也并不是一回事，茂陵园内宫殿、堂馆一应俱全，而茂陵园区则包括众多陪葬墓冢，方圆可达数十平方千米。由于建造茂陵的工期长达53年，所以，刚开始建造茂陵时，在陵园区域内栽植的树木，到了茂陵竣工的时候，都已经长成了参天大树，那里的树干也都长得十分粗大，足足需要几个成年男人用双臂才能合抱起来。

在茂陵高大的夯土封冢之下，是它的核心建筑——地宫，称为"方中"。张汤调任茂陵尉时，他亲自抓的一项具体工程就是"方中"建设。这"方中"内部一定是个丰富多彩、无奇不有的世界。

而汉武帝的茂陵陵园与茂陵城邑并没有相连接，它们之间是有着数里距离的。在陵园墙垣的外面，建有寝殿和便殿、陵庙，而汉武帝的茂陵就建造在陵园的里面，分内城和外城，内外城四周都有城门，内城东、西、南三面大门到现在依然可以看见，在陵园东南有汉武帝的原庙，称"龙渊宫"。而汉武帝的寝殿和龙渊宫之间有一条十分规整的通道，称为"衣冠所出之道"。

在外城，距离茂陵350米的东南方向，建有一个白鹤馆，直到现在遗址犹存，为一长方形土丘，东西长39.43米，高3米，为夯土基座。在外城周围，还建有"驰逐走马馆"和"西园"，是专门为汉武帝死后提供游乐的场所。在陵园的里面，还有数百乃至上千宫女供阴间的汉武帝陪伴游乐之用。但是，这些地方的建筑，没有保留到现在，至今已毫无痕迹。据史书记载，在茂陵园内城或外城，也会有汉武帝在世时最喜好的狩猎场、吟诗作赋的柏梁台以及三十六宫"土花碧"的遗迹，但是这一切到现在都尚未发现。

茂陵筹建阶段，酷吏张汤受封茂陵尉，全面主持茂陵工程。茂陵封土时，配备在茂陵园内做守护和服务的官吏、杂役和宫女等就有5000多人。在茂陵封土垒冢后，长官就是茂陵令，下属官吏都有衔有职有责，如道有道令，殿有殿令，馆有馆令，园有园长，门有门吏等，加上护卫、园丁、杂工、炊事等人员。汉武帝这座帝陵不仅折射出大汉巅峰的国家状态，也传达出汉武帝对国家发展脉络的独特理解。

三、金玉如山——陪葬品之冠

在古代的时候，皇室贵族成员在去世之后都会进行厚葬。因为，这些皇室贵族认为自己去世以后，依然能够在另一个世界享受此世所拥有的这些荣华富贵，于是便出现了大量珍贵的陪葬品，而地位越高的人，他的陪葬品也就越丰厚。

据《晋书·索𬘩传》中记载："汉天子即位一年而为陵，天下贡赋三分之一，一供宗庙，一供宾客，一充山陵。"也就是说，当时的汉武帝动用了全国赋税总额的三分之一，作为为自己建陵和征集随葬物品的费用。能够拥有如此豪华的陵墓，是因为汉武帝赶上了好时候，经过文景两代皇帝长达40年的休养生息，节俭为国，到了汉武帝的时候，国库的粮仓早已陈陈相因，堆积如山的财富也为汉武帝的陵寝建造打下了经济基础。汉武帝处在汉朝的鼎盛期，他本人对自己又舍得花钱，把全国财政收入的三分之一都用来修建陵墓，只是可惜了老百姓的血汗钱，国库里三分之一的钱都用在和国计民生没什么关系的工程上。汉武帝茂陵陪葬品丰富的另外一个原因就是：汉武帝在位的时间很长，这也是陪葬品丰富的一个很重要的条件，试想，如果让汉惠帝建一座和汉武帝同等规模的陵寝，汉惠帝肯定高声大呼："做不到呀！"因为汉惠帝刘盈只当了六年皇帝，然后就离开人世了，天子驾崩后，陵寝必须马上竣工，要是等上一段时间，皇帝的遗体都要发臭了。所以，时间有限，能做的工程也就有限了。也就是说，皇帝在位时间越长，他陵寝的工期就越长，陵寝规模就越大。汉武帝享年70岁，在位54年。茂陵开工时，种下了小树苗，等到刘彻下葬，已经长成了参天大树。所以，他的陵寝规模大，陪葬品丰富，跟他修建的时间长，也有着密不可分的关系。

此外，在茂陵的里面，还有许多陪葬品是根本没有办法能用钱币购买来的"无价之宝"，很多都是世间稀有的珍宝。这样算来，茂陵工程实际的造价，已经远远超过了全国贡赋三分之一的数额。再加上陵区内许多陪葬墓造价不计其数，那又将是全国贡赋的多少呢？实在难以估计。所以，茂陵的陪葬品，肯定要比秦始皇的陵墓还要多得多。茂陵的修建时间最长；耗资最多；移民最多；占地面积最大；茂陵本体最高最大；规模最大，超过秦始皇陵，已经探明的从葬坑就达400多处；陪葬品最多，也超过了秦始皇陵。这七项数据都创造了我国修建坟墓的历史记录。

茂陵丧葬的奢华古今罕见。史书记载下葬时陪葬宝物超过190种，甚至活的牛马虎豹、鱼鳖飞禽等也一并殉葬。汉武帝生前享受的一切也在陵墓里重新营造。在《汉书》中也有这样的记载："武帝弃天下，霍光专事，妄多藏金钱财物，鸟兽鱼鳖牛马虎豹生禽，凡百九十物，尽瘞藏之。"这里更直截了当告诉了我们，臣子霍光为了报答汉武帝对自己的知遇之恩，在茂陵为汉武帝陪葬了数额巨大的金银财宝、珍禽走兽。甚至在武帝下葬时，由于随葬品实在是太多了，以至于修建好的庞大的地宫都无法装下这么多的陪葬品。最后，万般无奈的情况下，人们只好将多余的随葬品又带回了长安。后来，人们也证实了这一说法。东汉初年，赤眉军盗掘茂陵的时候，整个军队中，有成千上万名的士兵，这些强干有力、精力旺盛的士兵在茂陵忙忙碌碌地搬了几十天，"陵中物仍不能减半"，一个军队搬了几十天，搬走的陪葬品连总数的一半都不到，天知道茂陵的里面到底埋了多少东西呀！真是应了那句话，果然是贫穷限制了我们的想象。

公元前 87 年，汉武帝驾崩后，尸身入殡发丧于中央政府办公地——未央宫前殿。据《西京杂记》中记载，"汉帝送死皆珠襦玉匣，匣形如铠甲，连以金缕"，"匣上皆镂为蛟龙鸾凤龟麟之象，世谓为蛟龙玉匣"。汉武帝的遗体被安放在玉床之上，口含蝉玉，身穿金缕玉匣（即金缕玉衣），玉衣上镂刻着蛟龙、鸾凤、龟麟等吉物。由于汉武帝身高体胖，因而其所穿的玉衣形体也很大，全长达 1.88 米，以大小玉片 2498 片组成，共用金丝重约 1100 克。汉武帝发丧落葬的那天，灵车之后还有长龙一般的载满陪葬品的车队，来到茂陵时，文武百官已见地宫中塞满金、银、珠宝、丝绸、经卷、食品、各种奇珍异物等，还有许多陪葬品怎么也没有办法塞进茂陵去了。汉武帝真可谓要将天下宝藏全都聚集于自己的茂陵，如此规模宏大的陪葬物，真是令人震惊。

传说中的 3 件宝贝

在汉武帝的茂陵里，除了有大家能想到的各种金玉奇珍之外，还有 3 件仅存在于传说中的宝贝。接下来，我们就要重点说说这 3 件宝贝。

大家肯定都想知道，这 3 件传说中的宝贝到底是什么呢？在这 3 件宝贝中，其中有 2 件都是由康渠国进贡来的。康渠国采用的是音译的说法，所以到现在人们没有办法查考具体是哪一个国家了，在史料中也没有相关的明确记载，但有一点是可以肯定的，那就是康渠国就是大汉王朝的一个附属国。当时，作为附属国的康渠国国王为了能够拉近与汉朝之间的关系，所以便派人给汉武帝送来了两件稀世珍宝，其中的一件是一个白玉箱。正所谓"白玉无大器"，天下真正完美的白玉往往都不会太大，大多数好的白玉体积都不太大，而这个康渠国的国王却得到了一块不小的白玉，于是就命人将这块大体积的白玉雕刻成了一个玉箱子。随后，又派人送给了汉武帝。

那么，康渠国进贡的第二件宝贝是什么呢？这第二件宝贝也与白玉有关系，就是白玉杖。试想一下，如果这白玉杖的长度是1.8米，那么白玉的原料肯定是会更长更大的。《圣经》中有关于"杖"的记载，它代表着能力、权柄。在古埃及的时候，有很多的国王手中都会拿着一根权杖，这根杖除了实用以外，更多是权力的象征。在汉朝皇帝的眼中最为重视的是玉玺，玉玺所代表的也是皇家至高无上的权力。而康渠国国王将白玉做成玉杖，也是对皇权的高度肯定，看来为了能够讨好汉武帝这个大汉皇帝，这个康渠国国王还真是肯下血本。

说完前两件宝贝，我们再来说说第三件宝贝，传说中的第三件宝贝就是汉武帝经常看的杂经，汉武帝死后，他生前最喜欢阅读的30卷杂经，也被盛在一个金箱内，一并埋入陵墓之中。在这里，可能细心的读者会问了，为什么说是"杂"经呢？很多人认为这些书里面记载的事物包罗万象。以至于后来，董卓因为自己可爱的孙女是个哑巴，还特意派吕布去盗取汉武帝茂陵中的杂经，并且，在出发之前，他反复叮嘱吕布，一定要找到这些杂经。据说，这些杂经中不仅有治疗哑症的方法，而且还有长生之法，所以很多盗墓者对这几十本杂经都是非常感兴趣的。

正因为汉武帝的茂陵中实在藏有太多宝贝了，所以从古至今，茂陵也没少招来各地的盗墓贼，据统计，茂陵一共被盗5次，除了黄巢、吕布之外，赤眉军也曾到墓中搜刮敛财。关于康渠国进贡来的白玉箱和白玉杖现在到底在何处，依然是一个未解之谜，大家只能在传说中去听闻这两件宝物的风采了。而那汉武帝生前最喜欢看的几十本杂经，也都被很多不知情的盗墓者损坏，实在是可惜。如果陵中宝贝能够流传至今，这些都将会成为国家的无价宝藏。

国宝级文物珍品

新中国成立后，在茂陵园区附近的百姓也开始了新的生活，群众准备安居乐业，开始建房农耕，一些百姓建房挖地基的时候，偶然会有从地下挖出文物的，或者附近百姓有从陵墓之地捡拾各类文物的。当地百姓都将这些偶然得到的文物，交献到茂陵当地的文物单位。当时，茂陵百姓偶得的各类西汉文物多达数千件，其中列为国宝级和国家三级以上的文物珍品有400多件。在这里我们仅举其中最有代表性的3件国宝级文物。

鎏金马

1981年5月的一天，西吴乡豆马村的一位朴实的农民正在平阳公主墓南的一块地上平整土地，突然，他的农具触到了一个坚硬的物体，随后这件金光闪闪的骏马铸像便出土了。如此精美的大型金马出土，在西汉文物考古发现中尚属首例，后被鉴定为"鎏金马"。金马的出土，是茂陵的一个重大发现，这件鎏金马被国家文物鉴定委员会专家组确定为国宝级文物。这个雕刻通体由铜铸鎏金制作而成，高62厘米，长76厘米，马头高高昂起，强壮的四腿直立，马尾翘起。此雕刻尤为精致，仔细观看头部造型十分生动，粉鼻亮眼，马嘴微微张开，露出六颗牙齿，两个耳朵直直竖立，耳间还有鬃毛，清晰可见，在马的颈上也刻有鬃毛。整体看上去，这匹马体态矫健，马的肌肉和筋骨的雕刻符合解剖比例，马体匀称适度，形象朴实稳重，堪称一匹骏马。出土的金马在美国、日本、英国和澳大利亚等数十个国家引起轰动。它不亚于甘肃武威雷台汉墓出土的青铜飞马。此雕刻不但外形逼真，神态也栩栩如生，静中含动，气度非凡，有着一发千里之势。这个雕刻在古籍中也有记载，被称为"金马"，是以西汉时大宛产的汗血马（又称天马）为模特，精制而成，给中国古代工艺美术史上增添了金灿灿的一页。它超凡的俊美，闪耀着汉代匠师们卓越的智慧，让西汉时辉煌的文明成果亮相，光彩射人。

现在收藏于陕西兴平茂陵博物馆，供游人欣赏。

鎏金银高擎竹节熏炉

鎏金银高擎竹节熏炉是和鎏金马同时出土的，这件珍贵的文物也是1981年5月在平阳公主墓南发现的。鎏金银高擎竹节熏炉高58厘米，底径13.3厘米，口径9厘米，盖高6厘米。鎏金银高擎竹节熏炉由炉体、长柄、底座分铸铆合而成，通体鎏金银，精雕细镂，是一件极为罕见的艺术精品。

众所周知，在我国古代的很多地方都有用熏香的习俗，战国时期人们就有在室内放置各种熏炉的习惯。一方面可以净化室内的空气环境，另一方面，熏炉中飘出来的袅袅香烟，也仿佛将整个空间造就成了缥缈的仙境。而这件竹节熏炉的炉盖形状如同多层山峦，云雾在熏炉四周飘荡，再加以金银勾勒，宛如一幅秀美的山景。西汉时期，封建帝王为了求得长生不老之术，大都信奉方士神仙之说，青烟由这鎏金银高擎竹节熏炉袅袅飘出，缭绕炉体，造成了一种山景朦胧，形成了群山灵动的效果，仿佛是传说中的海上"博山"。博山炉就是在这种追求长生不老，信奉神仙的风气影响下产生的，并在汉代广为流行。

竹节熏炉，通体鎏金银，高柄竹节形，子母口，盖呈博山形，炉盘和炉身分铸铆合，底座作圈足形，高7厘米。在熏炉的底座上方透雕着两条蟠龙，底色鎏银，龙身鎏金，这两条蟠龙都昂首张着口咬住竹柄，竹节形的柄分为五节，节上还刻着竹叶，柄的上端有三条蟠龙将熏炉托起。炉体上部浮雕四条金龙，龙首回顾，龙身从波涛中腾出，线条流畅，造型奇妙。整件熏炉被分为三个装饰区域，共有九条龙装点其间。而"九"在数字中是最高数字，是皇权的一种体现。在两千多年前的汉代，工匠们将鎏金银竹节熏炉制作得如此奇巧，令人叫绝。那么，如此华贵高雅的器物，肯定不是普通人所能拥有的，这个竹节熏炉的主人到底会是谁呢？这背后到底又藏着什么感人的故事呢？专家在熏炉的炉盖与底座上都发现了铭文，炉盖口外侧刻铭文一周35个字："内者未央尚卧金黄涂竹节熏炉一具并重十斤十二两四年内官造五年十月输第初三"。底座圈足外侧刻铭文32个字："内者未央尚卧金黄涂竹节熏炉一具并重十一斤四年寺工造五年十月输第初四"。通过炉盖外侧的铭文可以得知，这个竹节熏炉是西汉皇家未央宫的生活用器。加上通过考查历史文献的记载，专家得知这件熏炉原来是未央宫的生活用器，公元前136年，汉武帝将这件熏炉赏赐给了自己的姐姐阳信长公主。

错金银铜犀尊

这件铜犀尊是1963年兴平西吴乡豆马村村民赵振秀在村北土壕发现的。经国家文物局专家鉴定，认为是战国时期的作品，也是国宝级的文物，是战国时代用犀牛形状设计的酒尊，这只酒尊造型十分逼真生动，铜犀尊的犀牛外形，体态酷似真犀，全身饰有错金银流云纹，体现了犀牛刚强健壮的特点，不但形似神也似，仿佛具有了生命力。铜犀尊的背上有盖可开合，口侧有管状短流，用以倾注。是一件极为精美的工艺品，也反映了当时青铜工艺的高度发展水平。铜犀尊重13.3公斤，高34.1厘米，长58.1厘米，宽20.4厘米。

活物下葬

在汉武帝茂陵的陪葬品中，除了一些金银财物、稀世珍宝之外，就连活的鸟兽、牛马、虎豹也都成了陪葬品。在这众多的陪葬品中最有价值的并不是金银珠宝，而是一个灭绝的动物。原来，在汉武帝墓里最为珍贵的文物就是汗血宝马的马骨。

汉武帝本人在历史上也是威名赫赫，所以，他的陵墓也引起了许多盗贼的注意。虽然，汉武帝的陵墓经过多次的洗劫，但汉武帝的陵寝里仍然保留着最为珍贵的文物。因为，汗血宝马的马骨也许是许多人都不怎么待见的,因为这件文物并不是金银珠宝,也不是玉器首饰。

众所周知,在封建帝国,皇帝享用着天底下最好的资源,所以,汉武帝拥有汗血宝马也不奇怪。但是,即使是在汉朝,汗血宝马也是一种非常珍贵的马匹,不论战斗还是出行,汗血宝马都是非常优秀的交通工具。汉武帝生前十分喜欢马,所以,在当时的茂陵也安葬了几匹活生生的汗血宝马,而这几匹汗血宝马的骨头就陪着汉武帝在茂陵沉睡了两千年。后来,随着社会的发展,马匹的种类越来越多了,由于各种原因,反而让珍贵的汗血宝马绝种了,汗血宝马就这样消失在了历史的长河中。而如今得到了汗血宝马的骨头,就能够为专家研究汗血宝马提供宝贵的依据,也可以为汗血宝马做一个完整的分析。

茂陵的陪葬品到底有多少?仍无人能够断定。茂陵的谜到底有多大,有多深,有多广?任我们后人展开猜想的翅膀,也难说清楚地上地下无穷的奥秘。茂陵地宫可谓宝藏丰富、应有尽有。就如《新唐书·虞世南传》中说过的:"武帝历年长久,比葬,陵中不复容物。"

四、27 万人,迁徙陵邑

历史上很多帝王的陵墓都是建造的时候很"热",入葬之后就会变"冷",唯留零零散散的守陵人相伴于周围。但在历史上,唯有一座中国皇陵打破了孤冷的局面。

封陵后的守卫多达 5000 人(完全可以独立作战)。当时,在陵园内建有祭祀的便殿、寝殿以及宫女、守陵人居住的房屋。5000 人迁至此地管理陵园,负责浇树、洒扫等差事。而且,在陵园的东南还建造了一座县城,许多文武大臣、名门豪富迁居于此,人口多达 27

万多人，陵区繁华如闹市。《汉书》中说："户六万一千八十七，口二十七万七千二百七十七"，有 27 万人在那里定居，比长安县的人口还要多出几万。在人口珍贵的农业社会，只有中国人才会有如此的大手笔。那么这位皇帝是谁呢？他就是汉武帝！汉武帝的茂陵也堪称"超级皇陵"。

公元前 139 年，汉武帝从全国各地各方，调集了几万工匠和民夫前往茂陵修建陵墓，这就是历史上著名的汉茂陵。

公元前 138 年，当茂陵工程进行到第二个年头的时候，汉王朝政府决定，成立茂陵县，富豪、儒士有 6 万多户 27 万多人。董仲舒、司马相如、司马迁等都先后携家迁到茂陵邑定居。公元前 127 年，当茂陵工程进行到第 13 个年头时，汉王朝政府又从国家各地动迁富户豪族、名士大儒以及奴婢等达数十万人，到茂陵邑定居。

而这其中更有意思的是，汉武帝在公元前 127 年，下令将天下各地的豪强地主都迁到茂陵居住，著名的黑社会大佬郭解就是因为迁居茂陵而败亡的。那么汉武帝为什么要把天下豪强迁到茂陵呢？

富二代——"茂陵子弟"

这还得从历史背景说起，大家都知晓，汉朝的上一个统治王朝是秦，秦朝建立了大一统的封建君主集权国家，运用郡县制废除了诸侯国等一切地方自治机构，各基层由皇帝统一管理，就连最基层的县令都要由皇帝直接任免。这样，统治者的管理范围和难度都加大了，在县以下的一些基层，如乡、亭、里等，就只能由乡长、亭长、里长进行管理，而这些芝麻官通常又都是由当地乡村、宗族推举的地方豪强，所以，这些基层的统治基础十分薄弱。表面上仿佛在严格执行秦法，但是这些当地的豪强和宗族一直不愿意响应国家政策，他们互相勾结，势力十分顽固，更不会放下自己和同伙的利益，紧跟国家号召。所以长期以来，中国封建社会历史，都是中央和地方、君权和官僚中间阶层的反复斗争的过程，其中，君权在最上层，中间阶层是庞大的官僚阶层，最下是农民等阶层。

到了汉高祖刘邦开国时期，为了能够打压战国时期长期形成的六国的各地方宗族势力，刘邦实行了迁徙六国贵族豪强到关中地区的政治措施，不仅如此，刘邦还在长陵以北设置了长陵邑，秦末的许多豪强贵族也被刘邦强制迁徙到了长陵邑居住。而汉朝起初，整个国家都处于贫困中，所以，迁徙了秦末六国的地方豪强后，地方上基本没有大的豪强地主了。整体的统治管理处于相当平衡的状态。等到了汉文帝和汉景帝时代，这两位皇帝分别采用了与民休息的国策，他们在政治上尽量少作为，实行无为而治，最终，形成了文景之治的盛世。"至武帝之初七十年间，国家亡事，非遇水旱，都鄙廩庾尽满，而府库余财。"简单地说，汉初的统治者高祖、吕后、文帝、景帝，为后来的统治者做好了社会财富的超级大蛋糕。等到汉武帝接手以后，他统治的社会面临的最大问题，就是如何切分这块财富大蛋糕了。但实际上，当时新兴的权贵集团早就已经开始动刀切分蛋糕了，他们聚敛了绝大部分的社会财富，霸占了国家大部分利益。权贵们多切了蛋糕，那么，众多的普通百姓，就有得不到蛋糕的。当时，社会贫富差距巨大，其现象更是让人感到触目惊心：一面是权贵豪门奢华无度；另一面则是"贫民常衣牛马之衣，而食犬彘食"。汉代大儒董仲舒也曾说："富者田连阡陌，贫者无立锥之地。"权贵奢靡、奸商暴富，市场混乱、国弱民贫，这就是外表华丽富裕的汉王朝，这不禁让人想起唐代诗人杜甫的名句"朱门酒肉臭，路有冻死骨"。

为了能够更好地治理统一国家，汉武帝一生将"中央集权"定为自己一生中最重要的政治目标，而想要"中央集权"就需要消灭危害江山社稷的分利集团。当时的地方豪强地主欺压百姓、截留税收、欺瞒朝廷、目无法纪，可以说是对中央集权危害最大的分利集团之一。在汉文帝时期，为了打击这些地方豪强，使用的主要方法是任用酷吏。但天下豪强众多，任用酷吏是治标不治本。还会让朝廷背负很大的政治道德成本，汉武帝登基后开始思考更有效的方法。

到底如何解决这些问题呢？如何不动摇社会稳定，又能解决形成已久的贫富分化呢？又如何能将国家权力牢牢控制在皇帝一个人的手中，使权力不被外戚、地方豪强、士大夫阶层等庞大的权贵阶层分割？为此，雄才睿智的汉武帝实行了一系列"软性"改革，在这一系列的改革中，就有这篇《迁茂陵令》。更重要的是，将豪强迁往茂陵的手段相对比较温和，起码不会像任用酷吏那样杀人如麻，朝廷的政治道德成本也要小得多，达到"不杀而害除"的效果。

公元前127年，汉武帝颁布了著名的《迁茂陵令》，主要是对奢靡浮华、富可敌国的地方豪强实行举家迁徙，理由是为了更好地服务于陵墓。汉武帝决定在此处成立茂陵县。当时为了响应汉武帝的号召，包括司马相如、司马迁、董仲舒等名士富豪，有多达6万余户27万人在此定居，繁华程度可想而知。

在《迁茂陵令》中命令凡是财富在300万钱以上的巨富豪门，一律迁徙到京城附近的茂陵。有历史学家指出，按财富势力换算，这个标准大约相当于今天的亿万富豪。当时，汉代财富形式大多是土地、房产。而土地和房产是没有办法搬走，更不能随身携带的。所以，那些奉旨迁徙的富豪只得贱卖土地房产。但是，全国所有的富户都要进行迁徙，也就意味着，全国上下有大量的土地房屋出卖，那么，谁来买田呢？于是，地方政府出面将千万亩良田低价收购，然后，又将这些土地分给流离失所的无地农民，国家在这次买卖中，并不赚取利益，只收取十分之一的税收。对于身无分文的百姓，汉代政府还曾尝试低息贷款的农业"反哺"模式，也就是由政府向农户提供借贷，3年后折成实银，只加一成利钱归还政府。这样，所有的赤贫百姓都能得以安居乐业，王朝政府粮食税收激增，而那些豪门利益集团的巨额财产，也在汉武帝发动的迁徙茂陵的过程中被强行"均富"了。

在这个过程中，非常值得称赞，甚至值得我们后人学习的是：汉武帝对于这些亿万富豪的财产剥夺并非流血革命。俗话说，哪里有压迫，哪里就有反抗。汉武帝的做法非常聪明，他的《迁茂陵令》是极具魅力的软性迁徙政策，汉武帝对于那些配合国家政府迁徙茂陵的豪门巨富们，并不是一味地强制，而是颇有奖励——政府支付给每户迁徙者20万钱的高额"拆迁补偿款"以及田两顷的高额赏赐。为了鼓励和肯定这些富豪的做法，汉武帝还对这些人奖以政治荣誉，让他们可以脱去商家身份，跻身世家名门。举家迁徙失去土地的茂陵子弟，不再囤积财富，而是一掷千金，这致使长安城成为世界第一豪华都会；而"茂陵子弟"也成了"富二代"专用的古代热词。所以，在当时身为茂陵县的人无比的自豪，人人都以能去茂陵县为荣。

大侠郭解的灭族之灾

我们知道，改革就会出现利益的变化，而汉武帝这种剥夺豪富集团巨额红利的软性改革，虽然手腕够高明，但也并非一帆风顺。《迁茂陵令》刚颁布时，也曾出现举国抵制的情况。当时，许多富户豪门都按兵不动，而这一切都与颇负盛名的大侠郭解有关。名噪一时的大侠郭解在当时的汉朝也是一位相当出名的人物。"天下无贤与不肖，知与不知，皆慕其声，言侠者皆引以为名"，司马迁在他的著作《史记·游侠列传》中描述了郭解的名声："即便是普天之下最没有道德和操守的人，只要听到郭解的名字，也必定会肃然起敬。"

在司马迁的笔下也记录了关于郭解的事情，其中的一件，就是说郭解的外甥仗着郭解的名声，四处欺凌平民百姓，最后，他的外甥罪有应得，因为强迫别人喝酒被杀死。很快，郭解就找到了那个杀他外甥的凶手。"贼窘自归，具以实告解"，这个人看到郭解以后，知道自己也没有什么办法，就将事情的前因后果全部都告诉了郭解。然而，等待报应的凶手却没有料到郭解说："这是我外甥的错，和你没有关系！"凶手就这样被郭解给放走了。关于郭解的事迹还有很多，总体就是说这个人有着宽大的胸怀和惩恶扬善、行侠仗义的性格，所以，郭解在当时拥有相当大的影响力。"游侠豪倨，藉藉有声。权行州里，力折公卿。朱家脱季，剧孟定倾。急人之难，免雠于更。"这是后人对郭解等游侠的评价，其实也反映出了郭解等人的行事方式，他们这些游侠擅长的是潜行和暗杀，尤其是来无影去无踪的游击式打法，往往都能在悄无声息中解决一个人的性命。那么，这样的一个人，为什么没有被汉武帝重用呢？大概的原因，就是汉武帝面对的是数十万骑兵的匈奴，这不是仅仅靠刺杀一两个人就能解决的。游侠郭解根本就不具备统兵打仗的能力，无论是战略还是战术上，郭解都不能进入汉武帝的法眼。而事实上，也的确如此，游侠这种分散的单独行动是不具备任何杀伤力的，尤其是在几乎决定汉朝与匈奴国运的重大战争上，郭解这些人根本就不具备任何才能。而离群索居也不是汉武帝要杀大侠郭解的理由。汉武帝到底为什么要杀死大侠郭解呢？

司马迁曾经借荀子之口给所谓的游侠们下了一个定义："儒以文乱法，侠以武犯禁。"这句话的意思就是："天下的读书人总是以文字来蛊惑人心；而所谓的游侠也用武力来违反国家的禁令。"这种现象在《游侠列传》中体现得更为明显，这些所谓的游侠和儒生一样不事生产，却能轻轻松松地受到人们的崇拜。而游侠们比儒生更令统治者头疼，因为功夫了得的大侠们几乎是想杀谁就杀谁，而且杀人之后根本不用负任何责任，这实在是一件匪夷所思的事情。换位思考一下，一群人用武力抵挡统治，公然凌驾在国家层面的法律之上，哪一个皇帝能容忍这样的人存在？更让皇帝无法容忍的是，这些人在蛊惑人心方面也实在是很有一套，他们无论走到哪里都有一大群人狂热崇拜，这种风气对于一个国家的统治稳定是很不利的。所以，汉武帝作为一个明智的君王，他根本不可能让这样的人去带兵打仗，相反，他还要找机会除掉这些人。大侠郭解作为游侠中的领军人物自然是首当其冲的,汉武帝这是有意杀鸡儆猴。

就说这个郭大侠吧,汉武帝提出《迁茂陵令》后,他却公然提出:自家财富不足 300 万,请求朝廷准许他不迁徙。如果这位郭大侠按照当时的法定程序直接提出诉求,一切或许还情有可原,他也还有斡旋余地。可是,这位大侠却想凭借着自己的实力,铤而走险走上层路线。他实行了那句"咱上面有人",别说,他还真有人!郭大侠找到了汉武帝最信任的皇后卫子夫之弟、大将军卫青替自己说情。汉武帝当即意识到官商权贵结合的危险,当朝慨叹道:"能让朝廷大将军说情的人,还不是地方上的豪强巨富吗?"汉武帝深知"官商勾结"的利害,所以,他对民间富豪的官商勾结是"零容忍"的。于是,历史上极负盛名的一代大侠郭解,以间接杀人案遭到朝廷通缉。然而,郭解的影响力实在太大了,甚至有很多人都冒着被杀头的危险,还是要帮助郭解逃脱,以至于朝廷抓捕他多年都未曾成功。在郭解逃亡期间,有一个儒生说郭解"专以奸犯公法,何谓贤",只因为这个儒生指责了郭解,没过儿天,这个儒生居然被人杀死并且割掉舌头。而这样的事情还有很多,为此御史大夫公孙弘上书汉武帝道:"解布衣为任侠行权,以睚眦杀人,解虽弗知,此罪甚于解杀之。当大逆无道。"汉武帝听了以后,觉得十分有道理,于是加大对郭解的搜查力度,最终将其抓住并杀死,不仅如此,郭解的家人也一并遭到株连。最终,郭解惨遭灭族之灾。

回顾整件事情,不得不承认,汉武帝的这个行为虽然看上去有些残暴,却是一个非常聪明的决策。汉武帝的这个决定,改变了整个西汉人民的价值观,然后才有了后面的"匈奴未灭,何以家为",否则,西汉的年轻人,恐怕要整天向往如何成为一个"古惑仔",想想那真是一个令人后怕的价值观!

一朝天子一朝臣

汉武帝推行的《迁茂陵令》不仅是针对封建社会的最大财富成

分——"田地"进行重新洗牌和分配，还让统治者实现了"一朝天子一朝臣"的理想。由于地方的豪强都被迁徙到了京师长安，这些豪强脱离了他们长期发展的宗族家乡，在那个信息、交流都不是十分方便的时代，背井离乡的豪强们再也没有在地方发展壮大自己势力的机会。他们时刻处在政治手腕强硬的汉武帝脚下被严密监视和控制，而且这项国策是长期执行的，一旦地方有了新的地方豪强、特殊利益集团出现，他们就会再被迁移到新的天子陵墓居住，脱离可以让他们发展壮大的故乡土壤。有效地贯彻了"一朝天子一朝臣"的统治手腕，天子换了，上一任天子相关的外戚、大官僚权贵和他们延伸到地方上的豪强大地主，统统不能继续发展壮大，他们的地位会因此而下降。这样的统治手腕最大限度保证了社会中不能形成与朝廷对立的强大集体。

纵观西汉的皇帝大多娶了无宗族势力的女子做皇后就是这个道理。汉文帝被迎立为天子，其中一个重要原因就是他母亲的家族势力微弱。汉景帝的妻子，太子刘彻的母亲，也是家族势力微弱的女子。到了刘彻做了汉武帝，立幼子作为继承人，立刻毫不犹豫杀了他的生母，就是怕他生母趁其年幼掌控朝政，从而形成外戚和地方豪强勾结，影响君权的局面。由于多项国策同行，便要将大批的地方豪强、外戚权贵彻底消灭，而汉武帝也将国家财富空前地集中在君主一人之手，可以随心所欲地大规模攻打匈奴，大规模兴建宫室、园囿。

这样的景况一直维持到汉武帝的晚年，汉武帝对自己也真是随心所欲，国力和国家财富被他发起的战事和私欲消耗殆尽。后来，汉武帝指定的辅政大臣霍光废弃了武帝以来的"徙陵"制度。至汉宣帝、汉元帝时期，中央已再无力牢牢束缚地方豪强的兼并土地和势力扩张。汉元帝曾经也一度想要恢复汉武帝时的"迁徙豪强至陵寝"的制度，但执行五年毫无成效，遭到各种抵制。故而汉元帝在公元前 40 年十月，在士大夫的上书建议下，诏令从此不再迁徙豪强。

汉武帝陵密码

繁华的"茂陵新区"

古代的西汉帝陵都有一大特色，帝王们常常会在自己的陵寝周边建造城市，也就是陵邑；在帝王陵寝的一边是热闹非凡的大都市，一边是门禁森严的皇家重地，两个景况彼此形成了鲜明对比。当时，汉朝政府修建陵邑，主要是出于内外两方面的考虑。前面我们有讲到，对内，通过这种方式可以遏制关东地区的豪强，从而巩固中央对地方的统治。所以，汉武帝元朔三年（前126）夏天，"徙郡国豪杰及訾三百万以上于茂陵"，各个郡国中有权有势的家族都被迁徙到茂陵定居，而这些人曾经是当地的地头蛇，他们在自己的故乡横行霸道，可是，如今来到天子脚下，人生地不熟，自然就不敢造次了，只能乖乖接受大汉天子的领导。以此类推，30多年后，汉武帝太始元年（前104），"徙郡、国吏民豪桀于茂陵、云陵"，也就是说几十年过去，一些地方又有一些地头蛇、有钱人崛起了，那么帝王就把他们也搬到茂陵。这就仿佛像割韭菜一样，每过一段时间就要割一次。经过几十年的发展和迁徙，茂陵邑逐渐崛起成为全国的一线城市，守卫多达5000人，陵旁迁来了27万多的百姓。

这个政策对外还可以增加京畿地区的人口，抵御匈奴南下。西汉时，匈奴骑兵屡屡南犯，对关中平原构成巨大威胁。在战争的年代，人成为最关键的资源，如果国都有难时，可以将周边陵邑的百姓都发动起来，共同应对匈奴人的进犯。

当我们站在今天的角度看，西汉皇帝借修建陵墓之机，在咸阳原规划了五个新区，分别是阳陵新区、长陵新区、安陵新区、平陵新区和茂陵新区，而这里的居民都是全国各地搬来的富商巨贾或者高门豪强。富商豪门来到这里后，都会为自己在陵邑旁修建豪宅，像董仲舒、司马相如、司马迁都在茂陵有房产。在茂陵陵邑有权有势的家庭多了，这里的"富二代""官二代"也就应运而生了，这些少年整天游手好闲、出手阔绰，过着咸鱼般的生活。李白《少年行》中有言："五陵年少金市东，银鞍白马度春风。落花踏尽游何处，笑入胡姬酒肆中"，讲的就是五陵原的贵公子骑着白马，满面春风，他们四处游玩，与酒肆里的胡姬寻欢作乐，好不快活。白居易也曾在浔阳江头，形容琵琶女当年火爆的人气："五陵年少争缠头，一曲红绡不知数。"

陕西省著名文物考古学家武伯纶先生曾分析道：西汉前期徙关东豪族以奉陵邑，长陵、茂陵各一万户，另有三陵各五千户。试以一户五口人计，万户则有五万人之多，所耗费用和牵涉的人力之巨难以估计，加上司事的臣僚和司仪的宫女，总计陵邑人口实属可观。特别是邑内多为富户豪族，迁来后的享受所需，方面极广，各行汇集，造成陵邑的繁荣。

第三章

旷古罕见的帝王

一、赫赫战功远播四海

汉朝，作为为华夏一族命名的王朝，是古代中国强盛的象征。时至今朝，当国人形容古代盛世时，"汉唐气象"依旧是代名词；而在后世的中国人口中，也依然流传着"犯我强汉者，虽远必诛"。

汉朝在我们历史上赫赫有名，而这么大的名气，很大程度上都依赖其对外战争的赫赫战功。在汉朝的历史上，尤其是汉武帝时期，更是军功卓著。汉武帝的大将军卫青出塞数百里，斩获匈奴万余；另一位大将军霍去病更是21岁就"封狼居胥"，歼胡虏数万。

汉武帝在位期间，在长达将近半个世纪的岁月里，他集中了全国之力，调动一切可以调动的力量，包括政治、经济、军事等力量，对外敞展开了一系列的对外战争，这其中包括攻打匈奴、扫平两越、攻下朝鲜、出击大宛、通"西南夷"等，真可谓是积极主动、野心勃勃的千古一帝。而这些战争，不是凭借汉武帝一己之力可以决定或是操控的，它是历史选择的必然，汉武帝发动的对外战争也正是顺应了历史潮流的伟大壮举。

为了打赢对外战争，汉武帝着力发展和建设军力，选良将，购好马，增骑兵，备粮草，这些都是战争的基础。汉武帝打的第一仗是出兵援助东瓯国，它是南越一带汉朝的附属国，虽然这只是一个小仗，但汉武帝打得非常漂亮，这一仗让汉武帝真正地掌握了大汉朝的兵权。接下来，汉武帝打的第二仗就是攻打南越国，由于南越势力比较弱，因此汉武帝还没有完全发挥威力，战争还没有打完，南越国就抵不住强大的汉军选择投降了，但这一仗让汉武帝统一了南方，战争虽然不够激烈，但是它的意义非常大。汉武帝在统一了南方之后，又开始着手准备攻打匈奴，先是停止和亲，接着就是兵戎相见。在攻打匈奴的艰难战争中，发生了许多次大大小小的战役。

今天，我们就来一起回味一下灭南越、攻朝鲜、打匈奴的过程。

灭掉南越

秦始皇统一六国后又派兵征讨了南方的越族，轻松打败南越之后，在岭南一带设置了四个郡，并将随征南下的将士们留在了那里，队伍中一个名叫赵佗的将军，做了南海郡龙川县的县令，治理南越。秦始皇归天以后，天下大乱，赵佗就抓住机会控制了这四个郡，脱离了中央集权政府的管理，而后自封为南越王。

等到汉高祖刘邦建立了汉朝以后，南越国又一次见机行事，赵佗带着南越国主动做了汉朝的附属国。赵佗也并非真心臣服于汉朝，所以，接下来的日子里，南越国和汉朝的关系也是时好时坏。但是这个赵佗着实是一个长寿王，他活到了 103 岁，等到了公元前 137 年，103 岁的赵佗才去世，因为实在是活得太久了，赵佗的儿子们都被他熬死了，只能由他的孙子赵胡继位，成为第二任南越王。

赵胡继位两年以后，在南越国东边的闽越向南越国发起战争，进攻南越国。因为赵胡继位时间不长，对于当王的业务还不够熟悉，国家也还不够稳定，想起自己还是大汉的附属国，所以，赵胡就向汉朝发去了求救信。汉武帝对于赵胡发出的求救十分满意，他认为这就是附属国该有的样子。于是，立刻派王恢和韩安国两位将军带兵去讨伐闽越。可是汉军在解围南越时，并没有损伤一兵一卒，甚至都没开始过战斗，这到底是怎么回事呢？原来，还没等汉军大部队赶到南越，闽越就发生了内乱，闽越王郢的弟弟起兵反叛，杀掉了哥哥，而后又主动向汉朝投降。这样一来，南越国的危机也就解除了，之后汉武帝派严助为使者去向南越王赵胡通告此事。

对于大汉朝的这次解围，刚接班不久的赵胡感激不尽，毕竟，是汉

汉武帝陵密码

武帝帮他解决了上任后的第一个难题。赵胡向汉朝使者严助表示，自己刚刚接任王位，国家也刚刚遭受到入侵，所以，现在还有很多事情急需处理，等自己忙过了这段日子，一定去京城朝拜天子。为表自己的感谢和忠心，赵胡随后又让自己的太子赵婴齐跟随着严助去京城为汉武帝效力。可是，等到严助一走，南越国的大臣们就众说纷纭，其中有很多大臣都劝诫赵胡说，当初您的爷爷就一再教导过，我们南越国对汉朝可以称臣，可以做他们的附属国，但是南越王绝对不能亲自去朝拜，万一被汉皇给扣到长安城里，那么，南越国就不复存在了。赵胡也觉得众大臣们说得有理，再加上是爷爷的遗训，所以在后来的岁月里，对于进京朝拜这件事，赵胡一直是向汉武帝请病假。

不知是不是请的病假太多了，公元前 122 年，赵胡病重了。太子赵婴齐以此为由向汉武帝申请想回南越国，汉武帝批准。不久以后赵婴齐就当上了第三任南越王。其实，在赵婴齐去长安之前，这位太子就在南越娶了媳妇，当时，还生了一个儿子叫赵建德。但是，他到了长安以后，又在长安娶了邯郸樛家的女儿，人家也给他生了个儿子，起名叫赵兴。为了能够讨得汉武帝这位大领导的欢心，赵婴齐就主动向汉武帝请示，把在京城娶的媳妇樛氏封为王后，赵兴封为太子，汉武帝一听这赵婴齐和他的父亲一样懂事，所以很领他的情，立刻就批准了。

也不知道这赵婴齐是不是在长安受过什么刺激，还是回国以后有什么想法，反正他接任南越王以后，开始暴虐成性，杀了不少的人。也许，就是因为这个原因，担心自己的暴政惹怒汉武帝，所以，在汉武帝要求他去长安朝拜的时候，他一次都没敢去过，他也像自己的老爹一样，一直请病假，他还学着老爹的样子，把儿子赵次公派去了长安。

这病假还真不能长请，说有病，说多了，自己的身体可能都信以为真了。这赵婴齐也和他老爹一样，也许是装病装得太入戏了，就在赵婴齐继位七年以后，也就是在公元前 115 年，他就真的病死了。他的儿子赵兴继位为第四任南越王，赵兴的母亲樛氏也就名正言顺当上了王太后。

公元前113年，汉武帝派遣了一个叫安国少季的人出使南越，随行的还有谏大夫终军和勇士魏臣，外面还有卫尉路博德率军驻守在桂阳。安国少季这次出行有两个目的，一个是汉武帝让他传话，希望赵兴和樛太后进京朝拜天子。另外一个是安国少季的个人目的，其实这个安国少季除了是汉朝使者之外，还有另外一个身份，那就是在樛太后嫁给赵婴齐之前，两个人曾经相好过，所以，这一次安国少季来到南越国，他是想公事和私事一起办了。

此时的南越国，政权已经在悄然发生变化。新一任的南越国国王赵兴太年轻，而中原人樛太后又得不到群臣的信任，所以，也帮不上儿子什么忙。现在南越国治理国家的大权掌握在丞相吕嘉手中，安国少季偷偷找到樛太后，两个人在重温旧梦之后，樛太后就把自己在南越国的苦恼全告诉了安国少季，希望她这个相好的能够帮助自己的儿子。樛太后想让安国少季上书给汉武帝，让汉朝真正接手南越国，把政权从丞相的手中夺回来。安国少季哪受得了情人梨花带雨的哭求，他立刻派人把事情上报给了汉武帝，汉武帝一听南越国主动提出让自己接手，自然是高兴不已。汉武帝给南越国颁布了高级官员的官印，这个官印的作用可大了，也就是说南越国以后的大官，比如丞相等这些官员就由汉朝直接任命了，随后，汉武帝又废除了南越国好些以前的制度。为了能够保证政策的落实，汉武帝让安国少季等人暂时留在南越国做善后和监督的工作，力求让南越国能平稳地过渡政策改革时期。樛太后得知老相好为自己办好了事情，心中十分高兴。为了让老相好在汉武帝面前好交差，樛太后就让南越王赵兴开始收拾行装，准备去长安朝见汉武帝了。

话分两头说。咱们先放下得意扬扬的樛太后这头不说，再说那头南越国丞相吕嘉。这个吕嘉可不是简单的人物，从赵胡继位开始，他前后辅佐过三位南越王，他背后强大的吕氏家族在南越当官的就有70多人，这可是一个不小的数目。而且，吕嘉和南越王室一直有联姻，所以，吕嘉在南越国说话一直要比赵兴好使。

也许是实力造就了野心，吕嘉十分反对南越国归顺汉朝，他甚至不止一次地向赵兴表示，我们南越国现在就是一个独立的国家，不要去归顺汉朝，归顺了就是汉朝的手下了，以后没有什么事自己能说了算的。只可惜，这新一任的南越王赵兴是一个"妈宝男"，最听的就是他老娘的话，所以赵兴一直没把吕嘉的话放在心中。这时间一久，吕嘉就不舒服了，他开始有了自己的准备，还经常以身体不好为由不去见汉朝的使者。

吕嘉的举动引起了赵兴和樛太后的警惕，为了能够除掉吕嘉，赵兴和樛太后就联手安排了一场鸿门宴，邀请汉朝使者和吕嘉前来赴宴。在宴席之中樛太后不断地指责吕嘉对汉朝不尊重，想以此来激怒老相好安国少季，让他帮自己和儿子除掉吕嘉。可吕嘉早有防备，他让自己的弟弟带着士兵守在门外，这让安国少季一直没敢动手。吕嘉看形势越来越不好，也想撒腿逃跑。樛太后见自己的相好安国少季迟迟不肯动手而恼羞成怒，便要亲自动手杀吕嘉，还好，在场的赵兴比较冷静，他及时起身把老妈拦住。看太后已经和自己翻脸了，吕嘉也就不想再掩饰了。回去以后，吕嘉开始准备发动叛乱。

通过安国少季的千里传书，很快，远在千里之外的汉武帝就知道了南越国内部发生的事情，不过汉武帝并不觉得他一个小小的吕嘉能翻起什么大风大浪，他觉得既然南越王和太后都已经想归顺朝廷了，其他的人就都不是什么事了！不过，后来发生的事情还是证明汉武帝轻敌了。

公元前112年，汉武帝派韩千秋和樛太后的弟弟樛乐仅率兵2000人，前往南越镇压吕嘉。

而就在樛乐和韩千秋带军前往南越的时候，吕嘉已经开始动手了。吕嘉先是在南越国内曝光太后和汉朝使者有奸情，又制造舆论说国王又年轻不懂事，事事都听太后的，与汉朝使者有奸情的太后，根本不顾及南越国的百姓和社稷，一心只想着和奸夫鬼混，归顺汉朝。接着，吕嘉又派人带兵冲进王宫，杀掉了当时的南越王赵兴、樛太后和汉朝的使者安国少季。之后，吕嘉又辅佐赵婴齐的长子赵建德继位，这就是第五任南越王。

而这时，韩千秋带领的两千名兵丁已经在南越国攻下了几个城镇，但吕嘉下令，让所有士兵不要抵抗汉军，不但如此还要主动给汉军送去吃食，看到吕嘉此举，战胜的韩千秋就更不把南越人当回事了。等到韩千秋带着两千名汉军走到离国都番禺 40 里的地方时，南越国突然发动猛烈进攻，打了韩千秋一个措手不及。吕嘉取得完胜，把两千名汉军全部歼灭。随后，吕嘉又让人把汉朝使者的符节装在匣子里，还在里面写了一封谢罪信，派人将匣子放在了边境，同时在边境设置了重兵看守。

两千名汉军全部牺牲在了南越国，这次吕嘉彻底地激怒了汉武帝，汉武帝派人安抚死者家属的同时，立刻又发布了出兵南越的诏书。公元前 112 年，汉武帝调遣囚犯和江淮以南的水军共十万大军，兵分五路攻打南越。

第一路，由伏波将军路博德带军；第二路，由领兵的楼船将军杨仆带军；第三路和第四路的领兵均是两个归降汉朝的南越人，他们被封为戈船将军和下厉将军；第五路，由驰义侯带军。

公元前 111 年，第二路军楼船将军带兵先是攻下了寻峡，然后又带兵攻破了番禺城北的石门，楼船将军带领士兵在攻下的两个地方缴获了大量的粮食和物资以后，继续向南推进。他们遇到了南越国先头部队，在此战中，楼船将军再次获胜，打败了南越国的先头部队。之后，楼船将军带领士兵，在原地等候伏波将军的队伍。再说第一路军伏波将军，伏波将军的行军路线路况极差，导致整个队伍行进得比较零散，所以他的先头部队和楼船将军会合的时候，只到了一千多人，可好歹也算合兵一处了。

合兵后，由楼船将军在前面开路，两军一直打到番禺城下，而这时，坚守番禺城的正是这次动乱的主谋吕嘉和赵建德。楼船将军决定智取，他先是把队伍驻扎在城东南侧，而伏波将军的队伍则在城西北侧扎下营寨。当天晚上，楼船将军突然派兵发动攻城，而且用的是火攻。由于伏波将军在南越人心中很有威望，所以，他看番禺城被攻破就立刻派人进去招降南越人，很多人仰望伏波将军的威望，就都向他投降了。

吕嘉和赵建德一看，番禺城已经守不住了，所以，他们就趁着夜色，逃出番禺城，准备在海上乘船向西逃离。伏波将军从俘虏的口中得知了这个消息后，立刻派兵划船去追捕，因为追捕及时，很快，兵丁就将吕嘉和赵建德双双绑送到伏波将军的脚下。南越国的队伍群龙无首，没有了领头的，下属的郡县也都没有什么好抵抗的了，大家纷纷向汉军投降。也就是说，汉军总共五路大军，刚到了两路队伍，就迅速地搞定了南越国。

南越国归顺汉朝以后，汉武帝也毫不客气，立刻将那里划分为九个郡，由大汉中央政府直接管理。至此为止，赵佗创立的南越国存活了93年之后，历经了五代的南越王，在汉武帝手里结束了使命。

攻打匈奴

早在春秋时期，好战的游牧民族就开始频繁南下侵扰中原民族，只是，当时的中原各国都在忙于争霸，所以也没有人去理会这些游牧民族。一次次的得手，让这些民族越来越得寸进尺，以至于中原民族无法忍受，开始反击游牧民族。秦始皇一边用修筑长城的方法来防止匈奴向南蔓延，另一边又派遣蒙恬北击匈奴收回了河套地区。匈奴被迫退到阴山地区，有了"胡人不敢南下而牧马"的局面。但秦朝灭亡之后，匈奴卷土重来。匈奴的冒顿单于是一位杰出的首领，在他的带领下匈奴日益强大，渐渐对汉朝有了威胁。汉高祖刘邦亲自带兵北伐，结果被冒顿围困在白登山，最后，还是陈平贿赂了冒顿的妻子，在妻子的劝说下，匈奴单于冒顿才决定放刘邦一马。此次大败让大汉蒙上了畏惧匈奴的阴影，所以，大汉也迫不得已选择与匈奴缔结和亲之约。

大汉越服软，匈奴反而越变本加厉，但冒顿单于死后，匈奴开始走下坡路。正所谓"趁你病要你命"，汉武帝抓住了这次机会，准备开始大规模北伐反击匈奴。

汉武帝能够在历史的舞台上大展身手，一方面是因着他自身的才能，而另一方面也是因为有一位好爷爷和一位好爸爸，两位长辈给接班的汉武帝留下了空前强盛的国力以及充裕的财政，这也就让汉武帝有了平定北疆和开凿"丝绸之路"的先决条件。

家底丰厚的汉武帝不想再受匈奴的气，他一改之前跟匈奴和亲来保大汉边境平安的政策，改为兴兵攻打匈奴。而对于这一政策，汉朝的大臣中产生了很大的分歧。以御史大夫韩安国为代表的主和派认为，攻打匈奴，不但消耗国力，还没有任何好处。因为，匈奴土地虽广阔却贫瘠，所以，即使打胜了，对汉朝也是好处不足，得不偿失。不过，主和派的理由并没有说服汉武帝，汉武帝还是坚持选择了战争之路。

汉武帝也成为了中国历史上第一位提出要这些游牧民族都臣服于中原王朝的皇帝，为了能够接收这些臣服的匈奴，汉武帝在今天的内蒙古地区建筑了受降城。从公元前 133 年到公元前 119 年，汉武帝派兵和匈奴进行了多次战争。其中决定性的战役有三次：河南之战、漠南之战和河西之战。

河南之战

汉武帝出击匈奴时，原计划是与大月氏一起攻打匈奴，汉武帝派遣张骞去出使大月氏。但是，张骞被匈奴所俘虏，而就在张骞被俘虏的时间里，汉朝与匈奴之间就爆发了河南之战。

河南之战又被称为河南战役。

汉武帝反击匈奴的战争是从马邑之谋开始的，当时汉武帝做了一个

汉武帝陵密码

堪称完美的计划，他命人用货物将匈奴单于吸引进包围圈，然后再让周围埋伏的汉军将其聚歼。一切安排妥当，匈奴单于没有任何防备正在一步步踏入汉武帝的包围圈。突然，匈奴单于在快进埋伏圈的时候俘获了一名亭尉，亭尉为保全性命向匈奴单于透露了汉军的计划，真是千里之堤溃于蚁穴，匈奴单于火速撤退，汉武帝原定的完美计划破产，汉朝 30 万大军无功而返。马邑之谋汉军虽然没有成功围剿匈奴，但是结束了汉朝和匈奴的和亲之约，汉军和匈奴彻底翻了脸，也拉开了汉军反击匈奴之战的序幕。

公元前 127 年，匈奴的左贤王部进犯上谷、渔阳。汉武帝命令汉朝的韩安国将军率七百人与匈奴对战，韩安国在战争中失利，带领剩余士兵退守壁垒不出，而匈奴骑兵在城内掳掠千余人和大量牲畜后离开。匈奴放出话来，"是时虏言当入东方"。汉武帝下令让韩安国带领部下向东移驻右北平，以此来阻挡匈奴向东方深入。与此同时汉武帝决定采取匈奴东进、汉骑从西面迎击的作战方针，他下令让车骑将军卫青、将军李息急速带兵赶到云中，让他们在云中突袭匈奴防守薄弱的河南地。卫青和李息果然没有辜负汉武帝的重托，他们率部队出塞以后，从云中向西大迂回对匈奴进行包抄，两位将军的突然掩袭，将匈奴的白羊王和楼烦王一举击溃。此次战役，汉军的两位将军带领队伍歼灭匈奴数千人，俘获敌人共 3071 人，除此之外，还有百余万头的牛羊，成功地收复了黄河以南的全部土地。汉军穿行千余里到达陇西，在与匈奴的战争中，汉军全兵而还。

汉军和匈奴的这场河南之战，虽然双方投入的兵力都不太多，而且规模也不大，却成为汉匈战争历史上的一个非常重要的转折点。战争结束后，汉武帝在河南地区设置了五原郡与朔方郡，并且，听从中大夫主父偃的建议，在当地修筑了朔方城，还从内地招募了十万余居民，去到朔方城安居。朔方城的建造也为长安城增添了一道屏障，这在很大程度上解除了匈奴对关中地区的直接威胁，不仅有利于京都地区的繁荣与发展，还有利于西汉王朝在全国统治的加强。

昔日，匈奴好似刺向汉朝后背的利刃，今天，汉军成了指向匈奴前胸的长戟。

漠南之战

漠南之战是一场打得有点奇怪的仗，《史记》中对于这场战争的记载并不详细。汉军在这场战争中，第一次跟匈奴单于主力对战，带有一定的试探性质，所以卫青打得很小心。

汉武帝在收复河南的第二年后，匈奴的单于军臣死去，匈奴的内部也因此发生动乱，军臣的兄弟左谷蠡王伊稚斜自立为单于，他发兵攻破军臣单于的太子于单。于单在争位中兵败降汉，汉武帝封于单为涉安侯，不久之后，于单死在大汉。

匈奴的右贤王对于在上一战中，西汉收复了河南地，还在河南地建筑了朔方城，怨恨至极，数次进袭朔方，企图夺回河南地。

汉武帝分析，为了确保朔方的安全，为了再给匈奴进一步的打击，他决定实施第二步战略计划，发兵十余万，进攻盘踞漠南的匈奴右贤王。汉武帝将军队分为两路，主攻队西路军是由卫青统领的3万骑军，由朔方出发，直接进攻右贤王的王庭。东路军由大行李息、将军张次公率领，统数万骑兵，出右北平，进击匈奴左贤王，以牵制他的兵力，策应卫青主力军的进攻。

公元前124年的春天，卫青率领主力大军，乘着夜色悄悄包围了右贤王的王庭。右贤王哪里想到会天降神兵，他自以为王庭距汉境遥远，自己所处之地十分安全，因此他没有做任何的防备，甚至在夜晚时，右贤王还喝醉了酒。卫青看准时机指挥汉军主力对右贤王发起突然的进攻，一时之间，匈奴乱作一团。右贤王从梦中惊醒，大惊失色，根本没有能力组织队伍与汉军抵抗，他慌乱中急忙携带爱妾，带领数百精骑突围逃

走。卫青发现右贤王逃跑后，急令轻骑校尉郭成等率军向北追击，追赶
了数百里，见无法赶上，才返回。这一战中，汉军俘获右贤王部众男女
一万五千人，裨王（匈奴小王）十余人，牲畜数十万头，大获全胜。李
息、张次公统率的东路军也取得了胜利。

公元前 123 年的春天，汉武帝命令大将军卫青从定襄出兵，公孙敖
为中将军，公孙贺为左将军，赵信为前将军，苏建为右将军，李广为后
将军，李沮为强弩将军，率领十万骑兵出兵匈奴，卫青斩杀敌人几千人
而回。调整一个多月后，卫青再从定襄出兵攻打匈奴，杀敌一万多人。

而卫青的外甥——骠骑校尉霍去病，率八百骑兵，追击数百里，斩
获匈奴两千余人，杀伊稚斜单于大行父，俘单于叔父罗姑及匈奴高官，
并且全身而返。汉武帝以其功冠全军，封为冠军侯，赐食邑两千五百户。

再看另一路，由卫青率领，卫青将赵信和苏建两支军队合为一部共
三千余汉骑，与大军分开行进，结果赵信和苏建他们遇上了单于主力军，
三千余汉骑与数万匈奴骑兵搏杀，激战日余后，因敌多我少，汉军败下
阵，苏建率领数十精骑突围逃回。而赵信原来就是一名匈奴降将，他见
匈奴军势强大，于是，率领八百残军投降了匈奴。卫青不愿擅自杀死大
将苏建，于是遣人将苏建押送回长安城。汉武帝知道卫青的良苦用心，
赦免了苏建，将他贬为庶人。

赵信在投降回匈奴后，向单于献计，将大量的匈奴人畜和军队向北
迁移，这样，如果汉军前来攻打，就需要行走更远的路程，我们可以趁
汉军远来极疲时，再给予他们有力的攻击。单于觉得赵信的计策可行，

就下令让匈奴人畜和军队撤离漠南地区，向漠北远移。

在两次的漠南战役中，汉武帝改变了军队中以前临战临时编组军队的做法，所有军队由大将军卫青统一指挥，直接掌握强弩军，并把军队分为了中、左、右、前、后诸军，军队有统一的总指挥，大大地提高了诸军协同作战的能力。只是这一改动，在实际战斗中遇到了阻碍，由于通信联络不畅，导致张骞、公孙敖未能协调好右侧防卫军，让李广将军单军遇上匈奴单于军，三千余骑死伤严重。漠南之战虽然总体上取得了胜利，共歼敌一万九千骑，但是并未达到袭歼伊稚斜单于本部的预期目的。所以，汉武帝对于这次军事行动并不太满意。如果不是因为霍去病突袭匈奴营地，俘虏了一批匈奴权贵，估计汉武帝会认为这是一场失败的战争。

汉武帝对匈奴开启了全面攻击，几经战争后，特别是在漠北战争后，匈奴彻底没有了与汉朝战斗的力量，汉武帝的得胜为长期苦于匈奴袭扰的中原王朝出了一口积压了几十年的恶气。

河西之战

为了能够解决历史上遗留的问题，匈奴和大汉之间的矛盾越来越深，最终导致了汉武帝反击匈奴的战争。在汉军和匈奴经历漠南之战后，匈奴的右贤王已经失去了对河西诸王的控制，而匈奴单于逃亡到了漠北。汉武帝在经过一番分析之后决定对河西一带的匈奴残余势力发兵，这次战争的主要目的，就是要斩断匈奴和西羌、西域各国之间的联系，并且希望通过这次战争为漠北之战扫清威胁。现在，我们就一起来看看河西之战的始末。

张骞从西域逃回来之后，将在西域时得知的大月氏已经放弃攻击匈奴的事情，以及西域一些国家想要选择臣服于匈奴的消息赶紧告诉给汉武帝。现在，大月氏不但不想攻击匈奴，还臣服于匈奴，共同对抗汉军。汉武帝原本还指望大月氏、西域诸国以及羌族给自己提供力量，谁知，它们都反过来去给匈奴提供血液。最后，汉武帝也反应过来了，既然你们这些小国这么喜欢臣服别人，那你们不用臣服匈奴，直接臣服我们大汉吧。基于这种复杂的国际形势，汉武帝又重新制定了作战策略。汉武帝决定发动河西战争，目的很简单：斩断匈奴右臂，迫使西域诸国臣服，切断匈奴与羌族的联系。

公元前 121 年的春天，汉武帝派霍去病带领一万骑兵出征匈奴。霍去病率领骑兵由陇西郡出发，进入匈奴之地，霍去病在六天之内转战了上千里，以雷霆之势踏破了匈奴的五个王国。一路上，霍去病对于一些小国小王并不放在眼里，把这个小国打败之后，就强迫他们投降归汉，小国归顺之后，霍去病并没有去搜刮他们的财货，因为霍去病并不是为了这些小国而来，他率兵长途奔袭，志在直接突袭匈奴主力，在短兵交接的情况下霍去病大破匈奴主力。

霍去病攻打匈奴的第一次河西之战杀敌共八千九百六十人，斩杀了折兰王、卢侯王、浑邪王之子，俘虏了相国、都尉，而且还缴获了匈奴祭天用的金人。但是史书上关于这些战役并没有过多的记载，只是记述战后霍去病受封两千二百户，而且也没有记载霍去病部队的损失情况。

第二次的河西之战纯粹是趁热打铁，匈奴以为汉朝刚刚发动了一次进攻，所以，肯定在短时间内不会再次进攻匈奴。为了能够取得更大的胜利，汉武帝抓住了匈奴的这一个心理漏洞，转身就立刻发动了第二次河西之战，只是第二次河西之战时霍去病没有选好队友。

汉武帝派博望侯张骞、郎中令李广率万余骑兵从右侧的北平突袭左贤王的部落。又让霍去病与公孙敖合领骑兵数万，兵分两路，同时向匈奴西面出击。而要与霍去病会合的合骑侯公孙敖却走错了路，未能与霍去病军会合。霍去病没有等来公孙敖前来会合，就独自率领部下骑兵继续按照原来制订的作战计划，急速向匈奴部落前进。最终，霍去病采用大纵深外线迂回作战策略，由西北转向东南，深入匈奴境内两千余里，从浑邪王、休屠王军的侧背发起了猛烈的攻击。

匈奴军面对突如其来的背后受袭，连忙仓促应战。在经过一场激烈的战斗后，霍去病所带领的汉军最终取得了巨大的胜利，歼敌三万余人。汉武帝对霍去病大加赞赏，霍去病手下的部将也多因功封侯。

但是第二路，以张骞所率主力进攻匈奴左贤王部的军队却出师不利，原来，此路军以李广为先锋，李广率先头部队四千余骑先行出发，但张骞率领的主力军未按照预定时间对匈奴左贤王发起攻击，这让李广军北进数百里后，被左贤王率领的四万骑团团围住。面对四千人对四万人的战事，李广沉着应战，他先是让自己的儿子李敢率数十骑贯穿敌阵，以此来证明匈奴军是很容易被打败的，希望能起到稳定住军心的作用，接下来，李广又将四千骑布成圆阵，外向应战，他们用弓矢与匈奴军对射。激烈的战争进行了两天两夜，李广部下士兵死伤过半，而匈奴也死伤相当。最后，李广终于坚持到了张骞率领的主力军赶到，匈奴见汉军主力大军已到，自己不能取胜，于是就解围北去。

而张骞、公孙敖均以不能按期会合，被叛处死罪，最后，允许他们以财物赎免，贬为庶人。汉武帝认为李广功过相当，所以并未对其封赏。匈奴的浑邪王、休屠王两战两败，丧失河西绝大部分领土，他们担心单于恼怒，对其严加惩处。所以，两王无路可走，便投降归顺于大汉。

这时，浑邪王和休屠王两人手中仍有四万余部众，号称十万。汉武帝担心他们投降有诈，于是，让霍去病率一万骑兵前去受降。果然，汉军还没有到河西，休屠王就变卦了，浑邪王此时杀了休屠王，收编其部众，但人心极不稳定，一些部下将领见汉军阵容严整，心生疑惧，企图逃走，匈奴阵中骚动，局势眼看将要失控。霍去病远远看到，当机立断，带兵驰入匈奴阵中，与浑邪王相见，将想要逃跑的八千余人尽行斩首，这才迫使匈奴军稳定下来。之后霍去病派先遣使送浑邪王赴长安见汉武帝。

汉武帝封浑邪王为漯阴侯，将其部众安置在陇西、北地、上郡、朔方、云中五郡之边。为了能够彻底切断匈奴与羌人的联系，汉武帝还在河西地区先后设置了四郡，并且，从内地大量迁移人口到河西戍边、生产。

两次河西之战，霍去病充分显示了其勇武、机智、果断的军事指挥才能，他的声望与地位日增，与大将军卫青已不相上下。

东征朝鲜

自从建元末年开始，汉武帝即实施征伐四夷的战略，汉朝在汉武帝的带领下，不断地向外扩张，直到元封年间，汉武帝已先后多次向北方、西方、南方派兵征战，并都取得了一系列重大胜利，在攻下的城市，分别增置郡县，将其都纳入了汉朝直接统治管理之下。汉武帝唯有在东方少有建树，所以，汉武帝又开始制定东征方案，使其成为臣服四夷的既定方针的组成部分，这让汉武帝决定要对朝鲜半岛用兵。

我们纵观人类历史，不难发现每一个能够活得长久的民族都不简单。而朝鲜人素来以刚烈、顽强的性格著称，在作战方面，他们的战略不够精明，但是他们的战术不错，进攻虽不足，坚守则有余。所以，任何一个国家想要进攻朝鲜半岛，如果没有非常好的政治方针加以配合，常常蒙受巨大的损失。

朝鲜人其实是继承了春秋战国时期燕国人的特点。燕国原是一个没有什么战略的诸侯国，但是这个诸侯国的生存能力却极强。早在战国时期，燕人卫满就进入了朝鲜。

汉武帝在位时期，卫满的孙子卫右渠在位。汉武帝派遣使者涉何出使朝鲜。涉何到了朝鲜后，卫右渠召见他，见面后，他就让卫右渠来长安称臣归顺汉武帝。刚烈的朝鲜人很执拗，也非常善言，卫右渠说出了很多不归汉的理由，总而言之就是不肯归顺汉朝。涉何见自己说不过卫右渠，就在回长安的时候，把卫右渠派来为他送行的朝鲜副国王卫长给杀掉了，然后乘船渡河，疾驰而去，并且，如实告诉汉武帝"杀朝鲜将"。

此时，已经有意向朝鲜发兵的汉武帝，并没有将擅杀无辜的涉何抓起来，请朝鲜方面旁观审理。汉武帝反而认为涉何做得正合自己的心意，所以，故意不对涉何加以询问，甚至还加封涉何为辽东东部都尉，直接面对朝鲜。刚烈的朝鲜人也莽撞，他们并没有细心发现这是汉武帝在蓄意挑起战争，卫右渠派出军队直接攻杀了涉何。

这一下，汉武帝可找到了发起战争的借口，当年秋天，就派出两路汉军，十万多人，对朝鲜半岛发起进攻。汉武帝命令第一路由主张和平的楼船将军杨仆率军从齐郡渡海，直指朝鲜王都王险城；第二路由主张战争的左将军荀彘率军由陆路出辽东，约定与杨仆会师列口。两路大军进入朝鲜半岛后，荀彘以卒正多率辽东兵为前锋，先发起攻击，旋即被卫右渠兵打散，不成行伍，卒正多怯阵逃回，被荀彘斩首。杨仆率军从列口登陆后，先期进至王险城下，下令攻城。卫右渠据城坚守，探知杨仆军少力单，出兵袭击，杨仆败走。接着，荀彘率兵击浿水（今大同江）西军，也未能攻破。

刚烈的朝鲜人非常擅长战术，可是他们却不擅长战略，朝鲜军队在阵地防守凶猛强悍，可是他们在进攻敌人时却不知方向。在战争初期，由于朝鲜人的凶猛强悍，两路汉军全都吃了败仗。第一路由楼船将军杨仆率领的五万齐鲁军队，从山东半岛出发，然后又乘船从海路进攻朝鲜。杨仆将军率领先头部队七千人，刚刚登陆朝鲜就遭到卫右渠军的猛烈进攻，很快，杨仆将军率领的军队就被打散了，杨仆在山林中躲藏了十几天，最后，才将自己的残兵败将重新聚集起来。而第二路，左将军荀彘率领五万多人马走陆路，他们是由辽东部队先行出击，他们的命运和杨仆将军差不多，在朝鲜的边境上就被卫右渠军给打散了，而汉武帝把逃回家的士兵大多都斩首了。

汉武帝陵密码

汉武帝接到杨、荀两将初战都失利的战报后，又想要采取劝降的和平手段，命卫山出使朝鲜。卫山来到朝鲜后，再次要说服卫右渠归顺。卫右渠也非常害怕给自己惹上汉朝这个大麻烦，毕竟，自己只是一个不起眼的小国，想要平安度日，远离战争才是王道。所以，卫右渠见到卫山后，诚惶诚恐，顿首谢罪，连说："朝鲜愿意归降大汉，但恐担心先前两位大将会诈杀臣；而今日见到信节，朝鲜真心愿意归降大汉。"为了表达自己的诚意，卫右渠还派遣自己的太子随从卫山一起入朝，并向汉武帝献马 5000 匹，还赠送了大量军粮给汉军，卫右渠的行为，让汉武帝觉得他颇具诚意。

这件事情本可就此圆满解决，但是汉武帝派出的卫山的处理却有些不当，他因为急于向汉武帝请功，所以，并没有按照流程，及时通知双方部队停止军事行动，建立保障机制，然后再进行招降。反而，卫山在双方战争还没有完全结束的情况下，直接就带着朝鲜太子、5000 匹马、上万人众，手持兵刃，要从朝鲜回到长安。而在这场战争中的第二路领军者左将军荀彘是汉武帝亲随，为人是相当狂妄的，他要求跟随卫山的朝鲜人全部放下武器，朝鲜人一心只想投降主和的杨仆，他们怀疑主战的荀彘要杀了他们，所以，太子带着这些人，又从边境上回去了。卫山因为功败垂成，坏了汉武帝求和的大事，所以被汉武帝杀掉了。

因着卫山的失误，卫右渠又重新站到与汉武帝对立的战场上，和平无望，汉朝和朝鲜双方又展开了军事较量。首先，汉武帝派左将军荀彘打败了朝鲜的润水上军，进到王险城中，随后，汉武帝又派将军杨仆也率兵进王险城南，两路汉军对朝鲜形成了南北夹攻之势。卫右渠指挥城中军民全力坚守，朝鲜本就擅长坚守，汉军连攻数月，战争都毫无进展。汉军中的两位大将，在大敌当前时，却并不同心，他们都把东征朝鲜看作捞取个人名利的机会，所以，在战场合作时，他们互相争功，面合心不合，根本不想着齐心协力攻下朝鲜，更不肯并肩破敌。他们只想独占功劳，甚至在暗中给对方做手脚，因此，多次贻误战机，功亏一篑。

此时的局面是，左将军荀彘所率领的士兵悍勇多骄，求功心切，拼力攻城。而那边将军杨仆所率领的士兵时常抱有不战而和的幻想，队伍中人心浮动，大多数不肯拼力攻城。卫右渠的大臣们很快就窥知了杨、荀两将各怀私心的情况，卫右渠决定对此加以利用，施展离间之计，瓦解汉军斗志。卫右渠立刻派出使者与杨仆私下约见，并表示朝鲜愿意投降杨仆，本来就主和的杨仆立即信以为真。而与此同时，卫右渠也故意对荀彘派来劝降的使者说，朝鲜愿意向杨仆投降。本来就看不惯杨仆的荀彘也上当了，他更加恼怒于杨仆，两将互相猜忌，将个人的恩怨置于国家利益之上，汉军两位将军在互相抵消破敌的力量。

时刻在关注着东征战况的汉武帝也觉察到了不对，见自己派去的两将已经失和，致使久战不决，汉武帝又派出济南太守公孙遂赶往前线，处理杨、荀矛盾，并且，因为通信不便，特别允许公孙遂可以根据当时的形势加以处置，不必先向朝廷请示。接到命令的公孙遂很快就到达了朝鲜，荀彘先发制人，告状说，杨仆多次贻误战机，现在朝鲜久攻不下，都是由杨仆所造成。又说杨仆暗与朝鲜和善，但是朝鲜到现在都不肯降服，怀疑杨仆是想借着朝鲜的力量造反。最后左将军荀彘又建议公孙遂应该尽快除掉杨仆，杜绝后患，否则，杨仆将军让两路汉军有面临全军覆没的危险。

公孙遂听信了荀彘的一面之词，临行前，汉武帝也交代了公孙遂可以不用请示，自己可以按形势处置，公孙遂在没有作任何核查的情况下，武断地下令将杨仆逮捕，关进囚车，而杨仆所率的军队都归于荀彘指挥。公孙遂的处置虽然失于明察，却有效地结束了汉军内部的两虎相争。两路军队号令统一，战斗力大大增强。随后，荀彘立即对朝鲜发起猛攻，而朝鲜的统治集团在汉军强大的压力下，内部也出现了不和，卫右渠身边的一些大臣已经开始私下讨论出路了。这让卫右渠骑虎难下，他想降无路，想战不能。

在公元前 108 年的夏天，经历了一年的交战后，朝鲜最后因为人少势孤，没有办法再与汉朝继续打下去了，而由荀彘指挥的汉军有强大后盾，攻势依然不减。朝鲜统治集团里的尼谿相参早有异心，他采取了卖主求生手段，派人杀了卫右渠，随后，出城向汉军投降。但是，之前跟随卫右渠的另一位大臣成已，却坚持继续据城坚守，发誓一定要和汉军血战到底。而又有臣子起来安抚朝鲜百姓，劝告其放下与汉军相抗武器，并杀死了成已。

到此为止，汉武帝点燃的东征战火终于熄灭，而几经周折的朝鲜半岛也纳入了西汉版图。不过，这仗打得那叫一个乱啊，没有过硬的理由，汉军轻敌冒进，两将配合不当。好在卫氏朝鲜刚刚建立不久，上上下下又都是汉人，大都倾向西汉，归降是早晚的事情。

东征胜利，荀彘应居首功，但汉武帝查明他的过失后，荀彘也被处以极刑，斩首示众；而杨仆虽被人诬陷，但失于配合，坐失战机，罪也当诛，因为其部下损失惨重，所以都从轻发落，可以赎为庶人。而被派往朝鲜的公孙遂偏听偏信，妄作决断，被处以死刑。东征朝鲜虽然取得了胜利，可对于西汉将士来说，并没有人能享受到胜利果实，反而被诛杀、被贬黜，而这一切又都是咎由自取。

卫右渠的卫氏政权被灭后，汉武帝对朝鲜半岛不再实行封王安边政策，而是采取了同中央划一的郡县制，成为历史上中原政权唯一直辖朝鲜半岛的时期。

二、两次西征宝马良驹

一提起宝马良驹，相信很多人立刻就能脱口而出四个字"汗血宝马"。汗血宝马能够"日行千里，夜行八百"，不仅奔跑的速度极快，它还有很好的耐久力，能够长时间奔跑。从古至今，宝马良驹都是英雄的挚爱，汉武帝也不例外，他曾经甚至为了得到汗血宝马，不惜发动战争。

早在西汉初年时，西汉创建者汉高祖刘邦率领的 30 万大军在白登之战，被人数少得可怜的匈奴骑兵围困。匈奴骑兵之所以能有如此强悍的战力，主要就是来源于他们的坐骑，匈奴骑兵的战马在战场上奔跑时，个个灵活迅捷，犹如肋生双翅，其前颈出的汗，殷红如血，这就是传说中的汗血宝马了。汗血宝马给汉朝皇帝和汉朝大军都留下了极为深刻的印象。一直到汉武帝时期，敦煌的囚徒中有一个名叫暴利长的人，他在当地偶然捕得一匹汗血宝马，并将其献给了汉武帝。汉武帝十分喜欢这匹宝马，称之为"天马"，汉武帝计划给汉朝的骑兵军队配备此宝马，可现在只有一匹汗血宝马是远远不够的，于是，汉武帝命令大臣们发动一切力量去寻找汗血宝马的踪迹。

张骞在第二次出使西域后，回来兴奋地对汉武帝说："陛下，臣在大宛发现有汗血宝马，大宛的马体形健壮，日行千里，汗色如血，十分英勇。只因这是大宛的国宝，所以，臣未能将此宝马良驹带回来给陛下！"张骞的一席话，把汉武帝的心都快勾出来了，原来，自己苦心寻找的汗血宝马就在大宛啊！汉武帝决定不惜一切代价，要把汗血宝马带到大汉。

汉武帝派遣壮士车令等拿着千金，并带着一批用纯金打造的金马前往西域，想重金换购贰师城的汗血宝马。然而，战马本身就是一种战略物资，是不可随意与其他国家进行交换的，更何况如果单从金钱方面去考量，更是万万不能的，这就好比现在拿重金买你的核武器是一样的。当时的大宛国已经有很多汉朝物品，他们认为不再需要汉朝的东西，加上汉朝离大宛国路途遥远，所以，大宛国王分析自己即使与汉朝有一些小矛盾，估计也不会有什么大的威胁。当汉朝使节拿着金马来换宝马时，听闻大宛国不换，被拒绝的汉朝使者极其愤怒，当着大宛国王的面，就砸碎了金马，并且对其破口大骂，愤愤掉头离去。

当汉朝使者砸碎金马时，大宛国王的脸色也是非常难看，毕竟是国王，汉朝使者的行为，实在是让大宛国没有面子。大宛贵族官员也纷纷表示："汉朝的使者实在是太轻视我们了！"恼怒的大宛国王在遣送汉朝使者离开的时候，命令东边守城的郁成王杀死汉朝使者。大宛国王也有自己的酌量，他认为从中原到大宛路途是十分遥远的，当时如果要从中原出发到达大宛，光是路途就要花费一年的时间，因为长途跋涉，到大宛国时，很多军队伤病死的在一半以上，所以，大宛国王决定杀人抢宝，大汉对此应该也不敢怎么样。郁成王不仅杀死了汉朝使者，还抢走了他们要带回去的财物。大宛举国上下欢呼庆祝，其实他们不知道，此举已经捅了大汉这个马蜂窝，以汉武帝的性格绝对不会善罢甘休！

汉武帝得知大宛人杀人抢宝的消息后，龙颜大怒，他认为这是大宛国对自己十分严重的挑衅，于是汉武帝决定立刻下令攻打大宛国，夺取汗血宝马。

汉武帝召集手下大臣开始商议、策划攻打大宛国的方案，曾经出使大宛的使节姚定汉似乎最具有发言权，姚定汉说："大宛军事微弱，想要攻取，三千兵马即可！"姚定汉这么说也是有道理的。因为大宛国的确是太小，就相当于汉朝的一个郡县。从地图上看，大宛国是在新疆、青藏高原一带，它靠近青藏高原，主要凭借青藏高原的雪水生存，而青藏高原的雪融化量的多少则决定着人口的多少。汉武帝也曾经派人攻打过楼兰，当时，浞野侯只率领了七百骑兵就俘虏楼兰王，这让汉武帝十分轻视西域各国的战斗能力。经过商议，汉武帝也并没有仔细思考太多，他认定姚定汉说的话有道理。于是远征大宛的路途就这样开始了。

当时，汉武帝正宠爱李夫人，所以，就想把李夫人的兄长李广利封侯，以讨李夫人的开心。由于汉高祖刘邦曾立下祖制，无战功者不得封侯，于是汉武帝就任李广利为贰师将军，因此次征战的目的就是为了去贰师城取回良马，故李广利号"贰师将军"。贰师将军李广利率领三千士兵远征七千里远的大宛国。

在这场战争中，首先汉武帝误判了征讨大宛国的难度，其实，他对于这次战争将帅的任职也是错误的。因为征讨的路途遥远而且艰难。前面，我们说了大宛靠近青藏高原，地理位置十分偏僻，从中原出发，这一路上会遇到许多的问题。而且，沿途行军时，会遇到许多西域的国家，因为路途遥远，中原的物资根本无法跟上部队需要，就需要将军自己与途中西域各国进行外交的沟通，获得需用的物资补给，这是物资和外交问题。这一路长时间的行军，还需统率将帅的行兵整顿能力，长时间的跋涉对于士兵的体力和身体都是极大的摧残。为了保证最后的战斗力，将帅还需要对士兵的状态和身体进行不断的调整，以便面对最后的战斗。总体来说，如果不是经验丰富的将帅是完全抵挡不住这么多艰难、复杂的考验的。而这个李广利因为是汉武帝的大舅子，所以，汉武帝给了他一个看似增加功勋的活儿。担心大舅子会失败，汉武帝还特意增派了三万军队给他，但这三万并不都是正规军，其中六千是西北驻防的部队，剩下的则都是罪犯。公元前104年，李广利就带着这些散兵出发了。

李广利在行进路上，想向所经西域各国讨要粮草。但路过的小国都害怕大汉，不愿向汉军提供食粮饮水，各自坚守城堡，李广利下令逐个攻打，各国闭城抗拒汉军，李广利率军久攻不下，只好离开，饿着肚子继续前行。由于汉军一路上消耗过大，所以到达大宛东境郁成城时，汉

汉武帝陵密码

军数万人的军队仅剩下数千人，而且个个还都饥饿疲困，战斗力锐减。大宛国郁成城守军顽强抵抗，汉军攻城不克，伤亡惨重。无奈之下，李广利下令汉军撤退，回到敦煌后，数算兵丁人数，汉军生还者不过十分之一二。李广利打了败仗，上书回长安，请求汉武帝罢兵，汉武帝收到李广利的来信后大动肝火，命令退入玉门关者立即斩首。李广利心中恐惧万分，只好屯兵在敦煌。

直到公元前103年的夏天，汉武帝派去攻击匈奴的浞野侯赵破奴所带领的2万骑兵在匈奴地全军覆没。朝中大臣纷纷上书认为应该立刻停止进攻大宛，集全国的军事力量打击匈奴。汉武帝却不肯服输，他认为大军已经出发，强大的汉军却不能降伏大宛小国，太有损汉朝在西域的声望和面子。如果就此收军，西域诸国都会因此轻视汉朝，这不利于我们汉朝对西域的统治，虽然群臣反对，但是汉武帝坚持要征服大宛。并且，汉武帝还将竭力反对出兵大宛的邓光等大臣下到狱中问罪，接下来，汉武帝又启动全国的力量准备第二次远征大宛。

为了强大军队，汉武帝下令赦免监狱中的一些囚徒，又从民间调集恶少年及边骑6万人，还从民间征集了大量的自愿从军者。除此之外，因为大宛国路途遥远，汉武帝还征集了牛10万头，马3万匹，驴、骆驼数以万计，主要用来驮运军粮及兵器等，又征调了全国7种犯罪之人，负责给李广利军运送军粮，以保证军中粮草充足。参与这次军事行动的有50余位校尉，为了万无一失，汉武帝在全国下令征集了大批水工，跟随军队前行至大宛，他们的工作是切断大宛水源。还增派了甲兵18万，同时，汉武帝还拜请了两位颇知马者为执驱校尉，主要工作是负责在汉军攻破大宛后，进行对宝马良驹的挑选。

公元前102年，汉武帝又命令大舅子李广利再度远征大宛。此时，浩浩荡荡的汉军再次经过西域小国时，这些小国都不敢抵抗，他们都纷纷打开城门出迎，热情地为汉军供给食粮和饮水。但也有例外，途中有一个名叫轮台的小国，只有他们抗拒汉军，闭城紧守。李广利立刻下令进攻轮台，进攻数日后破城，汉军屠轮台。为了便于沿途能够取得足够的食粮和饮水，汉军被分作数队向西挺进，李广利率领主力3万大军先抵达大宛。大宛国见汉军再次来袭，立刻出兵迎敌，这次，大宛很快就被汉军击败了，大宛军退守郁成城。这一次，李广利有了经验，他带兵绕过郁成城，再直袭大宛都城贵山城，首先，命水工断其水源，然后将城团团包围，汉军日夜攻打，连攻大宛都城贵山城40余日后，汉军攻破了其外城，并且，俘虏大宛勇将煎靡。

大宛国很多贵族大多不愿失去自己富贵的生活，他们抱怨大宛王毋寡匿宝马、杀汉使，最终导致大汉派众军前来灭城，于是贵族合力杀死了大宛国国王毋寡，并派遣使者拿着毋寡首级奔赴汉营去求和，还表示愿意将大宛国内的宝马良驹，全部供出让汉军进行挑选。如果汉军不同意议和，他们也明白汉军此行的目的，他们会杀尽宝马良驹，与汉军血战到底。与此同时，康居也派来了救兵来营救大宛。见此形势，李广利同意了大宛贵族们的要求，让汉军停止了进攻大宛内城。大宛贵族们也命人赶出国中所有马匹，任由汉军随意选取，并且，还为汉军提供了大量的粮食。汉军中随行的知马者在众多马匹中，挑选出了数十匹宝马、三千余匹中等以下的马。之后，又立昧蔡为大宛王，昧蔡与大汉立下盟誓，从此大宛服属大汉，大汉这才就此撤兵东归。

汉武帝得知汉军胜利以后非常高兴，封李广利为海西侯，士兵中得到的皇帝赏赐总价值四万金，充军的罪犯将功赎过，全部免罪。

后来，到了公元前100年，大宛国的贵族们认为国王昧蔡实在是太过于巴结汉朝了，甚至动摇了他们的财力。所以，大宛国国内的贵族们发动了政变杀死了大宛国国王昧蔡，另立毋寡的弟弟蝉封为国王，为了让大汉朝放心，而又不动用自己的资财，贵族们让国王派遣自己的儿子入汉朝为质。汉武帝并不关心是谁来做大宛国的国王，他只是希望大宛国能长期归顺自己。汉武帝派使者对发生政治变乱的大宛国加以安抚，并承认蝉封的国王地位。大宛也同意每年向汉朝进贡两匹汗血宝马。

汉军在击败大宛后，威震西域，西域诸国纷纷遣子弟入汉朝贡，并作为人质，这也让西域各国与汉朝交往日益增多。

三、独尊儒术，罢黜百家

汉武帝刚当上皇帝的时候，还非常年轻，朝廷中的权力还都掌握在自己的祖母，也就是窦太后的手里。

在西汉的初期，汉高祖刘邦在治理国家时，非常讨厌儒家的学说，他一直遵循的都是道家黄老学说的理念。道家黄老学说主张的是清静无为，因而在西汉初期，包括后来历史上著名的文景之治时期，几位皇帝主张的都是在政治上要无为而治，他们在经济上实行轻徭薄赋，让社会和国家顺其自然地发展。

直至汉武帝时期，西汉王朝的社会发展已经逐渐安稳下来，百姓安居乐业，经济上也在飞速发展。汉武帝是一个有雄心壮志的热心男儿，他有一个抱负就是想要远超先祖！所以，他特别讨厌道家的无为而治，反而对儒家的学说非常喜爱。无奈，当时掌握朝廷大权的是窦太后，窦太后尊崇祖宗制度，不愿意轻易进行变革，唯恐变革让安稳的国家出现动乱。

汉武帝则分析，当时的情势已与先祖们所在时大有不同：一方面社会经济飞速发展，这也兴起了很多的地方豪强、大姓，他们依仗着自己丰厚的资财，大多骄纵不法，那些富得流油的诸侯王们更不必说，而这些拥有大量财富的人都对国家统一存在着隐藏的危险。另一方面，匈奴对于汉朝西北边疆的骚扰也一天比一天严重。在这种情况之下，雄才大略的汉武帝又怎能够不反对道家的清静无为的政治主张呢！

汉武帝心中深知，黄老学说的无为而治已经无法满足汉朝的发展了。正巧这时，有大臣向汉武帝提议可以学习和了解儒家的思想，并且，说儒家在春秋时期是最负盛名的学派，儒家思想主张以仁孝治天下，最重要的是，儒家思想可以帮助中央集权划分等级森严的君臣伦理纲常，很符合眼下汉朝的形势。

朝廷中，很多的大臣都纷纷表示赞同运用儒家思想治国，这正中汉武帝的心。于是，汉武帝便下令朝廷上下改用儒家学说治国，其他学说学派的思想统统排除掉，又让太尉窦婴和丞相田蚡在全国内寻找学识渊博的儒家学生，找到优秀的儒生，就可以推荐给汉武帝。其中，王臧被封为郎中令，赵绾被封为御史大夫。随后，太尉窦婴和丞相田蚡两个人又在汉武帝的耳边，说了很多诋毁黄老学说的话，还一个劲儿地称赞吹捧儒家思想的好处，为了让儒家治国的政治改革能够顺利地实行，他们还鼓动汉武帝趁机宣布亲政，摆脱窦太后的掌握，以后不用事事再向窦太后禀告，成为真正的皇帝。历史上，没有哪一个皇帝愿意做傀儡，更何况是有雄心大志的汉武帝，他早已厌烦了祖母窦太后对自己的指手画脚，现在机会来了，他当然想趁机夺回政权。汉武帝正准备实施自己的计划时，窦太后那边也得到了消息，窦太后立刻抢先一步罢免了王臧、赵绾的官职，撤去窦婴和田蚡的职位。汉武帝看着自己重用的大臣一个个都败在了窦太后的手上，心里虽然难过极了，但他敢怒不敢言。汉武帝不敢当面驳斥祖母，只好强忍着心中的愤怒。以儒家思想治国的政策，也就因此搁浅。

公元前135年，一直执掌朝廷大权的窦太后去世，汉武帝从此开始成为汉朝名副其实的掌权者，他终于可以在属于自己的舞台上大有作为了。汉武帝掌握实权后，做的第一件事就是重新起用曾经被窦太后免官的几个人，并且，鼓励这些人出谋献计。丞相田蚡立刻建议汉武帝要排除儒家学说外的一切学派，不知是不是出于报复，田蚡还建议要把一切不尊重儒家学派的官员全部罢免，以保证儒家治国政策等能够顺利实施。汉武帝为了加强和巩固自己的统治地位，采取了"独尊儒术，罢黜百家"的政治措施。汉武帝这一项政治措施，历史影响久远，在他以后的两千年间，我国封建社会的各个王朝，没有一个不打起"尊儒"招牌的。而这个"定儒家于一尊"的首倡者正是汉武帝。于是，全国人民都知道了，如果想要做官，必须得学习儒家思想，精读儒家经书。

公元前134年，汉武帝在全国选拔人才，并将这些优秀的人才送到长安接受儒家教育。在被选中的人里面，有一个人引起了汉武帝的注意。这个人名叫董仲舒，他极其推崇以儒家思想治国，在汉景帝时期担任博士。董仲舒将儒家的伦理思想概括为"三纲五常"。"三纲"即君为臣纲，夫为妻纲，父为子纲，汉武帝自然是打心底往外的高兴，"五常"指仁、义、礼、智、信。三纲五常之说起于董仲舒，完成于朱熹。董仲舒还写下了千古名篇《举贤良对策》，在这本著作里，他提出了大一统、天人感应、君权神授等政治理论。董仲舒提出地方必须要受中央皇帝的控制，地方各级都必须服从皇帝的意旨，天下百姓对皇帝要有无限的忠诚，这就是所谓的"大一统"思想。汉武帝在听完董仲舒的讲解后，不由得大加称赞，给了他不少赏赐。这些对于封建王朝的统治，提高中央的权威具有极强的宣传效果，皇帝的权力也因此得到极大的提升。汉武帝很兴奋地采用了儒家思想来作为统治思想和维护封建制度的工具。

在儒家的"五经"中，董仲舒最擅长的是《春秋》。《春秋》本是圣贤孔夫子根据鲁国历史改编的一部记录政治历史的典籍，在这部著作中，孔子以自己的政治思想为标准，以史官的口吻来评判历史的对与错。但是，因为孔子当时所处的时代社会秩序比较混乱，致使他无法直抒胸臆，只好在书中选用隐晦的语言来说事论理。所以，当孔子去世以后，他的众多学生对于《春秋》的解释也各有不同的理解。这也导致后世出现了很多种版本的《春秋》师说，而董仲舒选择信服的是《春秋》公羊学。他以该版本为基础，将周代以来的宗教思想和阴阳五行学说全部收集、整合起来，其中还采纳了法家、道家等学派的长处，把各家的长处都归纳成为儒家思想。最终，董仲舒整理出一个新的儒家思想，称之为新的儒家学派思想。这个新的儒家思想被汉武帝广泛应用在政治、经济、哲学和历史等方面，直至后来，董仲舒的新派儒家思想，对社会都有着非常巨大的影响。而董仲舒的那句"罢黜百家，独尊儒术"也流传至今。

汉武帝终于成功地扭转了治国的思想策略，为了罢黜其他学派，汉武帝下令，朝廷在举行策试的时候，如果有敢讲其他各派学说的人，朝廷概不取用，朝廷用人独取儒生。汉武帝还听取了董仲舒的建议，在京师设太学。全国各地地主阶级子弟中凡是优秀者，都可以送到太学里学习，在太学里又设有"五经"《诗经》《尚书》《春秋》《易经》《礼记》博士当教官。太学主要是为国家培养崇奉儒家思想的政治人才。不仅如此，就连地方政府也要开儒家学校，地方官吏也要经常到学校讲经学，教授学生。而地方各县向朝廷推荐的孝廉和茂才，也都必须是儒生。从汉武帝开始，中国社会的主流思想就开始被统治者牢牢控制住，之后的两千年间，历代的皇帝都把儒家思想当作统治国家、百姓的工具。

而董仲舒还提出了所谓的"灾异论"。他提出了皇帝就是上天的代言人，是上天派来代天行道的人选，所以，皇帝就必须按照天意来行事。皇帝做得好，上天就会欢喜，如果皇帝的行为不好，上天就会愤怒，并借着大自然发出警告，比如日蚀、月蚀、地震、山崩、河决之类，各种自然界变异，都是上天对皇帝发出的警告，如果遇到这种情况，皇帝就必须检查自己是否做了错事。"灾异论"客观上是为了防止封建皇帝过分的荒淫腐朽。

但是，汉武帝独尊儒术也有不好的一面，全国上下儒学占领了学术界的主流地位，单一的思想，让统治者变得极端，甚至还出现了专制的情况；学子们也因为只学习儒家思想，所以思维被规定成同一个模式，这也遏制了创新，多了迂腐和冥顽不灵。

四、驾驭豪杰十三丞相

在古代的封建社会中，最高的统治集团除了皇帝一人高高在上以外，剩下的就数丞相最牛了。丞相拥有着一人之下、万人之上的显赫地位，位极人臣，号令天下，这些都是做丞相光鲜照人的一面。那么，身为人臣的丞相是不是还有另一面，他的另一面又是什么呢？其实，丞相也是一个一人之下、万人之上，在行事中战战兢兢、如履薄冰，同时也是危机四伏、朝不保夕的名副其实的高危职业。如果，您觉得笔者说得过于夸张，那么，我们就来一起看看，汉武大帝和他的13个丞相的命运吧。

汉武帝刘彻是整个汉王朝在位时间最长的皇帝，他在皇帝圈内知名度也极高。汉武帝当了54年的皇帝，其监统皇位的时间仅次于康熙帝、乾隆帝，排名第三。也许是因为汉武帝在位时间太长了，所以，他前后一共任用了13位丞相，而每一位丞相的平均任职时间只有4年多一点，这任期的时长跟现在美国总统的任期差不多。从丞相的任期时间，我们也可以多少体会到一点丞相这个职业的不易。

现在，咱们一起拜访一下汉武帝的这13位丞相吧，咱们先按照这13位丞相的任职顺序来捋一捋。因为这13位丞相的事迹太多，咱们就主要说说他们的出身和下场吧。

第一任——卫绾

第一个出场的这位丞相叫卫绾，卫绾的驾车技术比较好，算得上是一个老司机。卫绾是代郡大陵（今山西文水县）人，最早的时候，因有弄车之技当上郎官。卫绾服侍的是汉文帝。他在服侍汉文帝期间，一直累积功劳逐渐升为中郎将。卫绾为人性情敦厚谨慎，没有其他为自己谋利的杂念。甚至在汉景帝做太子的时候，有一次，景帝曾召请皇上左右的近臣们进行宴饮，而卫绾却装病没有去参加。

汉文帝在临逝前，曾嘱咐太子刘启说："卫绾他为人敦厚，是一个忠厚的长者，你继位以后，记得一定要好生对待他。"汉景帝即位以后，过了一年多，他似乎忘记了汉文帝对他的叮嘱，一直对卫绾不闻不问，而卫绾却一直坚守着自己，他在所办理的事务上，更是日益谨慎认真。

有一日，汉景帝前往上林苑，他命令身为中郎将的卫绾作为护卫与他共乘一车。回宫以后，汉景帝问卫绾："你可晓得为什么你能和朕同乘一辆车吗？"卫绾小心地说："微臣只是一个代郡的戏车之人，侥幸因功升为中郎将。微臣不知为什么能够有此殊荣能与陛下同乘一辆车。"

汉景帝生气地质问卫绾说："朕还是皇太子的时候，曾召请你，你为什么不肯来？"卫绾回答道："微臣真的是罪该万死，那个时候微臣病了。"汉景帝听了以后，下令赏赐他剑。卫绾说："回禀陛下，先帝已经赐给微臣六柄剑了，微臣实在不敢再接受赏赐。"汉景帝听闻后说："剑本就是容易被人拿去交换的，难道，先帝所赏赐给你的剑，你还会保存到如今吗？"卫绾连忙回答说："回禀陛下，先帝赏赐的剑，微臣都保留着呢。"汉景帝不相信，让卫绾把剑取来，卫绾立刻取来了汉文帝在世时所赏赐给他的六柄剑，这六柄剑还都在鞘中，不曾取用过。汉景帝看了以后，颇为感动。

卫绾为官时，对上边的领导恭敬谨慎，对下属也是很好的。他的下属有过错时，他总会为其遮掩。有功劳时，他也不与别人争执，总是谦让给他人。汉景帝也认为卫绾为人清廉忠实，没有其他心思。多年之后，卫绾替代桃侯刘舍做了丞相。卫绾升为丞相后，在朝中处理事务，依然保持尽职尽责。卫绾的谨慎为他赢来了皇帝的欣赏，不过也因为他过于谨慎，致使他从开始当官直至位居丞相，始终无所建树，当然也无过失。汉景帝认为他敦厚老成适于少主，对他很尊重信任，赏赐很多。

卫绾做了三年丞相以后，汉景帝崩逝，汉武帝即位。都说给领导当司机是最有前途的，卫绾就是靠自己的戏车之技，成为汉文帝和汉景帝身边的近臣。但是像卫绾这样从司机起家，一直干到丞相，位极人臣的，还非常少见。过去，西汉开国功臣夏侯婴曾经是汉高祖刘邦的司机，最后夏侯婴官拜太仆，用我们现在的话说，就是交通部部长，这也算是大官了，但是跟同样是司机的卫绾的丞相相比，还是差着级别的。所以，卫绾也许算得上是历史上最牛的司机了。

卫绾在给汉景帝当了三年丞相后，迎来了新的主子——汉武帝，卫绾也就顺理成章地成了汉武帝刘彻的第一任丞相了。而在汉武帝即位初期，真正掌握大权的是汉武帝的奶奶窦太后，当时，丞相卫绾跟汉武帝走得有点近，这就引起了窦太后的不满。时间不长，卫绾就被窦太后找茬儿——说是在汉景帝晚年卧病的时期，有不少囚犯无辜受冤，而卫绾身为丞相，却没有担负起为囚犯们伸冤的责任，这笔旧账算起来是一个渎职的罪吧。就这样，汉武帝的第一任丞相卫绾的职务就被罢免了。

这真是应了那句话：说你行，你就行，司机也能当丞相；说你不行，你就不行，随便就让你下岗。

卫绾一生为官，官至丞相，位居显要，他一生忠厚谨慎，既无拾遗补阙之功，更谈不上兴利除弊之绩。卫绾在官场上，只是默默无言，守道而已。最终于元光四年（前131）卒，谥号哀侯。

第二任——窦婴

汉武帝的第二任丞相名叫窦婴，他是窦太后的侄儿，也算得上是一个真正的皇亲国戚了。但是，窦婴这个皇亲可不一般，他不像大家通常印象中的那些"官二代"，只知道仗势欺人，胡作非为。窦婴反而有点像战国时期的孟尝君、信陵君这类人物，他喜欢广交朋友，为人十分讲义气，与朋友相处时，轻看钱财，有着豪侠的风范。

在"七国之乱"的时候，汉景帝将皇族成员和窦姓诸人考察了一圈，发现这些人中没有谁像窦婴那样贤能的了，于是他立刻下令召见窦婴。窦婴入宫拜见，汉景帝想任他为大将军，可是，窦婴却坚决推辞，还借口说自己有病，不能胜任。窦太后知道以后，为此事也感到十分惭愧。后来，汉景帝又一次召见窦婴说："天下正有急难，你怎么可以推辞呢？"窦婴答应了，汉景帝任命窦婴为大将军，并赏赐他金千斤。当然，那个时代的金，并不是实际意义上的黄金，而是黄铜，具有现在货币的功能。也就是说汉景帝一高兴，赏赐窦婴一千斤黄铜，窦婴一看这一千斤的黄铜也实在是没有办法拿回家，搬着还挺沉的，索性就把这千斤黄铜都放在了办公场所的走廊和穿堂里。有一些官职低的军官们从那里经过的时候，窦婴就让他们酌量，按照自己的需要取用。从这件事情，我们足可以看出窦婴是一个什么样的人了。

公元前 140 年，汉武帝刘彻的第一任丞相卫绾被窦太后给免职了。迫于无奈，汉武帝开始酝酿安排新的丞相和太尉。这时，籍福劝同样也争夺丞相之位的田蚡说："窦婴现在的身份显贵已经很久了，天下有才能的人也一向习惯于归附他。现在的您才刚刚发迹，在身份、地位、人际上，是都不能和窦婴相比的，就算是当今皇上任命您做丞相，您也一定要让给窦婴。这样，窦婴如果当上丞相，那么，您就一定会成为太尉的。太尉和丞相的尊贵地位是相等的，我劝您还是博得一个让相位给贤者的好名声吧。"田蚡听了籍福的劝，于是就委婉地告诉汉武帝的母亲王太后，让她暗示汉武帝。于是汉武帝便任命窦婴当丞相，田蚡当了太尉。

窦婴当上丞相以后，籍福去向窦婴道贺，顺便就提醒他说："大人您的天性是喜欢好人憎恨坏人，现如今好人都在称赞您，所以您当了一国的丞相。然而，您也憎恨坏人，现在的社会上坏人也是相当多的，他们在您当上丞相后，也会毁谤您的。如果您在丞相之位时，能并容好人和坏人，那么您丞相的职位就可以保持长久；如果您一直保持之前的做事风格不变，不能够容下坏人，那么，可能马上就会受到毁谤而离职。"窦婴却不肯听从他的话。

公元前139年，御史大夫赵绾请汉武帝不要把政事禀奏给窦太后。窦太后知道以后勃然大怒，便罢免并驱逐了赵绾、王臧等人，还顺便解除了丞相和太尉的职务，就这样，窦婴很快就从丞相的职位上下岗了。

窦婴一生因为好交友、重义气而美名满天下，窦婴的美名成就了他，也害了他。窦婴退居二线以后，失去权势，想依靠灌夫去报复那些平日仰慕自己，现在却抛弃自己的人。于是，窦婴跟将军灌夫逐渐交好，跟后来的丞相田蚡明争暗斗。后来，窦婴的这个好朋友灌夫真的帮他出头，可也因此得罪了田蚡，田蚡就随便找了一个由头将灌夫抓了起来，还判了死刑。窦婴一看好朋友为自己两肋插刀，立刻出面营救灌夫，为了营救自己的好朋友，窦婴甚至还拿出一份汉景帝的遗诏。可是查对尚书保管的档案，却没有景帝临终的这份遗诏。这道诏书只封藏在窦婴家中，是由窦婴的家臣盖印加封的。结果，这个遗诏经过检验被认定是伪造的。伪造遗诏，那还得了，这可是大罪，窦婴被当街斩首。

第三任——许昌

汉武帝的第三任丞相，名叫许昌，他是西汉开国功臣柏至侯许温的孙子。许昌可是当时窦太后亲自提名的丞相，因此，许昌在当上丞相以后，事事都听从窦太后的指示，这也导致他在任期间并没有什么大的作为。许昌在丞相的位置上干了三四年的时间，他的靠山窦太后就去世了。汉武帝终于拿到朝中大权，于是，立刻就找了一个借口，说许昌并没有把窦太后的丧事办好，就把他从丞相的位置上给撤了下来。

第四任——田蚡

汉武帝在罢免了许昌以后，就起用了他的第四任丞相田蚡。田蚡是汉景帝时期王皇后的同母异父弟弟，也就是汉武帝刘彻的舅舅。

田蚡在历史中那可以算得上是一个标准的小人，他相貌丑陋，巧于文辞。田蚡跟汉武帝的第二任丞相窦婴一生恩怨纠葛。窦婴有所成就的时候，田蚡还仅仅是一个小小的郎官，他表面上对窦婴恭敬有加。为了讨好窦婴，田蚡还时常到窦婴家中，陪窦婴饮酒聊天。席间，他时跪时起，对窦婴的恭敬比窦婴家的晚辈做得还好，那情景真是比对亲爹还亲。

等到后来，田蚡当了丞相以后，窦婴退居二线，田蚡就开始扯下了自己伪装的面具，他跟窦婴之间从摩擦到恶斗。最终恶斗的结果是，田蚡胜，窦婴被当街斩首。可事实证明，田蚡胜利，也没有得意太久。就在窦婴被杀第二年的春天，田蚡就病倒了，他躺在床上连起身都困难，口中却喃喃地不断说着"谢罪"之类的话。家里看此情况，连忙请来了一个懂得阴阳鬼事的巫师来看看，来者说是窦婴和灌夫的鬼魂正在鞭笞田蚡，索命呢。医生们面对田蚡的病也都没有了办法，只能眼睁睁地看着田蚡在病床上拼死挣扎，最后咽了气。

第五任——薛泽

汉武帝的第五任丞相，名叫薛泽，他是西汉开国功臣广平侯薛欧的孙子，也算是一个名副其实的"官二代"。薛泽是一个平庸的人，既没有什么政治智慧，也没有什么才能，所以，他当了几年的丞相以后，也没有什么政绩。同时，这位"官二代"薛泽也是一个非常幸运的人。他能当上丞相，本来也就是捡漏。

原来，在第四任丞相田蚡死了以后，汉武帝本来是想让御史大夫韩安国来继任丞相的，但是不巧的是，韩安国一个不小心从车上摔了下来，还受了重伤。在这种情况下，薛泽就被临时推了上来。薛泽在当上丞相以后，没有什么政绩，几年以后就被汉武帝给免职了。虽然被免职了，但薛泽也算一生平平安安了，在汉武帝的13位丞相里算是命好的了。

第六任——公孙弘

汉武帝的第六任丞相，名叫公孙弘，他是一个非常传奇的人物。公孙弘在 40 岁的时候才开始钻研学问。等公孙弘到了 60 岁的时候，他却被举荐到朝廷中做官。但是，公孙弘的这次做官经历并不太愉快，不久之后，他就放弃了自己的仕途称病回家了。等公孙弘到了 70 岁的时候，跟他同龄的人大部分都已经死了（古人由于各方面原因，寿命短，能活到 70 岁的人很少）。这位 70 岁的老人又第二次被举荐了，公孙弘再一次重新返回到朝廷中做官。

这一次做官，公孙弘的官运似乎真的来了，他 10 年之内，步步高升。公孙弘先后担任左内史、御史大夫，最后又走到了位极人臣，坐上相位。

公元 121 年，公孙弘以将近 80 岁的高龄，在丞相职位上去世。公孙弘真算得上是大器晚成了，他的人生仿佛比别人晚开始了几十年，但是，他最终到达的位置和成功，却也是没有几个人能达到的。

第七任——李蔡

提起汉武帝的第七任丞相李蔡，这个名字估计很多人都不熟悉，但是，说起李蔡的堂哥肯定大家都差不多知道，那就是李广，人们称他为"飞将军"。李蔡和李广的年龄相差不多，他们都是在同一年从军的，并且，李蔡和李广有着同样高超的射术。不过，要说起李蔡的运气可比他的堂哥好太多了。我们都知道"飞将军"李广一生拼杀于战场，却一直未能被封侯，而李蔡呢，他却早早地就以军功获封为乐安侯了。

李蔡在被封侯之后，就等于是从军队转业到了地方，不久之后，他又被升任为了御史大夫。公孙弘去世后，李蔡接任丞相。根据《史记·李将军列传》，李蔡为人一般，他的名声也比李广差得远，不过他当丞相的几年中，政绩还是不错的。可见有些时候，一个人的能力和这个人的人品关系不太大。

公元前 118 年，也就是在李蔡的堂哥李广自杀的第二年，担任丞相的李蔡被人告发了。原来，这个李蔡仗着自己是丞相，居然胆大包天到私自侵占了汉景帝墓园的土地。李蔡很快就被下狱。李蔡和他堂哥李广脾气倒是挺相像的，他被抓起来以后，也和他堂哥李广一样，不愿意面对狱吏的欺压。最终，李蔡也步了他堂哥李广的后尘，自我了断了生命。

第八任——庄青翟

汉武帝的第八任丞相，名叫庄青翟，他是汉高祖时武强侯庄不识的孙子，不用说，这又是一个世家子弟。上一任丞相李蔡自杀以后，当时的御史大夫张汤开始沾沾自喜，他认为，接下来这丞相之位肯定是自己的。谁知，汉武帝刘彻并不按常理出牌，居然抛弃了张汤，任命太子少傅庄青翟为丞相。张汤气得要发疯，他不敢把汉武帝怎么样，但是因为这事和庄青翟结下了梁子。此那以后，张汤和庄青翟两个人恶斗不断。

当时，丞相庄青翟的相府内，有三位长史，都是非常牛的人，分别叫朱买臣、王朝、边通。这三位长史的工作，就是帮着庄丞相设计谋划，想方设法不计手段地让汉武帝对张汤产生怀疑。这三位也真是尽职，后来，汉武帝果然对张汤产生了疑心，下令让廷尉（翻译成今天的话就是最高法院院长）去查问张汤。张汤也是聪明人，知道已经躲不过去了，就给汉武帝留下了一封书信，在信中直指自己是被庄丞相手下的三长史的阴谋所陷害。给汉武帝写完书信后，张汤也选择了自杀。汉武帝看完张汤留给自己的书信也觉得不太对劲，立刻又下令查办三长史。三长史陷害张汤果然为实，不久这三位就被汉武帝杀了，而庄青翟自然也逃不了干系，被连坐下狱。这位丞相无法承受如此的落差，在狱中服毒自尽。

第九任——赵周

汉武帝的第九任丞相，名叫赵周。他有一个有势力的爹，赵周因着自己老爹的功劳，被封为高陵侯。看来，在古时就有"拼爹"的习俗了。赵周自己也没有什么本事，所以，他自然又是一个存在感不强的丞相。赵周在丞相的位置上待了三年多，没能做出什么事迹，也没什么显赫的政绩。这一年，汉武帝要祭祀宗庙，要求各个诸侯奉献黄金。少府检查时发现，在奉献的时候，不少人耍了滑头，很多人奉献上来的黄金要么分量不够，要么成色不足。因为奉献这事，106人因此被剥夺了爵位。

这时，有人站出来指控说，丞相赵周明知这些列侯所献的黄金有问题，却还为其隐瞒不上报，也是有罪的。丞相赵周也因为这奉献黄金的事，随即被捕入狱。也许是汉朝的人都还比较有血性，特别是一些名门贵族，他们似乎都受不得委屈，更不愿在狱中受辱。赵周在被捕入狱不久，在狱中自杀身亡。

第十任——石庆

汉武帝的第十任丞相，名叫石庆，这位也是世家子弟，他自然也有一位有本事的爹，他父亲是西汉著名的万石君石奋。但是，石庆和很骄横的世家子弟不一样，他自小就是一个老实本分的孩子，长大以后为人处事也十分谨慎。石庆在官场上做了太仆，也就是我们现在的交通部部长。有一次，他为汉武帝驾车，汉武帝随口一问，驾车的有几匹马？这位交通部部长石庆没有立刻回答汉武帝，反而是举起了手中的马鞭，指点着一一数完，最后才回汉武帝的话，说："回禀陛下，一共有六匹马。"

石庆就是以这种谨慎本分的性格坐在丞相的位置上处理事务的，而谨慎的行事风格，似乎也注定了石庆不会干出什么大事，但也不会出什么大错。石庆当丞相时间长达9年，9年的时间，也没有让石庆留下多少政绩，最后，一生谨慎的他安安稳稳地死在了任上。

第十一任——公孙贺

第十一任丞相也是世家子弟的身份，他的名字叫公孙贺，他的父亲是平曲侯，曾经多次带兵出塞攻击匈奴，在战场上也是屡立战功。公孙贺与前几任世家子弟的丞相大不相同，他是被汉武帝刘彻逼着上任的。

原来，在前一任丞相石庆去世之后，汉武帝心里就盘算着，要把自己这帝国集团的最高官位交给公孙贺。谁知道公孙贺听到此消息后，居然痛哭不已。升官对于任何人来说都是一件可喜可贺的好事啊，这公孙贺到底是怎么想的，怎么会有这种反应呢？原来，聪明的公孙贺看到汉武帝连续几任丞相李蔡、庄青翟、赵周都自杀身亡，担心自己也会如他们一样落个悲惨的下场。所以，公孙贺哭着喊着坚决不接受汉武帝赐下的相印，他居然还对着汉武帝边磕头边痛哭："我就是个骑马射箭的粗人，实在无法胜任丞相的职务啊。"

汉武帝面色沉重地说："快把丞相扶起来。"公孙贺任凭别人怎么搀扶，就是不肯起来，非恳求汉武帝答应他不做这个丞相不可。汉武帝见此情景，生气地拂袖而去。公孙贺一看汉武帝是真生气了，自己如果不当这个丞相，说不定立马就有大祸，迫于无奈只好接下了相印。

事实证明，公孙贺的预感是没有错的。公孙贺一共做了11年丞相，11年之后，他的大祸来了。原来，有一个名叫朱安世的人揭发说，公孙贺的儿子公孙敬声与阳石公主私通，而且两个人还用巫蛊之术诅咒汉武帝。当时，汉武帝只要一听见有人用巫蛊之术诅咒自己，立刻就会大发雷霆。公元前92年，汉武帝的第十一任丞相公孙贺与他的儿子双双死于狱中。事情过去多年以后，汉武帝在与新上任的丞相谈话时承认，公孙贺的案子其实并没有查到多少证据。

可惜，公孙贺虽然预感了未来，却仍旧没有逃出悲惨的命运。

第十二任——刘屈氂

上一任丞相公孙贺死了以后，汉武帝刘彻任用了刘屈氂为自己第十二任丞相，刘屈氂是汉室宗亲，是中山靖王刘胜的儿子，算起来，他是汉武帝的侄子。对，大家如果熟悉汉史，就会想起，这个刘屈氂和刘备是一支的。在《三国演义》中，刘备曾经自称是中山靖王刘胜的后裔，刘屈氂就属于这一支。

只可惜，这个刘屈氂的好日子也没有过两天。公元前90年，刘屈氂联络贰师将军李广利，打算立昌邑王为太子。恰好就在此时，有人站出来举报刘屈氂的夫人在暗中偷偷行巫蛊之术，诅咒汉武帝。汉武帝极其痛恨有人行巫蛊之术，立刻下诏彻查。在彻查中，刘屈氂和李广利想立昌邑王为太子的计划也彻底暴露。不久之后，汉武帝的第十二任丞相刘屈氂就被押往长安东市腰斩。

第十三任——田千秋

田千秋是汉武帝的第十三任丞相。田千秋的上位可堪称是传奇——他本来只是个小官，主要工作就是负责管理汉高祖刘邦的陵墓，就因为后来给汉武帝上了一封奏章而得到了汉武帝的赏识。在数月之间，这位看管陵墓的小官员，就被汉武帝提拔到了丞相的高位。这田千秋的升官速度，真堪称是极速火箭的速度。

田千秋先祖为战国时期齐国田氏大族，后来徙居关中长陵。汉武帝刘彻在位的时候，田千秋只是一个小官，任高祖庙寝卫士，后来遇到"巫蛊之祸"发迹。原来，当时的汉武帝已经年纪老迈，江充担心汉武帝死了以后，太子会杀了自己，于是，决定先下手为强，指使人告太子宫中有"巫蛊"之患。汉武帝命令江充调查此事，江充事先指示胡巫在太子的宫中做了手脚，然后又派人"掘蛊于太子宫，得桐木人"。

太子被陷害却不能自明，逼于无奈，将江充斩杀，后来又发兵攻入丞相府，结果败逃出城。就在这个时候，高祖庙寝卫士田千秋上书给汉武帝，奏章中说他自己梦见一个白头发的老翁对他说："（太）子弄兵，罪当笞；天子之子过误杀人，当何罪哉？"汉武帝看了奏章以后，认为田千秋所梦见的那个白头翁就是高祖神灵所派遣来的，也明白了太子并没有什么造反的意思，知道江充的调查有诈，夷其三族。于是，汉武帝因此奏章召见田千秋，汉武帝见田千秋"长八尺余，体貌甚丽"，对其甚是喜爱，汉武帝对他说："父子之间，人所难也，公独明其不然。"于是擢田千秋为大鸿胪。数月之后，拜为丞相，封富民侯。

田千秋为人敦厚，处事又特别有智慧，再加上他的时运也特别好，当时正赶上汉武帝晚年对自己所行的事也都有所反思，脾气也变得温和一些了，所以，晚年的汉武帝和丞相田千秋相处得非常不错。田千秋也非常荣幸地成为汉武帝的最后一任丞相。汉武帝驾崩以后，田千秋又继续与霍光一起，辅佐了汉昭帝刘弗陵，最后田千秋在丞相位置上去世。

能登上相位，既意味着荣华，同时也更意味着不祥的未来。我们现在来统计一下，汉武帝的13位丞相，其中窦婴被斩首，接下来的田蚡又被吓死，后来的李蔡、庄青翟、赵周都被下狱自杀，公孙贺同样也是死在了狱中，之后刘屈氂被腰斩，卫绾、许昌、薛泽均被免职。回首这13位丞相，只有公孙弘、石庆、田千秋这3位在相位上正常身故。

这样仔细盘算下来，汉武帝的13位丞相中，下场悲惨的丞相一共有7位，超过一半；只有3位丞相功成名就，按比例算还不到四分之一；另外有3位丞相也是被找茬儿免职的，所以他们的人生虽说无险，但是其中却有惊。

丞相是大汉帝国的最高官位，丞相也意味着在这个帝国中庞大的权力和无尽的风光以及极高的物质利益。但是与此同时，丞相的这个位置，也意味着极其巨大的风险——在这个位置上，有超过一半的概率会凄惨丧生。也就是说，只要你接下这个象征着具有庞大权力的丞相的大印，你的身体就已经有一多半进入绞肉机了。

古人们常说"伴君如伴虎"，这话一点都不假，而和汉武帝这样嗜血强悍的君王相伴，更简直就是如伴疯虎一般，生命随时都有可能被终止。事实上，汉武帝那不受控制的权力比疯虎更加凶猛，即使你富贵如丞相，即使你的权力天下第二，在皇帝面前，你也难以掌握自己的命运。说到这里，我们就明白了，为什么当时的公孙贺会跪地痛哭，不愿意接受任命，成为荣耀的丞相。因为公孙贺深深地知道，在丞相这条道路的前方等待他的是什么。但是，咱们说了既然是命运，那么，就不是你想反抗就能反抗的——公孙贺哭过之后，磕头之后，还是无可奈何地走进了属于他的绞肉机，以肉身献祭权力的猛虎，在历史深处留下无望的悲鸣。

五、广揽英雄，兴建太学

汉武帝曾建立昭昭伟业，而这与他能广揽英雄，驾驭豪杰是分不开的。汉武帝深知海纳百川、广招人才的道理。为了能招来天下英才，汉武帝曾下求贤令。所以，汉武帝时代，也是一个人才济济的时代。在政治方面，有公孙弘、张汤、韩安国、桑弘羊、霍光、金日磾等汉武帝的得力助手；在军事外交上有卫青、霍去病、张骞等，为大汉南征北战、开疆拓土；在文学上有司马相如、司马迁等，记载千秋，传递书香；在思想上有董仲舒等，开创先河，统一改革。班固曾称赞道："汉之得人，于兹为盛。"

汉武帝的时候之所以能够出现这么多的人才，还都能把自己的才能发挥得淋漓尽致，还与汉武帝用人不拘一格，不分地位与等级有关。汉武帝通过选贤任能，来扩充自己执政的智囊团，培植自己的武将亲信，以巩固统治地位。

汉武帝将选拔人才这件劳心费神的事设计成了固定的步骤，能够一直沿用，这样一来，选拔人才就轻松多了。汉武帝设计的套路，主要是"四步曲"：第一步是帝王出题；第二步是选拔人才；第三步是人才答题；第四步是钦定人才。

选拔人才"四步曲"

1.帝王出题

汉帝王在选拔人才时，会直接将当下最困扰自己的政事作为题目，以诏令的形式，派人将题目下发到推荐者那里，推荐者如果有合适的人才，就把题目下发给他们。

当然也不是所有的人都能被推荐的，诏令上也明确指出选拔的人才应具备的基本素养，如被推荐的人必须要德才兼备，品行端正，在面临危机时，敢于不畏强权，勇于身先士卒。每份诏令还会对于举荐的人才作一定程度的细分，主要是孝悌力田、茂才异等、贤良方正等。

"孝悌力田"这一类的人才，是汉惠帝首创的，在汉代的前期最为流行。从字面上我们不难理解，"孝悌力田"是指孝顺父母、勤劳耕作的一类人才，他们往往在乡里乡亲间都具有一定的威望，这也就是我们所谓的"乡贤"。而选拔"茂才异等"类的人才，是汉武帝时期才开始有的。从字面意思上理解，就是不拘一格地招纳散在全国各地的优秀人才。而举荐"贤良方正"，也是汉武帝沿用了汉文帝对举荐人才的做法。

2. 选拔人才

扩大、强壮统治集体，选拔人才就成了国家的一项大工程，汉武帝为此专门建立了"专家库"。"专家库"内的官员阵容十分强大，由中央和地方两级组成，"专家库"的主要职责就是向汉武帝推荐人才。在汉代，对于不同的帝王，"专家库"的作用和职责也会有所不同的。

3. 人才答题

经过"专家库"选拔的人，要在竹简上写清楚有价值的信息。通常情况下，这些竹简皇帝都会亲自过目的。汉武帝在挑选人才时，通常会采用两种形式，一种是，节省时间，看竹简版。另外一种形式是，为了能够更加深入了解前来应聘的人才，汉武帝会亲自召见人才，现场出题，让前来应聘的人口头应答，汉武帝再从中挑选出自己认为理想的人选。这种面试被举荐者的形式，可以近距离了解拟提拔对象。汉武帝极其看重人才，他曾有过面试百余人的盛况。而应聘者的回答，不可不着边际地论说，他们需要结合政治形势走向和国家发展大局，以这些为基础，提供具有建设性意见的提案。当然，也可以持批评性态度，但评判也需要客观。我们现在翻阅《汉书》《后汉书》列传时，依然可以看到汉文帝时期晁错的提案、汉成帝时期杜钦和谷永的提案等。

4. 钦定人才

应聘的人才们经过举荐、考试等环节后，最终结果先由选拔人才的职能部门先行酝酿出拟定的人才，汉武帝会作出最后的裁定。

在汉代，史料中记载统计通过"举贤良"被录用的人才，总共有85人，这85人都有参与国家政治的机会，有些甚至还成为汉代的名臣。

选拔人才的三种制度

"德才兼备""不拘一格"是汉武帝对人才选拔的基本原则，汉武帝广纳贤士，所以，当时不分籍贯、门第、出身、职业、年龄，甚至不用顾及你与朝廷的私人关系如何，只要你在关键素质方面符合要求，并有突出的才干、智慧，都会得到选拔重用。为此，汉武帝还建立了一套完善的人才选拔制度。汉武帝制定的人才选拔制度由察举制、征辟制、大学考试三种组成。这些人才选拔制度不仅有利于汉代的发展，对中国后来的九品中正制、科举制的产生也有着十分深远的影响，可以说是为后来的统治者提供了人才选拔制度的基础模版。

1. 察举制

察举制度并不是汉武帝创建的，这一制度早在战国时代就已经崭露头角。察举制度是指地方官员向中央推荐官员的一种制度体系，秦朝也实行这种推荐人才的制度，当朝的现任官员可以向朝廷保举人才为官。而在保举之后，保举人和被荐者之间形成了责任关系，如果被荐者有犯罪的行为，那么，保举人就负有连带的责任。《史记·范雎列传》曾记载："秦之法，任人而所任不善者，各以其罪罪之。"说的就是被推举和保举者之间的连带关系。在汉朝初期，汉高祖刘邦的"求贤诏"，要求各级官员向中央推荐"贤士大夫"，运用的就是这一制度。到了汉文帝时期，"举贤良方正能直言极谏者"，汉文帝还规定了选拔人才的方式和标准。

汉景帝为自己的儿子制定察举制奠定了基础。

汉武帝继位后，为了完善人才选拔制度，正式继续推行老爸制定的察举制。在公元前134年，汉武帝下令"郡国举孝廉各一人"。不久之后，董仲舒又向汉武帝建议"使诸列侯、郡守、二千石各择其吏民之贤者，岁贡各二人"。汉武帝听后觉得有道理，立刻下诏，其主要的内容就是：地方的郡守、封国每年需要向朝廷举荐一次人才，每次举荐的人数定为两人；举荐的人才主要需要达到两项标准，一是被举荐人要有孝廉的事迹闻于乡里，二是要有出色的才能。汉武帝的政令下达后，各地方官员并没有把这诏令当回事，有的郡国很多年都没有向中央举荐过人才。针对于此，汉武帝实行了强制执行的手段。公元前128年，汉武帝重新颁布察举诏令，并且在诏令中明文规定"不举孝、不奉诏，当以不敬论；不察廉，不胜任也，当免"。这项强制的措施下达后，迫于中央政权的压力，各地方官员不得不认真对待此事，由此，汉代的察举制度因为汉武帝的强制在全国推行了。

由于汉武帝当时推行的是独尊儒术的措施，因而，地方在察举制中向中央集体推举的人才，大多数也都是以儒生为主。公元前140年，汉武帝关于察举制的实行又再次下诏令，"或治申、商、韩非、苏秦、张仪之学，乱国政，请皆罢"，也就是儒家以外的人才，彻底不在举荐的范围内，这让察举制和独尊儒术得到了充分结合。汉武帝执政之后，察举制在汉武帝的推进下，不断被发展完善，但是察举制的弊端也逐渐显露出来了。由于察举制的选拔标准具有很大的主观性，这让地方豪强地主或者郡县官员掌握了举荐的大权，致使后来这些地方向中央政府选拔、推荐的人才都是高门子弟，许多的寒门子弟即使有才干，也很难得到推荐。

2. 征辟制度

征辟制度即由上层统治管理者皇帝或高级官员直接聘请民间有才干的平民百姓、普通学者，或者是朝廷中有才干、有能力却等级偏低的官吏，如果这些人才能实干，那么他们就会被授职或提职。征辟制度被细分为两类，一类是由皇帝亲自聘请的，被称为"征召"；另一类则是由其他官员聘请的，被称为"辟除"，这就是征辟制度，是一种自上而下的选官制度。征辟制度是从战国时代的求贤制度演变而来，战国时代，当时的各国为了招揽人才，扩大自己的集体势力，纷纷向天下颁布求贤令。到了秦朝，这种制度被称为"征召制度"，其制度已经有了初步的雏形，秦朝将征召制度叫作"征"或"聘"。在《古今图书集成·选举典·征聘部》中有记载，秦朝每一年的春季会中，朝廷都会向民间征召有才干、有能力的优秀人才。

等到了汉武帝执政掌权的时期，汉武帝继续沿用了这种制度，改进为征辟制度。公元前130年，汉武帝下发诏令"征吏民有明当时之务，习先圣之术者"，在全国招聘优秀的人才，这征辟制形成了基本的定制。汉武帝诏令中规定，县次传舍必须向被征召的人提供日常的饮食，并且要派遣官吏陪同被征召的人一同进入京城。汉武帝还颁布"公车上书"的制度，此制度规定，要是有人向皇帝上书，沿途路过的官员必须接待。从这种制度和诏令中，我们可以见到汉武帝对于人才选拔的重视。

从此以后，征辟制也成为汉代时期的主要选官方式。对于民间贤能的人士，皇帝得知后，如果此人才能十分了得，皇帝甚至还会亲自派遣专人、专车，厚礼相迎。这并非是传闻，汉武帝刚刚继位的时候，书中就有记载"使使者束帛加璧，安车以蒲裹轮，驾驷迎申公，弟子二人乘轺传从"。

但是，这种征辟制只是汉武帝对于察举制的一种补充，征辟制度也未能得到大规模的全面推行。虽然如此，汉武帝还是通过这种方法选拔出了不少优秀的人才。如后来人们所熟悉的著名的汉赋大家枚乘，就是当时被武帝用"安车以蒲裹轮"的方法征召而来的。到了东汉时期，这种征辟制度就更加完善了，选拔的人才也更多了，比如张衡、班固等都是通过这种途径得到选拔和重用的。

3. 教育体系的建立

前面我们所提到的察举制和征辟制都是发现人才的一种方法，一个国家需要很多的人才，只是发现人才还远远不够，还需要培养人才，有培养、有发现，这才能够保持一个国家的智囊团有充足的人才可用，而培养人才最好的方式、也是最基本的方式就莫过于教育了。

在公元前 140 年，董仲舒向汉武帝建议"兴太学，置明师，以养天下之士"。汉武帝听取了董仲舒的建议，不久之后，就下令在长安设立了太学，太学里初设"五经"博士专门讲授儒家经典《诗》《书》《礼》《易》《春秋》。在太学中学习的人被称为博士弟子，这些博士弟子在学习完成，学业结束后，会参加考核，当时，称之为"射策"，结业的博士弟子在通过每年举行的"射策"后，就可以当官，开始自己的仕途了。关于"射策"这种考试方式，《汉书·萧望之传》颜师古注云："射策者，谓为难问疑义，书之于策，量其大小，署为甲、乙之科。列而置之，不使彰显。有欲射者，随其所取得而释之，以知优劣。射之言投射也。"就是说，所谓的"射策"其实是一种答辩的形式，有点类似于今天的毕业论文。首先考官会将问题书写在策，然后考生们抽取以做答辩。考试和答辩的内容基本都是"五经"的内容。根据《汉书·儒林传》记载："能通一艺以上，补文学掌故缺，其高第可以为郎中、太常籍奏。"也就是说，在当时如果能够熟练掌握"五经"中的一门，这个人就有机会担任郎中、太常籍等官员。

汉武帝除了在长安城中央设立了太学之外，还在全国各地全面推广郡国学。在汉武帝时期，各地方的学校总共分为四级，郡国是学，县、道、邑、侯国是校，每所学校需要设置一名经师，这一类的学校就类似于我们现在的中学。乡是庠、聚是序，庠序置《孝经》师一人，庠序就类似于我们现在所说的小学。在汉武帝发动兴学的带动下，汉代的私学也十分兴盛。一些小有名气的经师大儒就自己设立"精舍""精庐""学馆""书馆"等，面对社会招收学生，教授儒家的"五经"和道德规范。这就类似于我们今天的私立培训学校，由于当时的官学招收规模有限，所以，在汉代民间大部分人如果想要学习，只能通过私学学习。

汉武帝对于太学、郡国学和私学的建立，使得汉代的教育基本体系得以建立。这些教育系统为汉朝的各级官僚机构提供了高素质的人才，也推动了汉文化的繁荣，对中国古代的教育制度影响深远。

六、千古帝王永恒话题

古往今来，众多帝王，无不向往长生不老。长生不老，是古代帝王心中永恒的话题。

在《史记·孝武本纪》中曾记载，公元前110年，汉武帝受一些方士的蛊惑，一路沿着海边到达碣石山，寻找仙人。碣石山富有"神岳"的盛名，汉武帝就在那里祭神求仙。汉武帝举办的求仙活动比之前的秦始皇还要热闹，如召鬼神、炼丹砂、候神等，各种名堂数不胜数，动辄还会入海求"蓬莱"。汉武帝的这一举动，让碣石山一带沿海地区的求仙活动在时隔百年之后死灰复燃。当地政府为了迎合汉武帝祀神求仙，就在碣石山一带建立了各种各样的祀神求仙的建筑。

在碣石山，汉武帝刘彻也像秦始皇一样，在那里举行了刻石纪功的活动。关于这一件事，在郦道元的《水经注·濡水》里有着明确的记述："濡水（滦河）又东南至絫县碣石山……汉武帝亦尝登之，以望巨海，而勒其石于此。"而絫县是昌黎在西汉时的县名，坐落在昌黎县城之北的碣石山主峰为仙台顶，所以又名"汉武台"。当年，汉武帝也曾登上碣石山主峰仙台顶，在那里观望巨海。

历朝历代，帝王都渴望能够长生不老，能够将自己的荣华和权力一直持续下去。欲望能蒙蔽一个人的心，即使是智慧的君王也不例外。历史上有太多的君王一直被术士欺骗着，有的是想要求长生不老，有的是想要求驱邪避灾，也有的是想要求占卜未知。今天，笔者就和大家一起来看看千古一帝汉武帝求仙被欺骗的故事。

屡次受骗

在汉武帝的时候，方士也被称为"神仙家"，这些方士利用人想要成仙的心理，四处鼓吹自己能找到仙人仙药，其实就是一些骗子。当时，社会中流传着在东海之中有三座神山，分别是蓬莱、瀛州、方丈，山上有长生不老之药，还有吸气饮露、长生不老的仙人云云。

历史上的齐威王、齐宣王开启了方士入海寻找三神山和长生不老药的先河。秦始皇对于长生不老之术更是醉心其中，他屡次派遣方士进入海中寻求神仙、神药，不过最终都是毫无收获。最后，秦始皇病死在寻找三神山的路上。

汉武帝知道秦始皇寻找神仙的事情，并未以此为戒，反而让他更加相信有神仙和神药的存在。汉武帝先是让一个名叫李少君的方士去海中寻找神仙，讨要长生不老的药。李少君寻找未果，后来病死。汉武帝并没有反思李少君自己都无法长生，又怎么能给自己带来神药呢，却相信李少君是升天了。全国方士都知道汉武帝寻仙心切，所以，纷纷寻找门路，上书汉武帝，都称自己能找到长生不老的药。在这其中有一个叫少翁的方士，被武帝召见。少翁就是帮汉武帝招魂的那位，汉武帝见少翁招来了自己日思夜想的美人，心中真是又惊又喜，立刻就封方士少翁为文成将军，并希望他能设法寻找到仙人，把仙人请来。少翁对于汉武帝的要求是满口答应，可斋祭了一年多，也没有见到仙人的影子。汉武帝有些恼怒了，少翁见状，又想了一个新的点子，他换了一个把戏，想要

汉武帝陵密码

继续取信于汉武帝。少翁私下偷偷写了一张帛书，写好后，喂给一头老黄牛吃下。这一日，少翁突然来到汉武帝面前说："昨夜，我梦到仙人，仙人指示说这牛腹中有奇书。"汉武帝听闻后，立刻命人将这头牛宰杀了，果然，如少翁所说，在牛的腹中得到了帛书。汉武帝喜不自胜，可把帛书拿过来仔细一瞧，就看出了破绽：帛上的笔迹分明就是少翁的。汉武帝一看自己被少翁愚弄了，怒不可遏，立时下令把少翁斩了。这样，少翁和那头无辜的牛都离开了人世。

汉武帝在斩杀了少翁以后，又有些后悔了，没有了少翁，也就没有人为他求得神仙了。这时，有人向汉武帝推荐栾大，这个栾大，其实就是一个大骗子，他自称自己的身份是"方士"。栾大，原本是胶东王的一个宫人，他以前也曾和少翁同师学习方术，少翁投奔了汉武帝，而栾大做了胶东王的尚方。汉武帝见到了栾大，就如同看见了救命稻草，高兴极了。

骗子们大多都是依靠敢说大话来骗取别人的信任。栾大入见武帝，见武帝虔诚之心可掬，于是，信口开河地说："我与其他普通的方士不同，我经常在海上往来，所以，总是不时地能碰上仙人们，比如安期、羡门等。不过这些神仙也看社会地位的，他们说我地位太低，所以，都不肯信任我。"汉武帝回想，自己刚刚上了方士们的当，这次，可不能太轻信栾大了。于是汉武帝故作镇定地说："每一个方士都说自己有通天的法力，你怎么证明你所说的呢？"只见，栾大拿起了一些棋子，放在桌上一颗颗摆好，突然，栾大喝令让棋子们互相争斗。说来也怪，那些棋子果真相互撞击起来。其实，栾大是使用磁铁在起作用。

只可惜，一心只想长生不老的汉武帝不懂这些，也没有细细查考，还以为自己这次真的是遇上真人了。见汉武帝相信了自己的骗术，栾大又说："黄金是可以炼成的，河水的决口也是可以堵塞的，长生不死的药呢，也可以得到，陛下，您想要请仙人，我也是可以招来的。但是，臣

114

与文成是同门，臣也唯恐再走了文成的老路，被诛而死，如果陛下再杀了臣，那么天下方士只能是人人掩口不言，人间就再也没人敢谈方术了！"

汉武帝赶紧解释说："文成不是朕杀的，他是吃马肝死的。倘若先生能为朕找到修成神仙的方术，那朕对先生的赏赐又怎么会吝惜呢？"

栾大接着说："陛下，仙人们不是有求于人，而是人们有求于他们。陛下若真想要招仙人来，就要让陛下派去招仙的使者地位更加尊贵，使他做天子的亲属，以客礼对待他，让众人都不要卑视他，还要让他佩戴各种印信。只有这样，才能使他传话给仙人。"

于是，汉武帝立刻就封栾大为"五利将军"。栾大说大话比说真话还像，不到一个月，汉武帝又给栾大加封三官："天士将军""地士将军""大通将军"。栾大身佩四将军印，贵显无人能比。为了满足栾大所说的，做天子的亲属，汉武帝又把卫长公主嫁给栾大做妻子，并且送给他们黄金万斤。汉武帝甚至又亲自到栾大家里做客，对栾大进行慰问，赏赐物品的天子使者，络绎不绝。自大长公主、将相以下，都在他家摆酒庆贺，献出物品。

到了夜间，汉武帝又命人将提前刻好的一颗"天道将军"的玉印呈上来，让身穿羽衣的使者，站在白茅草的上面，把此印赐给五利将军，五利将军栾大受印后，就表示他不再是天子的臣子，而是天子的亲属了。佩戴"天道将军"印，就是表示汉武帝让他引导天神来见自己。

这样，汉武帝还意犹未尽，还觉得自己亏欠真人，又封栾大为乐通侯，食邑两千；还赐给他一座长安最豪华的府第，僮仆千人。汉武帝还觉得不够，又将自己专用的车马帷帐器物赐给栾大，以显示自己对真人的敬重。转眼间，汉武帝还没有找到仙人，栾大却成了人上人。

讨伐南越时，汉武帝让人在出兵时求仙指路，由太史官手捧灵旗指向被伐的国家。汉武帝让五利将军也求仙人保佑，但五利将军栾大作为使者却不敢入海求仙，只是来到泰山祭祷。这就让汉武帝心中起疑，他派人偷偷尾随栾大，察看他的行踪，跟随的人回来禀报汉武帝，这个栾大实际上什么也没见到。可是，五利将军栾大回来时，却对汉武帝妄言说见到仙人了。汉武帝看穿了栾大的骗术，于是，立刻斩杀了他。

诙谐的骗子

历史上关于皇帝追寻长生不老的故事也是层出不穷，但最为诙谐的莫过于汉武帝和东方朔的故事。

我们先来说说东方朔，他字曼倩，是山东厌次县的人。东方朔很小的时候，父母就双双离开了人世，东方朔是靠着兄嫂的养活才长大成人的。东方朔爱好学习，博学多识，性格幽默诙谐。汉武帝在刚刚登基的时候，下令让各地方推举贤才，年纪轻轻的东方朔就写了三千片竹简前来向汉武帝应聘，因为竹简实在是太多了，需要两个人才能扛得动，东方朔成功地博得了汉武帝的眼球，给汉武帝留下了深刻的印象。

东方朔的这种作风，贯穿了他的整个人生，他时常做出让汉武帝出乎所料的举动，可是，这些举动细细想来，又都格外有道理。大家都说幽默诙谐的人，情商肯定高。东方朔就是这样一个情商高的人，他说话不仅能说到人的心坎上，还能让恼火的人喜笑颜开。有一次，东方朔居然把汉武帝长生不老的药喝个一干二净，喝完以后，还若无其事地与汉武帝嬉皮笑脸地说笑，这到底是怎么回事呢？

汉武帝十分迷信那些骗子方士，就连他们编出的神仙、长生不老药这一类的话，也都相信。甚至为了寻找仙人、求灵丹妙药，还花费了大量的钱财，所以，在汉武帝面前进献长生不老药的人真可谓络绎不绝！

这一天，又有一个方士来向汉武帝进献了一瓶仙药，说是自己千辛万苦在仙人那里寻来的长生不老药，喝了这药以后，就可以活上一千年。恰巧，东方朔也在旁边，他一看那方士鬼鬼祟祟的样子，就知道这肯定又是一个骗子，这种药喝了死不了，短时间又看不出效果。很明显，这又是想来骗汉武帝赏赐的骗子。但是他又不好直接戳穿，因为汉武帝对这种仙药，都是抱有很大希望的，于是东方朔就想出了一个计谋。

他对汉武帝说："陛下乃是万金之躯，容不得半点损伤。陛下，万万不可轻易相信这位方士的话，一旦瓶子里装的是毒药，那可如何是好？需先找人试喝一下才可！"

汉武帝一听，也觉得东方朔说得有道理，于是问东方朔："何必麻烦其他人，东方爱卿敢试喝吗？"

东方朔就等汉武帝这句话呢，他一看汉武帝上钩了，立刻答道："微臣愿为陛下万死不辞！"说着，东方朔上前接过方士手中的药，"咕咚""咕咚"真是举杯就干，把方士进献的仙药全都喝了个精光，喝完后，还咂巴咂巴嘴。

"都喝光了！朕的长生不老药被这家伙给喝光了！"汉武帝气得目瞪口呆，方士在旁边也傻了眼。汉武帝龙颜大怒，吼道："东方朔！你竟敢把朕的长生不老药全都给喝光了，朕要把你大卸八块！来人啊！"

"哈哈！"看着汉武帝恼怒的样子，东方朔却大笑了起来。

汉武帝气得脸红脖子粗地问道："都快死到临头了，你还这样开心吗？"

东方朔却不紧不慢望了一眼方士，然后对汉武帝说道："陛下息怒，请听臣说，如果刚才那瓶仙药真的可以让一个人长生不老，那么臣就不会被陛下杀死；而如果只是普通的药酒，陛下杀了臣，也是无用的。一不小心，您的英明就会毁于一旦，臣卑微，死了也不要紧，但陛下的名声可重要啊！"

皇上被东方朔这么一说，有点不知如何是好了，但心里还是不高兴，依然冷着脸，说："长生不老药肯定不是人人都能找到的，但是，人可以长命百岁肯定是真的。《相书》里也曾有记载说：人中如果长一寸，就可以活一百岁。"

东方朔听完，又"嘿嘿嘿"地偷笑起来，汉武帝黑着脸显得更加生气了，质问他："你是不是觉得朕又说错了，就连《相书》中记载的也是假的？"

"陛下，微臣觉得陛下说的没有错。只是微臣一想到彭祖就想笑，据说彭祖活到了800岁，陛下，臣想知道他的脸得有多长啊，他的人中至少都得有八寸吧！臣一想到一个人的脸有那么长，就实在忍不住地想笑！"

被东方朔这么一说，汉武帝也觉得可笑，也哈哈大笑了起来，东方朔喝光汉武帝长生不老药的事，就这么被他嘻嘻哈哈地给混过去了。

此事之后，东方朔并没有打消汉武帝寻找神药的心思，汉武帝还是让文武百官四处寻找法术高明的方士，希望能有人来给自己寻得长生不老药。东方朔知道那些所谓的"长生不老"，不过都是一些无稽之谈，是方士想得名利的一个途径罢了。

有一天，东方朔故意对汉武帝说："陛下派去取药的人，取来的都是天下的药，这样的药，不能使人不死，只有天上的药，吃了才能使人不死。"

汉武帝听了以后，觉得东方朔说得也有理，但是，现在生活在世上的，不都是"凡人"吗？又有谁能上天上寻药呢？正在汉武帝疑惑时，东方朔却毛遂自荐地说："臣可以替陛下到天上问问，看看有没有长生不老的药。"

汉武帝心想：这个东方朔肯定又是在吹牛。不过，让他出出丑，也是一件有意思的事，想到这里，汉武帝就答应了此事。

东方朔领旨后，刚离开了皇宫，不一会儿，就又返回宫中。汉武帝满脸疑问地望着东方朔，东方朔笑了笑，对汉武帝说："陛下让臣去天上取药，臣觉得陛下一定认为臣是在吹牛，这样吧，不如陛下派一个人和臣同去，到时候也给陛下说说天上的景致，也好给臣做个见证。"汉武帝一听，哈哈大笑，心想：我也正有此意，不派个人看着你，你肯定就要胡说八道了。于是，汉武帝立刻派了一名方士和东方朔一同前往天上寻找长生不老药。东方朔带着方士离宫时，和汉武帝约定30天后回宫复命。

离开皇宫后，东方朔每天就是带着方士和同僚们饮酒赌博，完全不提"上天"的事。方士刚开始还兴致勃勃地想跟着东方朔上天看看，可眼看30天期限都快到了，也不见东方朔上天，这让方士心急如焚，生怕自己因为这件事受连累，于是，每日不停地在东方朔耳边催促。东方朔被催得不耐烦了，就说："神鬼之事难以预料，你大可不必如此担心。我既然要上天，天上的使者一定会派人来接我的。"

方士听完以后，觉得这个东方朔实在是太不靠谱了，只好一个人坐在那里喝闷酒，喝多了就蒙头大睡。方士睡到半夜时，突然被东方朔叫醒，东方朔戏谑地说："兄弟啊，你怎么还睡着了呢？刚刚天上的使者下来，接咱们俩上天。我喊你半天，你都不醒，没办法，我就先跟随使者上天了。"方士一听，脸色吓得铁青，以为自己耽误了大事，赶紧跑回宫中向汉武帝请罪。汉武帝太了解东方朔了，他觉得东方朔一定又是哄骗了方士，于是，派人将东方朔关押起来，东方朔却大喊冤枉。

汉武帝生气地问东方朔："你难道没有欺哄朕吗？你难道真的上天了吗？"

东方朔回答说："臣真的上天了，天帝问臣：'人间的人都穿什么样的衣服？'臣曰：'人间都穿虫衣。'天帝又问：'什么样的虫？'臣曰：'人间的虫子，嘴巴上长了像马鬃一样的胡须，身上有像老虎一样的彩色斑纹。'天帝听了以后，觉得不可思议，臣恳请天帝，派使者下人间问问是否属实。使者回来禀报天帝，说：'人间真的有此虫，名为蚕，虫衣，名为丝绸。'天帝觉得我没有撒谎，便放我下来了。陛下若是觉得臣所说的不可信，臣没有上天，陛下也可以再派其他人去天上问问这事是不是属实。"

汉武帝听完之后，哭笑不得地说："东方朔你这个人实在是太狡诈，你只不过是想出个故事劝我不要听信方士之言罢了，何必故弄玄虚。"

东方朔虽然表面上玩世不恭，但他有很大的政治抱负，有一次他对大臣说："世上知道我东方朔的人，只有太王公啊！"大臣听了以后都觉得莫名其妙。

后来东方朔死了，汉武帝十分想念这个常常逗他开心，又时常劝诫他的大臣，就找到太王公，问他："爱卿对东方朔到底有多少了解呢？"

太王公回答道："臣不知。"

汉武帝继续问道："东方朔与你的关系如何？"

太王公回答说："臣一直研究星相，发现木星有18年没出现，只是，最近木星又出现了，臣不知是什么原因。"

汉武帝听后叹息道："东方朔陪了朕18年，朕竟然不知道他就是木星，唉！"

谈到这里，笔者不得不感慨，情商高的人，在哪里都混得开，吃得香，受欢迎。《汉书》也曾评价东方朔说："应谐似优，不穷似智，正谏似直，秽德似隐。"东方朔凭借自己的聪明才智和三寸不烂之舌，屡屡让汉武帝哭笑不得。东方朔这位"幽默大师"，给西汉朝廷和汉武帝的人生也增添了几许风采。

七、汉武帝晚年轮台罪己诏

汉武帝刘彻是西汉王朝中功绩显赫的皇帝。他在位一共50多年，堪称是历史上一代颇具雄才大略的君主。他开疆扩土、统一思想、首开"丝绸之路"，让汉朝威名远播世界，成就了一个强盛的大汉王朝。所以，后世的人们把"秦皇汉武"并列也的确是有道理的。但是，汉武帝采取的扩张战略，北伐匈奴，武力平定四方，大幅开拓领土的策略，也导致了民生凋零、经济衰败，深远影响两汉的国势。

其实，汉武帝刘彻的很多做法与秦始皇非常相似，比如：秦始皇曾经派遣手下大将蒙恬发兵30万去攻打匈奴，长驱匈奴700里；而汉武帝则派遣手下大将卫青、霍去病等，多次向匈奴发起大规模战争，在战场上这些将领基本上已经打垮了匈奴。秦始皇废藩置县，以残酷严刑实行统治，加强中央集权；而汉武帝则用"推恩令"削藩，动辄诛杀夷族，血流成河。在文化方面，秦始皇焚书坑儒，以强权控制思想文化；而汉武帝则罢黜百家，独尊儒术，最终形成延续数千年的文化专制。秦始皇在修建阿房宫、筑骊山墓上，穷奢极欲，耗费无数；而汉武帝也是荒淫享乐，劳民伤财，他大兴土木工程，直到晚年也从未间断过，更是举全国之力、用全国之财，修建自己长久的安息之所——茂陵。秦始皇喜欢招神弄鬼，祭祀封禅，甚至还派出数千名童男童女出海去为自己寻找长生不老的丹药；而在寻找神仙、谋求长生的道路上，汉武帝比起秦始皇来，那更是有过之而无不及，他建明堂，垒高坛，大搞顶礼膜拜，他紧步秦始皇的后尘，多次封禅出游，甚至还造了一个30丈高的铜仙承露盘，用以收集甘露，和玉屑一起饮之，以为这样就可以求得长生不老。汉武帝对各路鬼神之说深信不疑，最终酿成"巫蛊之祸"，逼死了太子和卫皇后，在这场祸事中受株连者达数万人。

而汉武帝"其所以有亡秦之失，而免亡秦之祸"（司马光在《资治通鉴》语）的原因又在哪里呢？在这里有很重要的一条，是汉武帝刘彻在晚年的时候能够反省自己的错误，并且悬崖勒马，对自己先前的错误政策进行了调整。

最近流行一种说法，那就是如果想要点评一个历史人物，大家不仅仅要看他平时做了什么，更要看他临终之前做了什么。这句话看似有些迷惑，可是仔细一想，相信大家就都会明白了。

　　笔者也认为，一个历史人物生前所做的事情，大多数都是为了他自己的个人意愿，所以，为了自己意愿的实现，人们会努力不停地朝着自以为正确的方向前进，古书上说"有一条路，人以为正，至终成为死亡之路"大概说的就是此意吧！在这条自以为是的路上，通过不懈的努力，最终有人成功，也有人失败。不过，面对最终的结局，面对自己一生的努力，至少很多历史人物都不会在生前承认那是因为自己选错了路导致失败的，毕竟输了不愿意认输，赢了还想赢的人才是多数人群。在这样的一个历史观点之下，我们再回首观看汉武大帝刘彻的一生，就变得非常的有趣了。汉武帝的人生大致上也分为两个部分，他平时无比的辉煌，临死之前却又变得凄凄惨惨了。

　　想当年，汉武帝还是一个 10 岁的孩子，就已经被请出山，命运似乎早已注定这个孩子即将成为这个拥有 3000 万人口的帝国主宰。汉武帝的母亲认为自己的儿子注定将成为皇帝，汉武帝的舅舅也认为这个孩子一定能主宰一切，就连汉武帝的父亲汉景帝也称他是最像汉高祖的儿孙。

　　就这样，在所有人的殷殷期望下，这个孩子终于坐在了皇帝的宝座上面。在汉武帝真正掌权以后，他对内打压诸侯王，对外派手下得力大将干掉了匈奴，更让人感到意外的是，汉武帝还顺带打通了西域地区。在汉武帝刘彻的治理之下，整个大汉帝国就仿佛是一条巨龙一样盘旋在整个欧亚大陆上，西方的人们也都知道，在东方有一个强大的国度名叫大汉王朝。而那个曾经打遍天下无敌手的匈奴帝国，也第一次在战败中，低下了它那高傲的头颅，向这位伟大的帝王称臣。

　　如果，我们仅仅是看汉武帝的前半生，那简直就是无限风光，无限荣耀，堪比秦始皇，千百年后的历史书里面永远都会铭刻着"汉武帝"这三个大字。而这一切的胜利，让汉武帝变得无比自负，在他看来，自己的政治智慧在天下间都无人能比，而自己的军事才能更是天下无敌。

只可惜，汉武帝的智慧在带给他诸多胜利与极多荣誉的同时，也给他带来了更多的骄狂。从最初的智慧英勇，给大汉帝国带来无与伦比的荣誉，到后来被胜利冲昏头脑，刚愎自用，因胜利变得骄狂的汉武帝开始不断地摧残自己的名声，开始严刑折磨自己的国家，甚至还因迷信而屠杀了自己的子孙。

汉武帝晚年开始逐渐地向着一条深渊不停地迈进，在这样的背景之下，到了汉武帝的晚年时期，他先前种下的所有恶果都一次性爆发了，汉武帝因为巫蛊事件变得穷凶极恶，在与自己亲儿子之间发生的长达5天的长安城保卫战中，汉武帝再一次感受到了战场上的荣誉和恐惧，最终，汉武帝又一次摘得了胜利的果实。面对这一次的胜利，汉武帝却怎么也高兴不起来，他在战场上击杀的敌人已由匈奴人变成了自己的儿子，最终他颤抖地用沾满鲜血的刀剑逼死了自己的儿子。直至此时，汉武帝已将自己先前所得的荣誉挥霍一空，天下百姓也因此怨声载道。

还好，汉武帝后来及时省悟，他悔恨自己犯下的过错，并将自己的错误用"轮台罪己诏"的方式昭告天下，这份诏书也是汉武帝在临终之前写的最后一份皇帝诏命。回首汉武帝过去的诏书，他都是在不断地夸赞自己管理的帝国有多么伟大，炫耀自己作为一个皇帝是多么的聪明。但是，这一次，汉武帝却真正做到了一件历史上很多君王都没做到的事情，那就是在他临终之前反省自己所有的罪过。对于一个普通人来说，想要承认自己的过错，尚且有很多难处，那么对于一个高高在上的皇帝来说，要向天下人承认自己的罪过，又是何等的难呢！在汉武帝写下罪己诏的这一刻，可以说是他人生最悲惨的时候，但也可以说他人生真正达到了升华的时刻。

汉武帝于公元前89年写下的"罪己诏"，真正名字为《轮台诏》，罪己诏发布两年后汉武帝去世，后世中有很多人都对汉武帝刘彻的这个罪己诏津津乐道，许多人都认为罪己诏是汉武帝对自己一生穷兵黩武的反思，后世不少皇帝都喜欢效仿汉武帝，也发一个罪己诏。

而让千古一帝汉武帝写下罪己诏的起因，除了上文我们所说的"巫蛊之祸"外，还有就是李广利伤亡重大的两次用兵。

一生英明神武的汉武帝晚年昏招不断，先是闹了臭名昭著的"巫蛊之祸"，与此同时，又派外戚李广利征发匈奴和西域，最终连续几次战争都损失惨重。公元前104—公元前101年，汉武帝下令让李广利两度出征大宛，因路途遥远，给粮草补给造成了很大的困难，一度遭到严重挫折。虽然最终汉朝征服了大宛国，并且从那里获取了汉武帝心仪的汗血宝马，但是十几万汉军因为饥渴，在路途中死亡过半。

公元前90年，汉武帝再次下令，让李广利率领七万汉军远征匈奴。战争期间，丞相刘屈氂因为巫蛊事件被杀，这件事也株连到了李广利的家眷。在战场上的李广利听闻此消息，心急如焚，他巴不得马上就能立功赎罪，好救下家人的性命。李广利立功心切，冒险深入匈奴腹地，导致整个汉军军心不稳。结果，在李广利昏庸的指挥下，七万汉军全部都被匈奴歼灭，造成了汉武帝时期最大的一次惨败。

晚年的汉武帝在接受身边忠臣的劝谏之后，回想往事，才发现自己犯了大错，他的错误让他失去了太子和皇后，想到此处，汉武帝悲痛万分。于是，汉武帝反省自己四处寻方士、求神仙都不成，又因为"巫蛊之祸"害死了自己的太子和皇后，还因频频的战争，让天下百姓生活在疾苦之中，感到十分愧疚与悲伤。于是，汉武帝向天下发布了"轮台罪己诏"，汉武帝在罪己诏中说："朕即位以来，所为狂悖，使天下愁苦，不可追悔。自今事有伤害百姓，靡费天下者，悉罢之！"在罪己诏中，汉武帝深深地反省和承认了自己的一生之中所犯下的错误。

在汉武帝"轮台罪己诏"中，大概写了这些内容：前些日子，有一些官员奏请对百姓每一个人增收30钱的赋税，这钱主要用来接济边疆的费用，这样的做法迫使那些老弱孤独者更加困苦不堪。如今又有人奏请派兵去到轮台屯田，轮台在车师以西的一千多里，上一次开陵侯攻打车师的时候，虽然取得了胜利，但是行军的路途遥远，再加上粮草极其缺乏，数千的士兵都死在了路途之中，更何况这一次要去更远的轮台呢！

过去的一切，真的都是朕一时的糊涂。匈奴人中流行说："汉虽强大，但汉人不耐饥渴，匈奴放出一只狼，汉军就要损失千只羊。"李广利战败，跟随的战士们或是战死，或是成为俘房，或是四处逃亡，经历的这一切都让朕心痛不已。现如今，朝廷中又有人奏请派人远赴轮台去修筑堡垒、哨所，这些都是劳民伤财的奏请，朕怎么忍心听取呢！另外，负责民族事务的大臣还建议让一些囚犯去护送匈奴使者回国，并给他们封侯，让囚犯假作投降匈奴，以后可以刺杀匈奴的单于，以发泄我们心中的愤怒。说到这种见不得人的事，就连春秋时期的五霸都羞于去做这事，我们现在的大汉王朝又怎么能做这样的事情呢？更何况，匈奴对于投降他们的汉人是需要全身严密搜查的，他们又怎么可能有机会刺杀到匈奴的单于呢！现在最要紧的任务，不是发泄我们心中的怒火，也不是发动战争，而是要严禁各级的官吏对百姓们苛刻暴虐，废弃那些增加赋税的法令，鼓励百姓们积极参加农业生产，恢复国家养马的法令，不使大汉军被削弱而已，绝不是为了打仗而预备。

在这封诏书中，汉武帝承认自己一时糊涂，贪图自己的功名和荣誉，发动这些战争大都是为了满足大汉帝国的虚名，也是为了满足自己个人的历史功业。而这一切，搞得老百姓无法正常生存下去，频繁的战争，致使整个国家都处于高度的紧绷状态。也言明世界上没有仙人，都是方士胡言乱语。所以，在罪己诏里汉武帝决定放弃自己之前所有的政策，不再发动战争，也不再增加老百姓的赋税，改为老老实实地推行与民休息的政策。汉武帝在认错的基础上，也开始有了行动上的改变，政策上注重农业，给予百姓休养生息。虽然，汉武帝在悔改过错不久之后就去世了，但他的继承者汉昭帝和汉宣帝，也十分忠诚地执行了汉武帝的休养生息政策，于是有了"昭宣中兴"。

"轮台罪己诏"让我们看到了一个不一样的汉武帝，曾经的他为了实现自己的积极有为，为了反驳先祖们的积极无为，与自己的老祖母窦漪房窦太后斗了那么多年，现在年纪老迈的他，居然否定了自己一生的积极有为，并向道家的无为政策低头，这对于一个曾经叱咤风云、英雄无畏的皇帝来说实在是无法想象的，但汉武帝依旧选择放下自己的感受这么做了。笔者认为，原因没有别的，就因为他愿意牺牲自己的荣誉来拯救国家，汉武帝最伟大之处也就在于此。也许，中国历代君王都会认为，皇帝是国家的荣誉，是国家最大的骄傲，每一位高高在上的皇帝都是神圣而不可侵犯的。但是，汉武帝这样一个建立了无数功业的伟人，却为了自己国家的命运和未来而低头，甚至放下了自己的荣誉。这是汉武帝人生转折中非常华丽的一个场面，汉武帝用罪己诏避免了他成为像杨广那样的暴君。历史是公平的，也正因为汉武帝这一次人生的急刹车转身行动，使得他的一生荣誉都得以保存下来。收拢了君王的野心，才称得上"汉武大帝"这个称号。汉武帝所下的一道自我反省罪过的诏书，也是中国历史上第一份内容丰富、保存完整的"罪己诏"。

八、熬死六位单于的汉武帝的死因解密

在中国历史上的众多皇帝中，要说起在位时间较长，一生中政绩最多的皇帝，我们所熟悉的汉武帝绝对能排得上前列。无论是从政治方面，还是从经济、文化、外交等各个方面去看，汉武帝都是绝对值得人们称赞的好皇帝，就连至今流行的"丝绸之路"，也都是汉武帝刘彻的杰作。

关于汉武帝一生的成就，汉武帝本人也做出了一个总结，在《资治

通鉴》中汉武帝刘彻说他这辈子做的第一件事就是：很大程度上发展和完善了西汉帝国的政治体制，实现了治国理念的合流。第二件事就是：找到了对付北部边患的有效方法，有力地反击了匈奴，大大扩张了中原百姓的生存空间，让中原百姓不受匈奴的侵扰。

在对抗匈奴这件事情上，汉武帝的做法也真是让很多人都为之敬佩，在汉武帝之前的皇帝们，解决匈奴这一隐患所采用的办法就是和匈奴和亲，利用亲事来稳固双方之间的关系，来换取既肤浅又短暂的和平。

然而，等到了汉武帝执掌国家的时候，一切都发生了改变，汉武帝开始运用了之前皇帝都没有实行的各种强硬手段，使得漠南无王庭，维护了整个西汉民族的尊严，同时也建立了西汉民族的自信。当然，我们也知道，汉武帝算是一个长寿的皇帝了，由于他"待机时间"有点长，也熬死了许多掌管匈奴的单于。所以，有人说，想知道汉武帝在对抗匈奴一事上的成绩究竟有多突出，那么，我们只要看一看，汉武帝在位期间，匈奴单于换了多少位，被他送走了几个，就可知一二了。

熬死的第一个匈奴单于

汉武帝熬死的第一个单于，名叫军臣。说起军臣单于，大家可能都有点陌生。但是对于军臣单于的祖父，大家就比较熟悉了。军臣单于的祖父就是冒顿单于，也就是将汉朝开国皇帝刘邦困于白登山的那一位。冒顿单于是一个非常猖狂的人，他甚至还给刘邦的正妻吕后写过情书，并且明目张胆向吕后求爱。他把汉朝人气得直哆嗦，却又想不出什么好办法对付他。

到了军臣单于这里的时候，他祖辈的光辉也都已经成为历史，成为过去。军臣单于和他的祖父冒顿单于相比，虽然略逊色一点，但军臣单于的手段也是相当狠辣的。汉文帝和汉景帝在位期间，军臣单于所掌管的部族是非常强大的。军臣单于经常带着他的匈奴兵肆意侵略，逼得当时的汉文帝、后来的汉景帝只能送给匈奴一个又一个的"优惠"政策，才能换得片刻和平。为了使军臣单于不带匈奴兵攻打大汉，汉朝甚至还派遣了多个公主前往匈奴和亲。

不过，到了汉武帝掌管西汉王朝的时候，军臣单于在与汉武帝的对战中，却只能甘拜下风了。汉武帝接管朝政以后，就彻底中断了与匈奴的和亲政策，并且还派遣了 30 万西汉大军前去诱捕军臣单于。

虽然，这场战争最后并没有一举将匈奴彻底消灭，但是，汉武帝的这一战也给匈奴带来了极大的威胁。在此之后，汉王朝和匈奴双方一直维持着的和平共处关系也再次中断，双方的摩擦继续开始，匈奴时常到汉朝边境进行一次又一次的肆意抢掠，而匈奴的这种做法无疑也引起了汉武帝的警觉。

公元前 127 年，与汉武帝作对的第一位单于——军臣单于去世。军臣单于在位共 34 年，值得一提的是，军臣单于的儿子相当丢他老子的面子，因为就在军臣单于去世不久，军臣单于的儿子因为没有夺得单于一位，迫于无奈不得以逃到了汉境，向汉武帝投降称臣，汉武帝还封他为涉安侯，不过，他也没过多久就去世了。

熬死的第二个匈奴单于

军臣单于去世以后，他的儿子没有掌管匈奴，反而是他的弟弟伊稚斜单于上位。当伊稚斜单于上位时，匈奴的实力早已今非昔比，各方面都大不如前，再加上汉武帝掌握的汉朝正在进入鼎盛时期，导致匈奴和汉王朝两者之间的差距越来越大。

正在此时，我们熟知的卫青、霍去病等历史上著名的将领，也都纷纷登上了历史的大舞台。汉武帝派遣这些将领对匈奴进行了一次又一次的打击，最后逼得匈奴只能向北逃去，甚至只能迁到荒芜的漠北草原。在此之后，匈奴势力也在被削弱，他们退出了河套平原及以西一带，历史上称其为"漠南无王庭"。公元前 114 年，汉武帝又熬死了与他作对的第二个单于——伊稚斜单于，伊稚斜单于在位共 13 年时间。

熬死的第三个匈奴单于

伊稚斜单于去世之后，他的儿子乌维单于继承之位。这个时候，乌维单于似乎还有着想带匈奴一起重返先祖光辉的志向。乌维单于之所以有这样的志向，跟他个人的性格也有着很大的关系。乌维单于在少年时期就喜好杀伐，所以，许多人都极其怕他。但是，当乌维单于来到汉武帝的面前时，他的那点杀气就全被泯灭了，剩下的就只有软弱无能了。

面对强大的汉朝，面对威严的汉武帝，乌维单于显得软弱极了，他所采用的政策就是安抚巴结汉武帝。乌维单于甚至主动将自己的太子派到汉朝做人质，以表示自己愿意向汉朝示弱，乌维单于俨然将汉朝作为了宗主国。不过，我们也不能完全否定乌维单于的做法，他的做法的确得到了意想不到的效果。每一次，当乌维单于向汉武帝示弱的时候，汉武帝都会下令给予他一定的赏赐，汉武帝对于乌维单于的表现十分满意，甚至还为他在长安修建了府邸。

其实这个时候的匈奴，并不是真的想和汉朝彻底和解，只是迫于自己的实力，不敢轻易冒犯汉朝罢了。纵观整个乌维单于在位期间，他似乎没能做出什么成就，也没有什么突出的政绩。但这个时候的汉朝，却变得越来越强盛了，以至于后来，整个南越都被消灭了，朝鲜半岛地区也被汉武帝攻下，在不断扩张中，汉朝的势力范围也变得越来越大。与此同时，汉武帝还下令在西边设立了一个酒泉郡，以此来阻挡匈奴和羌人的来往，防止他们联手。

此外，汉武帝还和大夏等国取得了联系。这一次，汉武帝采用了和亲的政策，汉朝与大夏等国的和亲，也将匈奴与西方国家之间的关系彻底被离间。从总体的局面来看，乌维单于巴结汉武帝的种种行为当真是明智之举，因为匈奴凭着当时的实力，压根就打不过汉朝，所以，乌维单于除了示弱以外别无他法。公元前105年，汉武帝又熬死了第三个单于——乌维单于，他在位时间共10年。

熬死的第四个匈奴单于

在乌维单于去世之后，接续匈奴单于之位的是乌维单于的儿子"儿单于"。儿单于上位的时候，年纪尚小。也许是初生牛犊不怕虎，这位儿单于的性格似乎有点年轻气盛。当时，汉武帝本来是想趁着儿单于年纪尚小，直接分化匈奴右贤王和儿单于之间的力量，然后直接把匈奴除掉以绝后患。

然而，这事儿却被儿单于知道了，儿单于非常生气，以至于他将汉朝的使者全部扣留了。儿单于这样的做法，一下子就激化了汉朝和匈奴之间的矛盾，汉朝和匈奴之间发生了扣留使臣大战，双方相互扣留的使臣达到十几批。

不知儿单于当时是不是看准了一个机会，才敢和汉武帝这么硬碰硬。原来，那个时间段，正赶上汉武帝的得力大将卫青和霍去病等知名将领都已退出历史舞台，再加上汉朝兵马不足，所以，汉武帝也不能轻易对匈奴发起攻击。后来，匈奴中出现了叛徒，他们的左大都尉投诚，汉武帝派遣赵破奴前去应援，结果惨败。

汉武帝的这次惨败，让儿单于得意扬扬，同时也让匈奴人看到了希望，似乎儿单于颇有一番恢复先祖荣耀的架势，但事情远远没有想象的那么顺利。十分不幸的是，后来儿单于又亲自率兵前去攻击汉朝，结果还没到达目的地，就死在了攻击汉朝的路上。也就是在公元前102年，汉武帝又熬死了与他作对的第四个匈奴单于——儿单于，儿单于在位只有3年的时间。

熬死的第五个匈奴单于

儿单于去世以后，令人十分意外的是，他儿子并没有继承他的单于之位，反而是当初想要离间汉武帝的右贤王上位，也就是呴犁湖单于。只可惜，同样不幸的是，呴犁湖单于是在公元前102年登上的王位，结果在公元前101年就去世了，这位单于在位仅仅一年的时间。就这样，汉武帝不费吹灰之力又熬死了第五个单于——呴犁湖单于。

熬死的第六个匈奴单于

在呴犁湖单于去世之后，继承单于之位的是他弟弟且鞮侯单于。且鞮侯单于在刚刚上位的时候，为人行事都非常谨慎，他为了缓和与汉朝的关系，甚至还将此前儿单于囚禁的那些汉朝使臣，全部归还给了汉朝。

但是，在单于的宝座上坐了一段时间后，且鞮侯单于的胆子也开始变得越来越大。他先是扣留了苏武，收降李陵，后来又在李广利带人来攻击匈奴之时，更是迫使汉军再次打了败仗。在此之后，且鞮侯单于又收降了李绪。

值得大家注意的是，且鞮侯单于这些事并非是流传，他所做的种种事情，大多数都已经被载入了史册，比如大家都了解的苏武被扣留在匈奴长达19年才回到汉朝的事情。又比如，李绪被捕之后甚至还帮助匈奴人练兵，结果这事情被传到了长安城汉武帝的耳中。由于信息传送不精确，导致汉武帝以为是李陵在帮助匈奴练兵，为此还杀了李陵一家。而这事情被李陵知道了之后，反而彻底投降了匈奴，也算是闹了一个乌龙事件。

不过，身体才是革命的本钱。虽然且鞮侯单于在位期间真的做了许多的大事，但是由于他在位时间实在是太短了，只有五六年的时间而已，所以，他也没有斗过汉武帝。汉武帝在公元前96年又一次成功地熬死了第六个单于——且鞮侯单于。

晚死于汉武帝的第一位匈奴单于

在且鞮侯单于去世了以后，他的弟弟狐鹿姑接任了哥哥的单于位置。这位新上任的狐鹿姑单于手段极其强硬，比他的哥哥更加强硬。狐鹿姑单于派兵主动入侵汉朝，还杀了汉朝的两个都尉。知道此消息后，汉武帝哪里肯咽下这口恶气，他怒火中烧，决定要向匈奴报仇，于是汉武帝又派了李广利带兵前去攻击匈奴。

汉武帝陵密码

然而李广利的能力比起之前的卫青、霍去病那真的是差得不是一点半点，最终他非但没有打败匈奴狐鹿姑单于，反而还向狐鹿姑单于投降，并娶了匈奴的公主，这着实让汉武帝丢尽了颜面，也实在是有损汉朝一直以来的威严。最终，狐鹿姑单于在公元前85年去世，比汉武帝晚死，狐鹿姑单于在位共11年的时间。

时间很快到了公元前87年，熬走了六位单于的汉武帝，身体也不行了，很快便离开了人世。可以说，正是汉武帝在位期间对抗外敌的手段强硬，才奠定了中华疆域的版图，使大汉成为东亚霸主。不过，关于汉武帝对抗外敌的强硬手段，有得就有失。也有人说，虽然汉武帝击溃匈奴，在军事领域取得了不一般的成就，但是他穷兵黩武，使得战争持续了30年之久，耗尽之前西汉先祖们辛苦积累下来的国力，算是伤敌一千，自毁八百。所以，也有人认为汉武帝对待匈奴强硬的举措不过是下策罢了。

但我们不可否认的是，仅从汉武帝熬死了六代匈奴单于一事上可以看出，汉武帝是真的强。他的功与过，相信每一个人都有自己的看法和评价。但是我们也无法否认，汉武帝刘彻的确是中国历史上非常出名的英明雄主，他一生的作为对于整个汉族文化的发展都起到了相当巨大的推动作用。那么如此伟大的一个帝王，他的生命又是如何结束的呢？

汉武帝到了晚年的时候，目睹了因为自己实行穷兵黩武的政策，而给大汉百姓带来的生活上艰难的处境。晚年的汉武帝真切地感受到了自己这些年来为着荣耀一心征战，却不知道，自己的这种行为，对于天下苍生确实造成了很大的苦难，在自己的任期内，属于自己的子民叫苦连连，这让汉武帝的内心颇为难过。再加上汉武帝求仙问道也没有得到什么好结果，他自己被好多个方士神棍给骗来骗去，最后，甚至还酿成了惨绝人寰的"巫蛊之祸"，并最终造成了他自己精心培养的继承人刘据也身亡了。这一切，对于汉武帝来说，可称之为接踵而至的打击。这让一向意志坚定的汉武帝不由得对于自己的政策产生了怀疑，对自己从前的行为，更是心中生出了悔恨之意。

汉武帝在痛定思痛之后，做出了让天下人都为之震惊的决定，下诏悔过。于是，就有了汉武帝颁布的有名的"轮台罪己诏"。

自从汉武帝改变治国策略之后，西汉也开始慢慢地恢复到安定之中。西汉王朝再一次的休养生息，为之后的昭宣二帝的中兴打下了坚实的基础。

为了江山后继有人，汉武帝又开始一心培养自己新的继承人刘弗陵。也许是为了避免儿子像自己一样，被窦太后压制，也许是为了避免以后钩弋夫人会重演吕后时期的悲剧，汉武帝找了一个借口结束了钩弋夫人的生命。而在自己生命的最后时期，汉武帝又找来了几个可托付又有能力的大臣即霍光等人，对他们说了很多知心的话，也说了他自己的一生，最后，汉武帝希望这些人在他死以后，能够全力辅助少主刘弗陵治理天下。在公元前88年，汉武帝又叫画工画了一张《周公背成王朝诸侯图》，并让人把这幅图送给了霍光，汉武帝想要借此图表达的意思是让霍光辅佐他的小儿子刘弗陵做皇帝。

在汉武帝托付完身后事几天后的一个夜晚，宫中响起了丧钟声，宣告着这个雄才伟略的帝王从此告别了尘世。时间为公元前87年二月丁卯日。

回顾汉武帝的一生，他4岁时被册立为胶东王，7岁时被册立为太子，16岁登基，在位54年（公元前141—公元前87年）。汉武帝一生英勇无畏，建立了西汉王朝最辉煌的功业。公元前87年刘彻崩于五柞宫，享年70岁，葬于茂陵，谥号"孝武"，庙号世宗。

在三月甲申，汉武帝被葬于他先前为自己修建多年的安息之所——茂陵。汉武帝最信任的大臣霍光也正式接受了汉武帝的遗诏，成为西汉新一代君王汉昭帝刘弗陵的辅命大臣，与霍光共同辅佐汉昭帝刘弗陵的还有车骑将军金日磾、左将军上官桀、御史大夫桑弘羊等人，他们共同辅佐朝政。

汉武帝皇位的继承者昭帝（实为霍光掌政）和宣帝坚持执行汉武帝晚年所制定的与民休息的政策，因而在西汉中期出现了被后世称颂的昭宣中兴局面。

通过历史留给我们的资料，我们可以推断出，汉武帝是积忧成病，最后是病死的。

第四章

"千古一帝"无"皇后"陪葬

汉武帝陵密码

一、金屋藏娇

纱窗日落渐黄昏，

金屋无人见泪痕。

寂寞空庭春欲晚，

梨花满地不开门。

这是唐代诗人刘方平的一首宫怨诗，诗中的一句"寂寞空庭春欲晚"，透出一抹悲凉，也阐述了一段凄美动人的爱情故事。诗中的第二句"金屋无人见泪痕"，句中的"金屋"，就是汉武帝幼年时许愿以金屋藏娇的典故。"金屋藏娇"这个成语其实出自汉武帝，志怪小说《汉武故事》中记载："若得阿娇作妇，当作金屋贮之。"这里描述的就是汉武帝幼时说如果能娶到表姐陈阿娇做妻子，会造一个金屋子给她住。在以前，人们常把"金屋藏娇"当作是一段浪漫爱情的象征、一段美满婚姻的起始。

汉武帝刘彻开创了大汉盛世，然而他也是一个多情的种子，年轻的时候许下过浪漫的誓言，其中最美的典故就是金屋藏娇。那么我们就来说一下汉武帝的第一任皇后吧。提起汉武帝的皇后，很多人可能第一个想到的是卫皇后卫子夫，但卫子夫其实是汉武帝的第二任皇后，汉武帝的第一任皇后名叫陈阿娇，而"金屋藏娇"中藏的也是她。

汉武帝刘彻是汉景帝当时最宠爱的妃子王夫人王娡所生，汉景帝一生有14个儿子，刘彻排行第十。汉景帝曾经还有一位宠妃，是栗姬，她为景帝生育了皇长子——刘荣，且她生子较多。景帝的薄皇后没有生育，由于没有嫡子，所以，在公元前153年，景帝遵照"立长"的传统，立已经年满18岁的庶长子刘荣为皇太子。汉景帝因为宠爱王夫人，所以，还史无前例地在立国家储君的当天，立另一位皇子——王夫人所生之子刘彻为胶东王，那一年刘彻才4岁。

再看看我们"金屋藏娇"故事的另外一个主人公陈阿娇，她的父亲是堂邑侯陈午，堂邑侯府是汉朝开国功勋贵族之家，陈阿娇的母亲是汉景帝刘启唯一的同母姐姐馆陶长公主刘嫖，虽然是一界女流，可馆陶公主在当时的朝廷中却是一个举足轻重的人物。而陈阿娇又从小就深得其外祖母——汉景帝的母亲窦太后的宠爱。

知道刘荣被立为太子，馆陶公主刘嫖就一心想着把自己的宝贝女儿陈阿娇嫁给太子刘荣，以期日后成为皇后。当时，刘荣的母亲栗姬因为善妒，已经不再得汉景帝的宠幸了。刘彻的母亲王夫人深知人心，因此她派人去告诉栗姬说："你现在不得宠了，而公主之前送给陛下的美人都深得圣宠，你为何不私自去拜见长公主而结成这段姻缘，或许还能争得一份圣宠呢。"原来，当时有许多位美人都因为长公主的推荐而得见皇帝，并且受到宠幸。善妒的栗姬对此事十分不满，所以，怒而不听从，甚至还断然回绝了长公主，没有答应这桩婚事。长公主馆陶哪里受过这气，恼怒异常，遂起了废太子的恶毒想法。这一消息很快传到刘彻母亲王娡的耳中，她原本是宫内一位相当普通的美人，然而王娡一直觉得自己的儿子刘彻天赋异禀，若果真当上太子，继承大位，定为一位英明君王。而这个王夫人也是个聪明的女子，且有心计，要不她不会发现馆陶长公主的心结。王夫人听说太子母亲断然拒绝馆陶长公主的心意，便立即又生出了许多的想法，并笃定这是一个最佳机会。王娡为了自己儿子的未来，开始对长公主馆陶曲意迎合，百般讨好，为的是让自己的儿子刘彻有朝一日坐上太子之位。长公主馆陶觉得王夫人比栗姬懂事多了，她又想把女儿嫁给刘彻结成姻缘，而景帝并未允许。

汉武帝陵密码

后来终于有机会成全了陈阿娇与刘彻的初见，便有了后世流传的"金屋藏娇"。而王夫人暗中付出成本趁机派人去奉承长公主。后来，长公主回到未央宫，她把胶东王抱在膝上问："彻儿，你长大以后，想要讨得媳妇吗？"年仅4岁的胶东王刘彻天真地回答道："要啊！"于是，长公主指着左右列位宫女、侍女，问刘彻想要哪一个，刘彻却摇摇头说："她们都不好。"长公主微微一笑，最后指着自己的女儿问："那阿娇好不好呢？"当时的阿娇已经14岁，据说容貌非常秀美，不知道4岁的小家伙是不是具备了审美的能力。不过，笑了，连忙回答说："好啊！好啊！如果能得阿娇做妻子，我就造一个金屋子给她住。"长公主看着刘彻，越看越喜欢，大为高兴。于是苦求景帝，最终，才让刘彻和陈阿娇两个人成了婚。"金屋藏娇"这个典故记载在《汉武故事》中。汉班固《汉武故事》载："帝以乙酉年七月七日生于猗兰殿。年四岁，立为胶东王。数岁，长公主嫖抱置膝上，问曰：'儿欲得妇不？'胶东王曰：'欲得妇。'长公主指左右长御百余人，皆云不用。末指其女问曰：'阿娇好不？'于是乃笑对曰：'好！若得阿娇作妇，当做金屋贮之也。'"

其实，王夫人王娡和长公主馆陶两个人定下了两桩婚事，另一桩婚事是后来的馆陶之子隆虑侯陈蟜和王娡小女儿隆虑公主的联姻。大家一看就明白，这两桩婚事的背后，都有着两位母亲鲜明的政治考虑。而两桩婚事的当事人的意愿，自然不会在两位母亲大人的考虑范围内。

栗姬先前因为孩子的婚事，当面拒绝了长公主，长公主为这件事非常生气，再加上自己的女儿和胶东王刘彻已经有了婚约，她自然知道谁远谁近，要帮谁踩谁，所以，这位长公主就常常在景帝面前讲栗姬的坏话说："栗姬和各位贵夫人及宠姬聚会，常常让侍从在她们背后吐口水诅咒，施以媚道之术。"景帝一直很信任自己的这位姐姐，因此非常恼恨本已不受宠的栗姬。但是，因为这些事本就是捕风捉影，并没有什么真凭实据，所以，景帝也一直未将栗姬治罪。

这一日,景帝曾身体不适,心中也不乐,于是,他把栗姬叫到床前,说:"朕离开后,朕这些被封王的儿子们,就都托付给你了!你一定要好好照顾他们!"栗姬却生气地说:"我照顾你的儿子,谁照顾我的儿子!"栗姬对于景帝的恳求,不但不肯答应,甚至还出言不逊。景帝听了以后非常气愤并怀恨在心,不过,景帝当时并没有发作。

另一边,长公主整日在景帝面前称赞王夫人的儿子刘彻有多么的好,景帝自己也认为刘彻这个孩子要比太子刘荣有才能。再加上先前栗姬不当的言行,景帝心中开始思来想去,但改换太子并非小事,更何况刘荣没有什么大错,景帝一时竟拿不定主意了。

王夫人见景帝那里迟迟没有动静,于是觉得得再添上一把火。王夫人开始在暗地里派人催促大臣们提议册封栗姬为皇后。随后,大行令上书奏事,有一句话写道:"子以母贵,母以子贵,现在太子(刘荣)母亲的称号应当是皇后。"景帝看到后,认定这件事一定是栗姬在背后指使的,大怒说:"这件事是你应当说的吗!"于是,立刻就下诏杀掉大行令,又废了太子刘荣,改封刘荣为临江王。经长公主和王夫人一番经营,太子刘荣被景帝废除,贬栗姬入冷宫。同时,刘彻被立为太子。栗姬为此更加恼怒,却又不能被皇帝召见,因此最终落得忧惧而死。后来,景帝册立王夫人为皇后,刘彻做了太子。又封王皇后的哥哥王信为盖侯。那时刘彻只是个7岁的孩子,这些政治斗争并没有影响到他,他只记得那个叫陈阿娇的女孩。

公元前141年,汉景帝去世后,16岁的刘彻继位,立太子妃陈氏为皇后,这时候的阿娇已经26岁了。陈阿娇和汉武帝的感情也是真的,他们俩在一起长大,陈阿娇是汉武帝的表姐,所以,感情自然非常好了,这也让两人琴瑟和谐了几年。汉武帝与陈阿娇也是名副其实的青梅竹马,那会儿在幼年之时,其祖母窦太后问他长大要娶一个什么样的媳妇,汉武帝曾言要娶表姐阿娇为妻。汉武帝坐上皇位之后,守住了当时的承诺,开始履行自己的诺言。汉武帝真的为自己的阿娇建造了一座金碧辉煌的宫殿，并把陈阿娇立为皇后，陈阿娇也是汉武帝的第一任皇后。

陈阿娇自小在宫里长大，又是长公主的掌上明珠，当时的窦太后是她的亲人，还对她宠爱有加，可以说世上所有的好东西都给了她，说她是从小就含着金汤匙出生的大小姐，一点也不为过。我们都知道古代的公主们因为出身高贵，经常眼高于顶，就想所有人都让着她宠着她。对于从小在宫里长大的陈阿娇，她对后宫和前朝的事情可都是了如指掌，她的势力又很大，也经常仗着自己的身份去干涉汉武帝的政事。后来太皇太后窦氏去世，汉武帝也开始对这个皇后有了厌烦，再加上陈阿娇的娇气病，这更让汉武帝受不了了。况且这位皇后在嫁给汉武帝好几年之后都没有生孩子，这就让汉武帝越来越对她不满，慢慢他们之前的情谊也不复存在，夫妻裂痕渐生，汉武帝是越来越讨厌这个女人了。

偏偏这个时候，汉武帝去祭祖，在归回的路途中，汉武帝顺便去看望了一下自己的姐姐。汉武帝在自己姐姐的府中遇到了卫子夫，对卫子夫一见钟情，然后就把她带回宫里，对她很是宠爱。慢慢地，卫子夫似乎有了要超过陈阿娇的势头，她的地位也越来越高。汉武帝对卫子夫的宠爱，让陈阿娇妒火中烧，几次对卫子夫下毒手，却一直没有办法将其弄死，反而还让卫子夫有了察觉。随后，卫子夫将此事奏告给了汉武帝，汉武帝听了以后龙颜大怒，但念及馆陶长公主曾经对自己的帮助，也就压下怒火，没有处置陈阿娇，只是再也不去她那里了。

陈阿娇这边没有汉武帝的宠爱，一直没有生孩子，但是卫子夫却不一样，汉武帝对她宠爱有加，没过多久，她就怀了龙胎。如果此时，陈阿娇能心胸旷达、稍微忍让，这一切也就过去了。可陈阿娇却依然不改，甚至还多次企图害死卫子夫。谁料卫子夫安然无恙，还给汉武帝生了儿子。自然，卫子夫在宫里的地位也跟着儿子的出生，水涨船高了。卫子夫一步登天，从平阳公主府一名家奴就要成为取代陈阿娇的国母，这一切，让备受冷落的陈皇后实在是看不下去了。陈皇后自恃皇帝当初能够立为太子，全靠母亲有力，于是骄横无礼，听说卫子夫"大幸"时，愤恨不已，数次寻死觅活。出于嫉妒、怨恨、焦虑、无奈，阿娇就私下召来了巫师楚服，以巫蛊诅咒卫子夫等得宠的嫔妃，事情败露后，汉武帝派酷吏张汤严查这件事情，前后牵连了三百多人。最后，楚服被枭首示众，而陈阿娇也被废长门宫。从此阿娇被打入冷宫。皇帝派有司赏赐皇后一道文书，说："皇后不守礼法，祈祷鬼神，降祸于他人，无法承受天命。应当交回皇后的玺绶，离开皇后之位，退居长门宫。"此时的陈阿娇只好放下身段，奉黄金百斤，请司马相如为其写下《长门赋》代为陈情。这就是所谓"千金买赋"的故事。赋的首段说："夫何一佳人兮，步逍遥以自虞，魂逾佚而不反兮，形枯槁而独居。言我朝往而暮来兮，饮食乐而忘人。心慊移而不省故兮，交得意而相亲。"大意是说：为什么一位佳人，逍遥忧虑，魂魄失散，形容枯槁而独居呢？你曾许下朝去夕来，竟有了饮食之乐而把我抛在脑后，一点也不顾念故人，而找上了称心如意的新人。赋末写"妾人窃自悲兮，究年岁而不敢忘"，表示自己虽遭冷遇，暗自悲叹，即使长年累月如此，仍然不敢忘君。有丈夫的陈阿娇却不知道她的丈夫在哪里，只有一个人在长门宫里走来走去，以此来排解自己心中的惆怅和寂寞。原来，自从陈阿娇闲居长门宫后，汉武帝再也没有召见过她。甚至有一次，偶尔想起了她，约她在城南宫相会，本来是君无戏言，可陈阿娇在城南宫左等右盼就是不见汉武帝的人影。当汉武帝阅读了代为陈情的《长门赋》后，深深为其感动，阿娇也因此再得宠幸，只是这个时间非常短暂，还不到一年。

巫蛊案后，长公主非常惭愧，向汉武帝道歉。汉武帝说："皇后做事情实在是太出格了，不得不废。希望姑姑不要因此有误解，皇后虽然被废，但是，请您放心，她的生活水平和原来一样，不会降格。"因此，陈阿娇虽然被废了，但是她的生活待遇依然不错，只是汉武帝再也没有来看望过她，反而跟卫子夫的关系越来越好，这位陈阿娇想着和汉武帝的此前种种，不免心生凄凉。至此，金屋崩塌，恩情皆负。最后在她的宫里度过了最后一段时光，被废没几年，她就去世了，跟着她一起死的，还有同汉武帝年少的欢喜。

"金屋藏娇"，这是一段令众多文人墨客感怀追忆的过往。历史上评价陈阿娇，说她是因为好妒成性，最终才被贬入长门宫。我们不能否认她的骄横的确惹人厌烦。可我们也不能无视，她只是一个女人，她只是不愿跟别人分享自己的丈夫。但这一切都要怪罪在她是帝王之妻，她忽略了一个帝王可以随时搁置一段深宫中的情感，没有了你还有她，没有了她还会有别人，只是你只有他。当爱情已成往事，随风逝去，回忆都成为最奢侈的念想。陈阿娇爱了一生痛了一生，金屋里也藏尽了她一生的风华正茂，藏尽了她一生的快乐与痛苦。当孤独被反复提及，知晓彼此的爱下落不明。曾以为真心爱着就能抵达幸福的彼岸，可爱过了、痛过了、伤过了，才知道不爱即是爱的反面，有时更伤人。金屋里曾经的郎情妾意娇怯红颜，最后却落得在长门宫里灯惨月暗无复盼下忧郁而终。她与他相爱一场，汉武帝却并没有为了她留下只言片语。

后世人们记得陈阿娇的金屋藏娇，记得司马相如的《长门赋》，可谁又记得那字里行间全都是她的悲剧。金屋藏娇，最终不过是春梦一场。

二、巫蛊之祸

所谓的"巫蛊"，其实是一种巫术，就是利用实行巫术的方法来对自己的敌人施以魔法，最终希望达到杀死或者伤害敌人的目的。当时的人们认为让巫师祭祀或以桐木偶人埋于地下，诅咒所怨者，被诅咒者就立刻会有灾难。

作为现代人的我们都知道这种迷信的巫蛊当然是没有用处的，如果真那么灵验，汉武帝当时就不用费那么大的力气去攻打匈奴了，直接找一群巫师过来对敌人施以法术就可以了。可见，巫蛊只是自欺欺人，但在汉朝的年代里，施咒者都深信其功效。然而，对于汉武帝晚年的"巫蛊之祸"而言，则是一桩不折不扣的冤案。汉武帝的太子刘据被人诬陷对皇帝施以巫术，最终太子自杀，皇后卫子夫为证清白，也自杀身亡，因这场祸事牵连而死的人多达数万。

公元前91年，丞相公孙贺之子公孙敬声被人告发用巫蛊诅咒武帝，公孙贺父子下狱而死，诸邑公主与阳石公主、卫青之子长平侯卫伉皆坐诛。武帝宠臣江充与太子刘据有隙，遂趁机陷害太子，皇后卫子夫和太子刘据相继自杀。此事件牵连者达数十万人，史称"巫蛊之祸"。"巫蛊之祸"也称作"巫蛊之狱"，是在汉武帝66岁时，发生的一场政治动乱，巫蛊事件是汉代政治史之中，影响非常深远的重大事件。

丞相灭族之祸

汉武帝一生沉迷女色，后宫美女不可胜数，人太多了，天子也照顾不过来了，后宫中有众多佳人先后失宠。皇帝只有一个，为了重新获得帝王的恩宠，后宫诸位也是无所不用其极，甚至有一些宫嫔偷偷地邀请女巫入宫，这些美女试图让女巫助她们一臂之力达到争宠的目的。为了能够让自己争宠之路畅通，她们决定一不做二不休，同时对自己所嫉妒的宫嫔施以巫蛊之术，想用此法除掉自己争宠路上的绊脚石。一时之间，汉武帝的后宫一片迷乱的景象，还时有发生因后宫的巫蛊之事而牵连朝中大臣的事件。而此时的后宫之主——皇后卫子夫已经是年老色衰，身边美女如云的汉武帝也早就对这位皇后失去了起初的宠信，同时卫氏外戚家族却在朝廷当中的权势日盛。

公元前92年，汉武帝住在建章宫。一日，站在殿外的汉武帝突然看见一个男子带剑进入中龙华门，汉武帝心中一惊，怀疑这个男子是不寻常的人，立刻下令，让人对其当场逮捕。该男子见侍卫们追了过来，立刻弃剑逃跑，侍卫们虽努力追赶，但无奈男子跑得实在太快，未能将其擒获。汉武帝听后大怒，立刻将掌管宫门出入的门候处死。此年，冬天十一月时，汉武帝征调三辅地区的骑兵对上林苑进行大搜查，并下令关闭长安城门进行搜索，11天后解除戒严。接下来，巫蛊事件开始出现。

汉武帝手下的丞相公孙贺的夫人卫君孺，是卫皇后的姐姐，公孙贺因为办事勤勉尽责，所以，深得汉武帝的宠信。后来，公孙贺的儿子公孙敬声长大成人，就接替了他父亲担任的太仆一职，但公孙敬声为人骄横奢侈，而且不遵守法纪。为了满足他奢华的生活，居然擅自动用北军军费一千九百万钱，直至事情败露后被捕下狱。过不多日，汉武帝诏令全国各地开始紧急通缉阳陵大侠客朱安世。为了能够让家族将功补过，身为父亲的公孙贺请求汉武帝让他负责去追捕朱安世，以此来为自己的儿子公孙敬声赎罪。汉武帝正在为连续多日都没有追捕到朱安世而烦心，就立刻批准了公孙贺的请求。功夫不负有心人，在公孙贺的全力追捕下，果然没出几日，就将朱安世逮捕。而朱安世却笑着说："丞相将要祸及全族了！"公孙贺只当这是一句无厘头的话，并没有放在心上。可是，就在朱安世下狱没多久，就从狱中上书朝廷，揭发说："公孙敬声与阳石公主私通；并且他得知陛下将要前往甘泉宫时，就让巫师在陛下专用的驰道上埋藏木偶人，诅咒陛下，口出恶言。"

此事让汉武帝大怒，公元前91年春正月，汉武帝下令将公孙贺逮捕下狱，经过调查公孙敬声罪名属实，父子二人都死于狱中，并且牵连族人受以灭族之祸，同时受牵连的还有阳石公主和皇后卫子夫所生的另一个女儿诸邑公主以及卫青的长子卫伉，这些人全部被杀。因此，卫氏在汉廷内部的政治盟友也全部损失殆尽。

随后，汉武帝下令任命涿郡太守刘屈氂为丞相，封其为澎侯。

江充构陷

鲁迅先生说过一句话："中国本信巫，秦汉以来，神仙之说盛行，汉末又大倡巫风，而鬼道愈炽。"在《封禅书》中描写汉武帝部分的开头，作者司马迁就点明了汉武帝对方士之学的态度，"今天子初即位，尤敬鬼神之祀"。

事实上，汉武帝晚年对于神仙之说更是极为痴迷，已经到了一个疯狂的程度。他自己就曾经说过："诚得如皇帝，吾视去妻子如脱屣耳。"大概意思就是如果能够成为神仙，老婆孩子都可以不要了。所以，汉武帝晚年时期，各地方士和各类神巫大多聚集在京师长安，大都是以左道旁门的奇幻邪术迷惑众人，本就不是什么善类，所以，行为上都是无所不为。而这样的人却都源源不断地往汉武帝身边贴，汉武帝是当时国家的最高统治者，武帝对于这些迷信的态度直接影响到这一社会流派的生存发展，当时社会对鬼神之说尤为追捧。天子身边就这么多方士和神巫，这些人在社会中流窜的情况就更可想而知了。一些宫中的妃嫔为了得到宠爱，更是将女巫偷偷请到自己的宫中，让她们教自己在宫中躲避灾难的办法，同时也让这些女巫教导诅咒别人的方法，所以，很多宫中的妃嫔都在每间屋里都埋上木头人，进行祭祀。当时，汉武帝整日担心自己会受到诅咒，而嫔妃们更是看中了这一点，她们时常就因相互妒忌争吵，而轮番告发对方诅咒皇帝、大逆不道。汉武帝听时大怒，时常不分青红皂白就将被告发的人处死，因此，后宫妃嫔、宫女以及受牵连的大臣共杀了数百人。

有一日，汉武帝白天在小睡榻上小憩，睡梦中，他梦见有好几千个小木头人手持棍棒想要袭击他，梦中的汉武帝霍然惊醒，吓得一身冷汗。从此，汉武帝就总是感到身体不舒服，精神恍惚，记忆力也大大减退了。而汉武帝信任的大臣江充，因与太子刘据、卫皇后有嫌隙，现在又看见汉武帝年纪已经老迈，担心汉武帝去世以后，刘据会将自己诛杀，于是他便决定利用阴谋除掉太子。江充时常在汉武帝面前说，皇上的病是因为有人在行巫术作祟造成的。对于巫术深信不疑的汉武帝下令派江充为使者，让他负责查出巫蛊案的幕后指使者。江充迫不及待地率领胡人巫师到各处掘地寻找木头人，没过几日，江充就声称自己已经逮捕了那些用巫术害人，夜间祷祝及自称能见到鬼魂的人，江充又偷偷让人事先在一些地方洒上血污，然后开始对被捕的人进行审讯，并且说那些染上血污的地方就是这些被捕人实行邪术害人的地方，被捕之人拒不承认，江充就命人对他们施以铁钳烧灼之刑，利用酷刑强迫他们认罪。于是，百姓们为保性命或是因恶意报复，大家相互诬指对方用巫蛊害人；无论真实情况如何，谁也无法诉说自己的冤屈。而朝廷官吏们则每每参劾别人为大逆不道。从京师长安、三辅地区到各郡、国，因此而死的先后有数万人。

太子起兵

虽然已经杀掉了数万人，但是年事已高的汉武帝身体还是不见起色。江充就指使胡人巫师檀何言称："宫中有蛊气，不将这蛊气除去，皇上的病就一直不会好。"汉武帝又派使者江充进入宫中，四处寻找蛊，直至宫禁深处，甚至就连皇帝的龙椅都毁坏了。江充带人在宫中挖地找蛊，汉武帝又派按道侯韩说、御史章赣、黄门苏文等人协助江充。

江充在后宫中，先是从汉武帝已很少理会的妃嫔的房间着手，然后按照顺序依次搜寻，一直搜到皇后宫和太子宫中。为了诬陷太子，江充早已命人做好准备。皇后和太子宫中各处的地面都被纵横翻起，以致太子和皇后连放床的地方都没有。搜查过后，江充扬言称："在太子宫中找出的木头人最多，还有写在丝帛上的文字，内容大逆不道，应当奏闻陛下。"

太子刘据知道此事以后，非常害怕，一时间竟不知如何是好。他赶紧召来少傅石德询问应当怎么办。石德生怕因为自己是太子的老师而受此事牵连被杀，于是，他心一横，便对刘据说："我们都知道当今皇上深信巫蛊之说，先前就连皇上最宠信的公孙贺父子、两位公主以及卫伉等也都因被指犯有用巫蛊害人之罪，皇上就将他们全部处死，还连累了族人。"

"是啊，如今的我，就如当日的他们。"想起那些人的结局，刘据更加害怕了。

"现在巫师与皇上的使者江充又在太子您的宫中挖出证据，至于这木头人，到底是巫师放置的呢，还是宫中的确就真有埋下这木头人，您自己是无法解释清楚的。"石德继续说道。

"是啊，就因此，我百口莫辩！"太子刘据一脸的苦情。

"您只有假传圣旨，将江充等人逮捕下狱，对这一等人朝廷彻底追究其奸谋。这样，您的冤情才能得一清白。更何况，陛下现在有病住在甘泉宫，而皇后和您派去请安的人都没能见到陛下，换一句话来说，陛下现在是否安在，一切都未可知，而此时奸臣竟敢如此陷害您，难道您不知道秦朝太子扶苏之事了吗！"石德说出了自己心中的谋划，希望太子可以借此渡过一关，自己也能保住性命，保住荣华。

刘据听此，心中一惊，忙说："我这做儿子的怎能擅自诛杀大臣！不如我们现在前往甘泉宫请罪，或许父皇念及父子之情，我们能侥幸无事。"于是，刘据打算亲自前往甘泉宫，见汉武帝。可谁知，还没等太子出门，江充就派人来，要抓捕刘据，此事逼迫甚急，刘据一时又想不出别的办法，只好按照石德的计策行事。

秋七月壬午（初九），太子刘据派门客冒充皇帝的使者，命人逮捕了江充等人。按道侯韩说怀疑使者是假的，所以迟迟不肯接受诏书，被刘据门客一刀杀死。而刘据则亲自监杀了江充，刘据大骂道："你这赵国的奴才，先前扰害你们国王父子，还嫌不够，如今又来扰害我们父子！"杀死江充后，刘据又将江充手下的胡人巫师烧死在上林苑中。

汉武帝陵密码

长安大乱

随后，太子刘据派侍从挑选了一个门客，命他携带符节乘夜进入未央宫长秋门，找到长御女官倚华，让她将一切报告给卫皇后。然后，太子刘据调发皇家马车运载射手，命人打开武器库，从中挑选精良的武器，又调来了长乐宫的卫卒。这一系列的动作，让长安城中一片混乱，大家纷纷传言，说："太子造反了！"苏文得以逃出长安，来到甘泉宫，向汉武帝报告了此事。

之前一直糊涂的汉武帝，此时却十分清醒，他冷静地说道："太子肯定是被巫术之事吓坏了，他又愤恨江充那一些人，所以，才会发生这样的变故。"随即，汉武帝就派使臣去召刘据前来面圣。但使臣却因胆小不敢进入长安，就跑回去报告假信息说："陛下，太子已经造反，要杀我，还好，我逃了回来。"汉武帝一听，十分生气。丞相刘屈氂听到事变消息后，连忙出逃，就连他自己的丞相官印、绶带都丢掉了，并派长史乘驿站快马奏报汉武帝。汉武帝问道："丞相是怎么做的？"长史回答说："丞相已经封锁消息，没敢发兵。"汉武帝更加生气了，他怒吼道："事情已经传得沸沸扬扬，满城风雨了，还有什么秘密可言！丞相没有周公的遗风，难道周公能不杀管叔和蔡叔吗！"说罢，就立刻给丞相颁赐印有皇帝玺印的诏书，在诏书中命令丞相："捕杀叛逆者，朕自会赏罚分明。应用牛车作为掩护，不要和叛逆者短兵相接。紧守城门，决不能让叛军冲出长安城！"诏书传下去后，汉武帝就从甘泉宫返回长安城，来到西建章宫，颁布诏书征调三辅附近各县的军队，部署中二千石以下官员，全部归丞相兼职统辖。

此时，太子刘据当众向文武百官发表演讲："陛下可能因病被困居在甘泉宫内，我怀疑事情可能已经发生了变故，奸臣们想乘机叛乱。"发表完演讲后，太子刘据又派使者假传皇帝圣旨，将所有关在长安城里官狱中的囚徒全部赦免放出，这些被放出的囚徒全部由少傅石德及门客张光等分别统辖；同时，又派长安囚徒如侯持符节征发长水和宣曲两地的胡人骑兵，一律全副武装前来会合。

正巧，侍郎马通受汉武帝的派遣来到长安，得知了太子刘据的计划后，立即追赶前去，并下令将如侯逮捕，还传话给胡人兵："如侯是太子刘据派来的，他带来的符节也是假的，千万不能听从他的调遣！"被逮捕的如侯被马通处死，随后，马通带领胡人骑兵开进长安；途中，又征调船兵楫棹士，交给大鸿胪商丘成指挥。

血流成河

太子刘据带着调动兵马的纯赤色符节来到北军军营南门之外，站在车上，命人将护北军使者任安召出，并颁与符节，命令其听命发兵。让太子刘据想不到的是，任安拜受符节后，随即就返回了营中，并且，闭门不出，原来，朝廷上下早已都改用了符节。当初，汉朝的符节是纯赤色，因太子刘据用的也是赤色符节，所以为了能够有所区别，汉武帝在所发的符节上改加了黄缨。只是，太子刘据并不知道这一切。

刘据见符节没能调动北军，就赶紧带人离开，随后，他将长安四市的市民约数万人强行武装起来，到长乐宫西门外。刘据武装的数万人，正好遇到丞相刘屈氂率领的军队，双方会战五天，死亡数万人，鲜血像水一样流入街边的水沟。民间都在说"太子谋反啦"，所以，普通百姓也都不愿意依附太子，而丞相一边的兵力却不断加强。

庚寅（十七日），事情发生八天后，太子刘据兵败，刘据在几个随从拼死保护下，南逃到长安城覆盎门。当时，率兵把守城门的是司直田仁，他觉得刘据和汉武帝本就是父子关系，汉武帝肯定也不愿逼迫太急，所以就让刘据得以逃出城外。丞相刘屈氂得知此事后，想要杀掉田仁，但是御史大夫暴胜之对刘屈氂说："司直身为朝廷二千石大员，这件事理应先行奏请皇上，丞相怎能擅自斩杀呢！"于是丞相刘屈氂只好先将田仁释放，并奏请汉武帝。

汉武帝陵密码

汉武帝听说后大发雷霆，立刻命人将暴胜之逮捕治罪，责问他道："司直玩忽职守，放走了谋反之人，丞相想杀他，是执行国家的法律，你为什么要擅加阻止？"暴胜之惶恐不安，最终自杀而死。随后，汉武帝下诏派宗正刘长、执金吾刘敢携带皇帝下达的谕旨收回了太子刘据生母卫皇后的印玺和绶带，卫皇后知道无法证明清白，所以，选择了用自杀的方式来证明自己的清白。

想必大家还记得那个认出太子假符节的任安吧，他明知太子使用的是假符节，可并没有采取任何行动。汉武帝认为，任安是老官吏，见出现战乱的事情，只想明哲保身，坐观成败，看谁取胜就归附谁。汉武帝觉得任安对朝廷怀有二心，于是就命人将任安和田仁两人一同腰斩。汉武帝又因为马通擒获了如侯，便封其为重合侯，其他在汉武帝与太子刘据的战争中有功的人，也都得到了奖赏。而刘据的众门客，因为曾经和太子刘据一起出入过宫门，所以一律处死；凡是跟随刘据发兵谋反的，全部按照谋反的罪名诛灭全族；各级官吏和兵卒凡非出于本心，而被刘据胁迫的，一律都被放逐到敦煌郡。而太子刘据还逃亡在外，所以开始在长安各城门设置屯守军队。

汉武醒悟

汉武帝因为这件事情愤怒异常，朝廷上下群臣都感到忧虑和恐惧，不知如何是好。壶关三老令孤茂上书汉武帝说："我在百姓中听到有这样的传说，父亲就好比是上天，母亲就好比是大地，而儿子就好比是天地间生长的万物，所以，只有上天平静，大地安然，万物才能茂盛；也就是说只有父慈，母爱，儿子才能孝顺。而先前太子刘据本是汉朝将承继万世大业的人，可以接替执行祖宗的重托，他也是众子中，皇上的嫡长子，也是最适合的人选。而江充原本就是一介平民，不过是个市井中的奴才罢了，可陛下您却对他尊显重用，让江充可以挟至尊之命去迫害皇太子刘据，还纠集了一批奸邪小人，对皇太子进行欺诈栽赃、逼迫陷害，这一切都是为了让陛下与太子之间的父子至亲关系隔塞不通。太子陷入两难的境地，进则不能面见皇上，退则被乱臣的陷害困扰。可怜的太子独自蒙冤，却无处申诉，最终因忍不住愤恨的心情，将江充杀死。但又害怕皇上降罪，被迫逃亡。太子作为陛下的儿子，虽然有过，盗用父亲的军队，但这不过是为了救自己免受灾难，使自己免遭陷害罢了，臣认为太子这么做并没有什么险恶的用心。《诗经》上记载：'绿蝇往来落篱笆，谦谦君子不信谗。否则谗言无休止，天下必然出大乱。'以前，江充就曾经用谗言害死赵太子，这件事情天下人都知道，而现在陛下却不调查。还征调大军追捕太子，更命丞相亲自指挥，致使很多智慧之人都不敢进言，想到这些，我心中实在是太痛惜了。希望陛下放宽心怀，平心静气，不要苛求自己的亲人，不要对太子的错误耿耿于怀，希望陛下能够结束对太子的征讨，不要让太子长期逃亡在外！我说这些话都是对陛下的一片忠心，并没有谋取自己的私利，为此，我随时准备着献出我短暂的性命，臣此时，正待罪于建章宫外。"汉武帝见到此奏章后，深受感动而醒悟，但汉武帝还没有公开颁布赦免太子的诏书。

再说太子刘据，他一路向东逃到湖县，隐藏在泉鸠里。刘据所隐藏的家庭，十分贫寒，只能以编织售卖草鞋来奉养刘据。而刘据从前在湖县也认识一个人，听说，那个人现在非常富有。于是，刘据就派人去寻找他，消息不慎泄露。在八月辛亥（初八），没有收到赦令的地方官将太子刘据的隐藏地围住。刘据觉得自己难以逃脱，于是就回到屋内，关上房门，自缢而死。前来搜捕的兵卒用脚踹开房门，家主在与搜捕刘据的人进行格斗时被处死，随从刘据的两位皇孙也一同遇害。汉武帝得到消息后，感伤不已。

此时，汉武帝也已经明白了太子刘据是因被江充逼迫，惶恐不安，迫不得已，才诛杀江充，并没有任何的恶意。一日，守卫汉高祖祭庙的郎官田千秋上紧急奏章，说："儿子擅自动用父亲的军队，其罪应当受鞭打。而作为天子的儿子误杀了人，又有什么罪呢！昨天，我在梦中，梦见一位白发老翁，他教我上此奏章。"汉武帝看到此奏章后，才霍然醒悟，连忙召见田千秋，私下对他说："我们父子的事，很多大臣，因为是外人，都没办法说清楚。只有你知道这其间的不实之处。这一定是高祖皇帝的神灵派你来指教于朕！"随后，汉武帝就下令，任命田千秋为大鸿胪，田千秋就成为了汉武帝的辅佐大臣。同时，汉武帝还下令即刻将江充满门抄斩，曾在泉鸠里围困太子的人，最后也遭到了满门抄斩。而之前因为参与镇压太子受到汉武帝奖赏的马通，与亲近江充的兄长侍中仆射马何罗，因江充被灭族而心怀恐惧，合谋持刀入武帝卧室行刺，被金日磾发觉后处死。

汉武帝心痛刘据的无辜遭害，所以特意命人修了一座思子宫，又在湖县建了一座归来望思之台，以表达自己对于太子的思念。

"巫蛊之祸"终于水落石出后，汉武帝追悔莫及。蔡东藩曾说："武帝南征北讨，欲为子孙贻谋，而反自杀其子孙，尤为可叹。思子宫成，归来台作，果何益乎？"

"巫蛊之祸"和汉武帝"悔悟"后的报复、追责，甚至导致了大量政治上层人物因此事被杀，国本动摇，有学者认为"巫蛊之祸"也是西汉由盛转衰的转折点。"巫蛊之祸"发生在国都，前后共有将近四十万人受到牵连，一时之间上自官员，下至百姓，人人自危，统治者的威信也因此受到很大挑战。而太子刘据的自杀也让汉武帝失去了多年培养的接班人，刘氏接班人大量受牵连，朝中大臣也多受株连，导致后来的霍光专权。

"巫蛊之祸"的两年后，汉武帝自省，下达了"轮台罪己诏"，汉武帝开始反思并调整自己的执政策略，减少军事行动，将更多的心思放在为民谋福上。

三、钩弋夫人

钩弋夫人（？—公元前88年），赵氏，名字不详，河间郡人。号称"拳夫人"，又称"钩弋夫人"。但由于此女姓名不详，最高位分又是婕妤，所以，后世一般又称其为"赵婕妤"。

钩弋夫人是一个非常传奇的女性，她是汉武帝刘彻的宠妃，也是汉昭帝刘弗陵的生母。下面我们就一起来看看钩弋夫人传奇的一生。

汉武帝和钩弋夫人的相遇可以说是天意，也可以说是人为，到底要如何看待，那还得看各位是怎么判断的了。

钩弋夫人和汉武帝的爱情

汉武帝一生叱咤风云，但是到了晚年以后，汉武帝却一直沉迷于鬼神之说、求仙访药，以求长生。除此之外，汉武帝广选美女，以充实后宫。他把从燕、赵（今河北省一带）各地选来的2000名15—20岁的妙龄女子收入宫中以做嫔御。虽然已经到了晚年，但是，汉武帝此时的宫中美女竟然达到了万人。不过，即使有这么多美女，汉武帝还是不满足，他时常还会借着出巡之机，广选美女，以供自己临幸。

公元前95年，已经61岁的汉武帝出巡燕赵之间。这一日，汉武帝刘彻在巡狩的时候，路过了河间国武垣城。随行的人中有个"气象专家"（术士）停了下来，煞有介事地东瞧瞧西望望，然后满脸喜色地对汉武帝说："陛下大喜，此地祥云环绕，气息非凡，必藏有奇异美貌女子，似天赐以待陛下也。"汉武帝本来就旅途寂寞，突然听说有美女，立刻来了兴趣，让术士仔细说给他听，术士继续说道："陛下，在东光县赵霞庄（今属河北省阜城县，此庄久废）有位奇女子，年仅15岁，貌若天仙，体如凝脂，而双拳紧握，至今不能伸展，当地百姓都称她为拳女。"武帝一听还有这等奇事，立刻急吼吼派人寻找这个奇女子。别看他已然是六十出头的花甲老头儿了，这方面的兴趣大着呢。

当然，在这里也有人说这是当地的官员为了讨好汉武帝自导自演的一出好戏。原来，这位赵氏女子的美貌早就已经被当地官员们看上了，他们只是在寻找一个机会，把这位赵氏女子献给汉武帝罢了。

不管是人为也好，还是天意也罢，事情果然不出所料，正如望气者所说的，不一会儿的工夫，随行官员就找到一位年轻漂亮的女子。汉武帝赶紧把这个女子叫了过来，仔细观察，果然亭亭玉立，光彩照人，这个女子就是传说中的奇女子——赵氏，也就是后来的钩弋夫人。但是，汉武帝左看右看，就是没有看出这个女子有什么不同之处。最后，汉武帝又将这位女子仔细看了一遍，才发现这女子一直紧握着双拳。武帝颇感奇异，见她双手成拳，垂于两侧。在汉武帝的询问下，才知道这位女子天生就是双手握成拳状，现在虽然已经十多岁了，但双手依然不能伸开。汉武帝听罢，赶紧让随行的宫女试将拳女之手展开，但是，一个、两个，好几个宫女都试了试，结果谁也掰不开。汉武帝就让此女走到自己的面前，见其双手果真是紧握拳状。不知是出于好奇，还是出于想要帮助这个女子，汉武帝居然伸出双手托起拳女双拳，尝试着去掰这女子紧握的双拳。离奇的事情发生了，汉武帝只用手轻轻一掰，尚未用力，这位女子的双手就一下子伸展开了，在一旁观看的侍从们都说："奇事，奇事。"话音未落，发现还有更奇的事，原来拳女展开的手心中，有一枚小而精致的玉钩（相传古时的游戏"藏钩"便是由此处而来的）。汉武帝更是称奇不已。汉武帝越看越觉得此女清奇。随后，汉武帝就命人将此女扶入随行的辎车，自然此女后来又被汉武帝带回了后宫，也因此得到了汉武帝的宠信，号为"拳夫人"。

当时，赵氏的父亲已经去世，他曾犯法被处以宫刑，做了宦官，任中黄门，死于长安，葬于雍门。赵氏拳女进宫后，备受汉武帝宠幸，封其为"钩弋夫人"，并让她住在一处很雅洁的宫殿，名为"钩弋宫"。钩弋夫人好学沉静，姿色甚佳，深得汉武帝的欢心。更令钩弋夫人和汉武帝高兴的是，进宫一年多，在公元前94年，钩弋夫人就生下一名皇子，取名弗陵，号钩弋子，即为汉昭帝。

汉武帝老来得子，当然十分高兴，他对年幼的弗陵视若掌上明珠。母以子贵，钩弋夫人也被晋封为"婕妤"（位在皇后、昭仪之次），因姓赵，故称"赵婕妤"。当时，汉武帝身边的一些方士（炼丹、算命之辈）投其所好，说钩弋夫人是怀胎14个月才生下皇子，而远古之尧帝也是14个月才出世的，所以，这位皇子当为大贵。汉武帝对于这一说法深信不疑，于是把"钩弋宫"改为"尧母门"，钩弋夫人也被称为"尧母"，谁知这却将她逼向坟墓。

之后，历史上著名的"巫蛊之祸"就发生了，当时的太子刘据因为受人诬陷迫不得已发起兵变，然而兵变失利，太子刘据兵败之后就自杀了，而太子的亲生母亲皇后卫子夫也以死证清白。历史上，对于汉武帝的评价是非常高的，他将国家治理得昌盛繁荣，然而在选择继承人一事上，汉武帝却显得没那么得心应手了。原本汉武帝看好的太子刘据，因为牵扯"巫蛊之祸"被活活逼死了，慢慢老去的汉武帝发现，自己竟然没有一个合适的儿子继承皇位。

公元前88年，汉武帝刚好过了大寿，他感到自己日益衰老，已无力理政，但因三年前皇太子被诬而自杀身亡之后，一直未立太子。汉武帝一生有6个儿子，次子齐怀王刘闳早逝。"巫蛊之祸"后，可以继承汉武帝刘彻皇位的只有4个儿子了，他在几个儿子之间权衡利弊，广陵王刘胥为人奢侈，好倡乐逸游，这样的人只适合成为富家的公子，是没有办法继承皇位的；燕王刘旦自以为是，在刘据死后，他上书自请成为太子，这让汉武帝十分生气，削其三县；昌邑王刘髆是李夫人所生的，他也是李广利的外甥，后来，因为李广利和刘屈氂密谋策划，要让刘髆成为太子，事发后一个投降匈奴，一个腰斩。公元前 88 年正月，即汉武帝去世的前一年，刘髆去世。所以，到了最后可以立为太子的只有刘弗陵了，虽然是年幼的少子，但五六岁的刘弗陵却显得十分聪颖，"壮大多知"，而且，他极像武帝少年之时，值得期待。所以，汉武帝有心立刘弗陵为太子，却因其年稚母少，顾虑弗陵年幼（时年 7 岁），恐一旦继得帝位，其母擅权专政，再出现第二个专权乱政的"吕后"，那不将断送汉室江山吗？所以，汉武帝恐女主颛恣乱国，立太子的人选一直犹豫不决。

立子杀母

后来，汉武帝带着钩弋夫人移居到甘泉宫。在褚少孙的补记中这样说，有一次汉武帝在甘泉宫的时候，叫画师来，画了一张周公抱着周成王接受诸侯朝拜的图画，还给霍光（霍去病之弟）赐了官。汉武帝向群臣表明了自己要立弗陵为太子的意图，于是，满朝文武都明白了，并且汉武帝让霍光为刘弗陵辅政。但他又担心因"主少母壮"重蹈吕后覆辙，便以"屡忤圣意"为由，把钩弋夫人囚禁于云阳宫。最后，汉武帝决定让自己最小的儿子刘弗陵继位，为了能够让儿子顺利接班，他心一横，决定要先杀了刘弗陵的母亲钩弋夫人，然后再立太子。于是，汉武帝一方面立下遗诏，让大将军霍光待自己驾崩后，奉太子弗陵继位，另一方面则在寻机杀掉钩弋夫人。

至于汉武帝到底为何最后要杀死赵婕妤，也有两种说法。按班固在《汉书》的说法是，赵婕妤不小心犯了大错惹怒了武帝，所以被打入冷宫，最后郁郁而终。但是，班固在《汉书》中并没有详细说明赵婕妤到底犯了何等错误，所以，大多历史学家都认为此种说法的真实性尚有待进一步考据。

而另外一种更为流行的说法来自《史记》中褚少孙的补记：为了防止自己死后，母凭子贵的赵婕妤乱政，所以汉武帝就先将赵婕妤杀死，然后立其子刘弗陵（汉昭帝）为太子。

而《汉书》的作者是东汉人班固，他本人比写《史记》补记的褚少孙出生晚，对于褚少孙的这段记载，班固也是知道的，而他并没有将这段记录收入在《汉书》中，他对此事经过了一番分析后，记录在了《汉书》中，因此这也表明班固在补记这段历史的时候，真实性并不高。

其实，仔细揣摩就会发现这种"立子杀母"的说法更能站住脚。这种做法，不仅在我们古代的中国时有发生，在国外也时常有类似的情况发生。在古代的奥斯曼帝国，几乎每一个苏丹在成功上位前后，都会将可能威胁到自己皇位的兄弟及后代全部杀掉。同时，如果苏丹感受到自己的子女有可能威胁到皇位的话，苏丹一样会照杀不误。而这种杀兄灭子的残忍制度曾经在奥斯曼帝国存在了两百多年。而这种制度，同样在实行了两千多年世袭君主制的中国存在，皇室家族里，为了争夺皇位而发生的政治斗争比比皆是，其血腥程度远不会比国外弱。虽然，汉武帝是一个长寿的皇帝，但纵观整个中国历史，皇帝长寿有时对于政权稳定来说也并不是一件好事。因为一旦皇帝长寿，那么对于他膝下的皇子们来说，他们的结局无非两种：一种是皇子们先病死老死，另一种就是皇子们熬不住对皇位的眷恋，被皇帝提前杀死。而汉武帝就陷入了这样一种尴尬的局面，这最终导致了"立子杀母"的残忍悲剧。

几天之后，汉武帝就命人下诏，赐钩弋夫人自尽。钩弋夫人一听，如冷水浇头，趴在地上，磕头乞求活命。汉武帝却命人拉她出去，逼迫她自尽。汉武帝说："快去吧！你活不成了！"

钩弋夫人从地上跌跌撞撞地爬了起来，由人连拉带拽地往外拖，钩弋夫人一步一回头地望着汉武帝，眼里满是说不出的悲伤。可是，心意已决的汉武帝却丝毫不为所动，连说："趣行，女不得活。"意思是说你就快走吧，反正活不了了。不久以后，钩弋夫人就在云阳宫里死了。宫中的人连夜把钩弋夫人的棺材给抬出去埋掉了，还在坟墓上做了标记。

就这样，年仅 22 岁的钩弋夫人被活活逼死，可她至死也没搞清，自己被逼自尽的真正原因。

汉武帝开了"立子杀母"的先河，但在后世正统汉人政权中这种情况并不多见，反而是五百年后的北魏政权将它作为一种国家制度实行了下去。

汉武帝身边的近臣们都为钩弋夫人的死而深感忧伤，对于此事，汉武帝也深感内疚，于是，他在甘泉宫前建"通灵台"，以表对于钩弋夫人的怀念。

余音三叠

翌年二月，汉武帝重病，他召来众臣宣布立弗陵为太子，拜霍光等人为顾命之臣辅佐少主。不久之后，汉武帝就离开了人世，只有八岁的弗陵即位，即汉昭帝。汉昭帝登基后，追封钩弋夫人为皇太后，修云陵（甘泉南，后称女陵）重葬，拨三千户居护陵墓。追封去世的钩弋之父为顺成侯。

除此之外，汉昭帝还对顺成侯的姐姐君姁赐钱二百万和奴婢宅第，诸兄弟以亲疏来决定赏赐多寡。但赵氏没有人得到官爵，除了早已去世的赵氏之父。

但有三件事记述如下，以飨读者：

其一，《太平御览》549 卷中记载，据说钩弋夫人身亡之后，"尸不臭，香闻十余里，疑其非常人，及发冢开视，棺空无尸，惟双履（鞋）存"。几千年来，中国的历史上留下了不少的神秘传说，有些已经被揭开，但还有很多至今仍旧无解。钩弋夫人被汉武帝赐死，在被埋葬之后，她的墓中居然发出极为诱人的香气，方圆十里都能闻到。很快此事就传到了汉武帝的耳中，汉武帝闻之大惊，就派人前去查看情况，可当人打开棺材察看的时候，却意外发现，棺材里只剩下了衣服和鞋子，尸体却不见了。

另外，《搜神记》中也有关于此事的描述："初，钩弋夫人有罪，以谴死，既殡，尸不臭，而香闻十余里。因葬云陵，上哀悼之。又疑其非常人，乃发冢开视，棺空无尸，惟双履存。一云，昭帝即位，改葬之，棺空无尸，独丝履存焉。"

这一段虽然听来像是神话，却不是笔者杜撰。而不管是哪一种记载，都描述了同一件事情，那就是钩弋夫人的尸体消失了，且发出奇怪的香味。那么，钩弋夫人的尸体究竟去了哪里？到现在依然没有人能给出让人信服的答案。甚至有人怀疑，汉武帝压根就没有赐死钩弋夫人，而是玩了一招偷梁换柱，将她送到了远离京城的偏远地区隐居，所以，墓中才会出现没有尸体的情况。对于此事，每个人都有着自己的看法，不知你怎么看呢？

其二，由于钩弋夫人双手藏钩，后来又发明了一种藏钩游戏。唐代大诗人李白的《宫中行乐词》中，就有一句"更怜花月夜，宫女笑藏钩"。通过这句诗，我们可以了解到这种藏钩游戏也曾盛行于唐朝皇宫。藏钩游戏的玩法是：人分为猜、藏两拨，参与藏的一拨人将钩藏于某人的一只手中，让另一拨人猜，猜中一藏者得一筹，连得三筹者胜。其实，这是一个很简单却又十分有趣的游戏。而现今的象棋比赛有以棋子藏于手中，猜有无以决先后者，也是由藏钩游戏发展演变而来。我们若有机会，不妨也尝试一次。

其三，钩弋夫人去世之后，家乡的父老兄弟为了纪念她，在今阜城县娘娘庙村，曾建有拳夫人娘娘庙，并庙中供奉钩弋夫人塑像，香烟缥缈，求拜者不断。据清乾隆年间的《河间府志》载：明朝嘉靖年间（1522—1566），兵部侍郎窦章志路过娘娘庙，曾作七言绝句一首："远上土山望天涯，赵河畔上有人家。汉武停车选莲花，顺城枫树映朝霞。"诗中提到的顺城，即今阜城土山，而汉武帝停车选取的美如莲花的拳夫人，就居住在赵河（即今泽河）沿岸。

汉武帝陵密码

汉武帝杀了钩弋夫人，历史上大多都是对这个女人的惋惜之情，没想到，自己的儿子做了皇帝，自己却不能当太后，这是何等的委屈啊！当然也有人猜测，也许钩弋夫人和汉武帝的相识就是在刻意安排下才发生的，也许她怀胎14月，也有着她的政治阴谋。她生前的种种事迹都让人细思极恐，如果真是这样，那么钩弋夫人确实是一位深不可测的女子。

四、北方有佳人

北方有佳人，绝世而独立。

一顾倾人城，再顾倾人国。

宁不知倾城与倾国，佳人难再得。

——西汉·李延年

歌曲生动深情，宛转悠扬，把人们引入了对所描绘的美好佳人无限遐想当中。一首诗歌，让我们记住了一位作者；一首诗歌，让我们记住了一位美人；这首诗歌记录了汉武帝几段感情中唯一走到善终的一段爱情故事……

而这首诗歌似乎也唱出了许多古代宫廷美女的结局，帝王之爱的结局，更歌尽了一种爱而不得的无奈。也因为这首诗歌，"倾国倾城"这个原指因女色而亡国的成语，后来却多被用来形容妇女容貌极美。

李夫人，生得云鬓花颜，婀娜多姿，是汉武帝一生最钟爱的女人；她原是一名歌妓，因绝世的姿容而受宠，被封作"夫人"，地位仅次于皇后，也是历史上第一位被追封的汉武帝皇后。

历史上汉武帝的宠妃着实不少，从年幼时最初金屋藏娇的陈阿娇，到后来一见倾心的卫子夫，再到惹人怜爱的王夫人，又到倾城倾国的李夫人和老来得宠的钩弋夫人，汉武帝的每一个宠妃都好似后宫花园中一朵娇艳的花儿，只是这些花儿的颜色、品性都大不同，真可谓是千姿百态。这些花儿有的是蛮横白富美型的，有的是草根内敛型的，还有的是乖巧可人型的，但唯独李夫人是遗世独立传奇而聪慧的，这一点其他妃嫔无人能及。

李夫人生于中山（今定州）的一个普通平民家庭，原名不详，野史称其为李妍，生卒年不详。她的父母兄弟均精通音乐，都是以乐舞为职业的艺人。所以，李夫人自小耳濡目染，尤其精通音律，擅长歌舞。她的哥哥李延年也遗传了父母的艺术细胞，能作曲填词也能编舞，是一个杰出的艺术人才。而她的另外一个哥哥李广利则是一个平庸之辈，是一个游手好闲、不务正业的浪荡子。

倾国倾城

李夫人的兄长李延年因为犯法受宫刑，随后被强行送到宫中担任养狗的职务。但李延年并非凡夫俗子，因为他擅长作曲演唱，也善于编排舞蹈，他写的歌非常能打动人心，最终被汉武帝认可，并且深受汉武帝的宠爱。

一日，汉武帝在宫中置酒，平阳公主也在旁边陪同。当时，李延年是汉宫内廷音律侍奉。我们都知道，汉武帝的姐姐平阳公主一直十分关心弟弟的婚事，为了能够让自己与弟弟更加亲近，这位姐姐不停地为弟弟物色合适的女子，把这些美女都带到自己的府上，每次汉武帝来姐姐家小聚时，平阳公主大多会把这些女子召唤出来，供武帝挑选，我们知道卫子夫也是平阳公主推荐给汉武帝的。这次待到酒酣时，李延年突然起舞，唱起自作的一首新歌，其歌曰："北方有佳人，绝世而独立。一顾倾人城，再顾倾人国。宁不知倾城与倾国，佳人难再得。"几句白描似的话语，却将一个绝世美女形象活脱脱地展现在了汉武帝的面前。武帝平日里所接触的女子不计其数，他认为自己后宫中的女人，都只不过就是有几分颜色，更何况后宫那些美女，有很多因为年龄的原因，已失去了光彩。众女子的容貌，更无一能及王夫人。而此时卫子夫皇后已经年老，王夫人已经早死，武帝一直想再访求绝色佳人以慰床笫之欢，可是一直不能如愿。沉醉在这美妙的音律中的汉武帝，久久才问起："这世上真的有这样倾国倾城的女子吗？"李延年立刻回禀说，自己有一个妹妹，长得十分好看。在一旁的汉武帝的姐姐平阳公主也说："李延年的妹妹不仅人长得好看，还擅长舞蹈！"汉武帝一时兴起，就派人找来了李夫人。

见到李夫人后，汉武帝发现她确实是一个难得的美女。皮肤白皙，五官精巧，面若桃花，气质如兰。那雪白的皮肤和后宫的那一群庸脂俗粉很不一样。而且李夫人也果真善舞，汉武帝从心里就很喜欢她，于是将她纳入宫中为妃。李夫人也算是彻底地抓住了汉武帝的心。

因为一首诗歌，这位好哥哥李延年成功地向汉武帝推出了自己的妹妹，也因为一首诗歌，历史上多了一段极富传奇色彩的爱情故事。

自从得到美人李夫人以后，汉武帝将她视若至宝。一年以后，李夫人生得一子，起名叫刘髆，被封为昌邑王。爱美之心，人皆有之，所以，像李夫人这样才貌双全的女子，无论走到何处，都是一处风景，而她的一颦一笑，一举一动，都成为其他女子争相模仿的对象。

据说有一天，汉武帝又像往常一样，来到李夫人的宫中。正与李夫人闲聊间，汉武帝忽然觉得头痒，李夫人立刻取下自己头上的玉簪，为汉武帝搔头。此事被当作佳话在后宫中广为流传，很多宫女都学着李夫人的样子，也在自己的头上插了一支玉簪。以致一时之间，长安城内玉价倍增，这也让很多商人因此获利。汉武帝得知此事后，并没有责怪后宫众人，他看到后宫女人都戴了玉簪，反而为了显示对李夫人的独特盛宠，特意下令让工匠用象牙制作了篦梳，亲自插在李夫人头上，结果，市场上的象牙价格又开始翻倍猛涨。汉武帝要是生活在现代，恐怕就成为人气爆棚的大网红了。

临终托付

李夫人知道，汉武帝深深喜爱的是自己的容貌，所以为防止被他人夺宠，李夫人每天都要花费很长的时间进行梳妆打扮。李夫人得到汉武帝的专宠以后，也十分争气。一年多以后，李夫人为汉武帝生下一子，名叫刘髆，后被封为昌邑王。李夫人自小体弱，生了儿子后，更因为产后失调，从此委顿病榻，日渐憔悴。李夫人十分清楚汉武帝是因为自己的美貌才宠爱自己，如果自己色衰了就意味着将要失宠，然而李夫人却颇有心计，她自始至终都要留给汉武帝一个美好的印象，因此李夫人生病后，一直拒绝汉武帝前来探病。越是这样，汉武帝越是忍不住要来探视自己心爱的美人，可是李夫人却一直用棉被蒙住头脸，并且在棉被中哀求道："妾长期卧病，容颜憔悴，不可以见陛下。希望能把儿子和兄弟托付给陛下。"汉武帝连忙说道："夫人已经病重，大概不能痊愈，让我见一面再嘱托后事，岂不快哉？"李夫人却一直不肯露脸，说："身为陛下夫人，我却容貌不修，装饰不整，所以不足以见君父，如今我蓬头垢面，实在是不敢与陛下见面。""朕就看一眼，就看一眼！"汉武帝坚持想看一看，可无论汉武帝如何说，李夫人始终不肯露出脸来。后来汉武帝想到用赏赐黄金以及封赠李夫人的兄弟官爵作为交换条件，想看李夫人一眼，李夫人却说："授不授尊官都在于陛下，不在于见妾一面。"汉武帝还是坚持一定要见她，李夫人便转过脸去叹息流泪，不再说话。汉武帝伤心又郁闷，不忍强迫，于是，满脸不高兴地起身离开了。知道此事以后，李夫人的姐妹们都埋怨她太任性，不给皇帝一点面子，觉得她实在是不应该让汉武帝如此失望，奉劝她说："贵人您为什么不可以见一见陛下，以嘱托兄弟呢？难道您就这样痛恨陛下吗？"李夫人接下来的话，值得男男女女们思索，李夫人淡然地说："我以微贱之女而有今天，凭的是什么？就是因为我的容貌啊。自古以来，凡是以容貌取悦于他人的，色衰则爱弛，倘若我今天以憔悴的容貌与皇上见面，那么就连曾经的美好印象，也都会因为现在的憔悴而一扫而光。皇上之所以只想看我，也是想看我漂亮的容貌。而如今的我病重，形容枯槁，精气涣散，早不复当年模样。若皇上见了我现在的样子，岂不要吓一跳？岂能不嫌弃？还会来看我吗？连我都不喜欢了，我还能期望皇上对我念念不忘，还能希望皇上照顾我的儿子和兄弟吗？"

李夫人虽自知做法不对，但她有她的道理，本就是以色侍人，现在年老色衰的样子，让皇帝见到了岂不是要让他失望？李夫人虽然也自知自己的做法有些不妥，但是靠姿色是留不住皇帝的心的，年华易逝，美好的容颜已不再，为了能够给彼此留下一个最美的回忆，只能狠心不见帝王，李夫人这么做，也是想让汉武帝永远记住她最美的样子。

不久之后，李夫人去世，汉武帝以王太后的礼仪将她安葬。李夫人去世那天夜晚，汉武帝独倚案几，写诗作赋怀念李夫人。夜微凉，烛火摇曳间，仿佛看见了李夫人倾国倾城的倩影……因李夫人年少早亡，汉武帝伤心欲绝，整日茶饭不思，脑子里满是和李夫人在一起美好快乐日子的回忆，于是，汉武帝亲自督饬画工绘制他印象中的李夫人形象，悬挂在甘泉宫里，旦夕徘徊瞻顾，低回嗟叹。因为对李夫人的想念，汉武帝对昌邑王钟爱有加，将李延年推引为协律都尉，对李广利更是纵容关爱兼而有之。

相传，在西汉时有一种植物名叫"梦草"，也有人称之为"怀梦"，这种草的样子很像菖蒲，但它是红颜色的，梦草在白天太阳高照时，会缩进地里，到了晚上满天星斗时，才从地下钻出来。人们都相信只要有人将这草的叶片揣在怀中，到了晚上，就能知道夜梦的凶吉，而且还能立时得到应验。李夫人死后，汉武帝十分思念她，但是想要再看一看李夫人的样子，却成为一种不可能。东方朔深知皇上的忧愁，于是寻得一棵梦草献给了汉武帝。汉武帝如获珍宝，晚上小心翼翼地将这棵梦草揣在怀里，那天晚上汉武帝果然梦见了李夫人，清晰地看到了李夫人生前的俊美容貌。因此，后人将这种草改名为"怀梦草"。

　　在梦醒以后，汉武帝更加想念李夫人了。于是，汉武帝想到了用方士为自己招回李夫人的魂。在《汉书》中也有记载方士少翁为汉武帝招李夫人魂的事。在东晋王嘉《拾遗记》中记载：汉武帝确实也招过李夫人之魂相见，只是这里记载的为汉武帝招魂的人不是方士少翁，而是另一位名叫李少君的方士。据说，这位李少君花费了十年的时间，才在海外找到能够让魂魄依附的奇石，并将这块奇石刻成了李夫人的模样，将石像放置在轻纱帷幕之中，李少君又向汉武帝要来了李夫人生前最喜欢的衣服，准备了一间干净的房间，在房子中间挂着薄纱幕，幕里点着蜡烛，果然，通过灯光的映照，李夫人的影子投在了薄纱幕上，只见她侧着身子慢慢地走过来。汉武帝坐在纱帐重帷中，遥见另一纱帐隐约有一美人，模样神态与魂牵梦萦的李夫人一样。汉武帝一看，非常高兴，连忙跑过去，想要走近"李夫人"身边，旁边的方士李少君见状，赶紧跑过去，拦住汉武帝，对他说："那块奇石上有奇毒，更何况魂魄并非是真的活人，因此，只能远远地观看，是不能靠近的。"为了不让汉武帝误碰到奇石，李少君赶紧把这石像抱了出来，打碎磨成了粉，并且，做成药丸让汉武帝服下。此后，汉武帝为李夫人作诗："是耶！非耶！立而望之，偏何姗姗其来迟！"大概意思是：这是真的吗？还是虚幻的呢？我就站在这儿远远地望着你，你却为何迟迟才肯到来！这一幕更加激起了汉武帝对于李夫人的深深思念之情，汉武帝独自伤感起来，他喃喃自语地说："为什么不见我，为什么不能接近你呢！"

　　李夫人的身影也一下子就在纱幕上消失了，实际上，李少君是表演了一出皮影戏，虽然，现在的我们都知道，方士所言，纯为虚妄，那个女子，就是早安排下的，而聪明的汉武帝又何尝想不明白这一切呢？但他却需要一种寄托，此刻还说什么欺君之类？他最需要的是善意的谎言。李少君也因演灯影戏，再现李夫人形象，而被封为将军。只是从那以后，汉武帝再也没有梦到李夫人。汉武帝随后便修筑梦灵台，用来祭祀李夫人。

李夫人这位聪明又美丽的薄命女子，就这样走完了短暂的一生，她不但生前不愿见汉武帝一面，就连死后的魂魄也不让汉武帝亲近。汉武帝直到最后都没有忘记李夫人，相传，汉乐府的著名诗篇《秋风辞》，就是武帝为怀念她而创作的。

秋风辞

秋风起兮白云飞，草木黄落兮雁南归。

兰有秀兮菊有芳，怀佳人兮不能忘。

泛楼船兮济汾河，横中流兮扬素波。

箫鼓鸣兮发棹歌，欢乐极兮哀情多。

少壮几时兮奈老何！

公元前87年，汉武帝驾崩，没有配偶陪葬。其子8岁的昭帝即位，大将军霍光上书昭帝，希望能遵照武帝平生夙愿，把李夫人配祭汉武帝宗庙，追尊李夫人为孝武皇后，因此，李夫人也是皇陵当中唯一陪葬的女性，墓穴也是最大的，李夫人也算是有个风光圆满的结局。

汉武帝和李夫人的故事就这样余音袅袅地落幕了。我们都知道，古代帝王向来都是爱江山也爱美女的，其实，普通男子也喜爱美女，只是没有那样的机会罢了。汉武帝从金屋藏娇的陈皇后，再到一见倾心的卫子夫，最后到了晚年宠幸的钩弋夫人，这几位美女哪一位都是惊艳后宫的绝色美人。只不过，她们都只是得宠于一时，最终还是没有逃出始乱终弃的命运。先是陈皇后陈阿娇骄纵，她因为"公主病"太严重，最终被汉武帝抛弃并打入冷宫，落得幽怨而死的结局；而卫皇后卫子夫，最初虽深得汉武帝的宠爱，但后来因为年老色衰，被汉武帝厌烦，后又因太子受祸乱牵连，惊惧自杀而亡；而钩弋夫人则成为汉武帝立子杀母令的第一个受害者，三位佳人的命运也只能用多舛来形容。

盘点汉武帝后宫的几位宠妃，只有李夫人是汉武帝最宠幸最呵护的一个女人，也是唯一得到善终的女人。汉武帝对她一见倾心，至死也没有忘记她，对于李夫人，汉武帝曾经甚至有过"得之我幸，失之我命"的慨叹。这也充分体现了李夫人不单是相貌漂亮，还拥有非凡的智慧，而且还能得到后人的尊敬。

五、赵国的王夫人

在汉武帝的一生中，有四个最著名的嫔妃，分别是：陈阿娇、卫子夫、李夫人和钩弋夫人。其实，汉武帝还有一个非常宠幸的妃子，就连杀敌无数的卫青大将军对她都要礼让三分，那么这个妃子到底是谁呢？这个妃子就是来自赵国的王夫人。历史证明，汉武帝一生宠爱过五个女人，陈皇后陈阿娇、卫皇后卫子夫、李夫人、钩弋夫人，还有这位不太出名的王夫人。关于王夫人，历史上的相关记载并不多，王夫人虽名气不及前面四个嫔妃，但她也受到了汉武帝不少的宠爱。

关于汉武帝的这位王夫人，在《史记·外戚世家》有所记载。不过没有记下她的名姓，且生卒年不详，只知是王氏，因其为汉武帝刘彻生下一个儿子而被封为夫人。据传说王夫人是来自赵地的王女，也有人说，王夫人的得宠是在卫皇后年老色衰之后，汉武帝为寻找更多的美女来充实自己的后宫，说她是由自己搜罗来的美人，其家境十分贫寒。《史记》

上关于王夫人的记载只有短短几句："王夫人者，赵人也，与卫子夫并幸武帝，而生子闳。"由此可推测，王夫人的出身并不是很高贵，她的娘家也没有什么作为，所以，史书才会没有太多记载。

《史记·外戚世家》载："卫后色衰，赵之王夫人幸，有子，为齐王刘闳。"公元前123年，王夫人为武帝生下了他一生中的第二个儿子，起名叫刘闳，刘闳因其母亲得宠的原因，自幼深得汉武帝疼爱。

入宫得宠

王夫人的出现，对于当时的皇后卫子夫来说是一个非常大的考验。如果卫子夫的性情像陈阿娇那样，充满嫉妒，不愿意汉武帝宠幸其他的女人，那么她的命运肯定也会像陈阿娇一样悲惨。不知是不是因为卫子夫亲身经历了陈阿娇因骄横而败落，才让自己登上皇后宝座，卫子夫的做法也显得比陈阿娇聪明很多，她并没有花尽心思去和王夫人争宠，更没有像陈阿娇那般哭闹，她只是默默地接受了自己年老色衰，不可能再获得皇帝宠爱的事实。卫子夫的默默无为，反而保全了她的皇后宝座。这不禁让作为现代人的我们有所感悟：在激烈竞争的社会，想获得成功，需要静下心，看清自己、看清他人、看清事态，再有所行动。

卫子夫默默保住了自己的皇后宝座，但有得就有失。得不到皇帝宠爱，也就意味她和她身后的卫家所获得的利益会大大减少。毕竟朝廷就如同一块大蛋糕，总有得宠的人获得的蛋糕太多，也总有人获得的蛋糕太少。

公元前123年，卫子夫的弟弟大将军卫青带兵攻打匈奴，得胜归来，汉武帝为表嘉奖，赏赐卫青千金。而这一年王夫人正得幸于汉武帝，也是卫青姐姐卫子夫失去圣宠的时候。曾经，汉武帝独宠卫子夫15年，众所周知，对于一个时代的中央集权的君主，不管你是出身高贵还是低微的，甚至不管你有没有能力，只要能够得到汉武帝的喜欢，那就好比是一步登天。看看卫氏家族就知道了，卫氏这样出身卑贱的家族，只因卫子夫得到了汉武帝的喜欢，所以，卫氏一族在朝廷上获得权力只是一朝一夕的事；而同样的道理，哪怕你再功勋卓著，血统高贵，只要你违背圣意，惹得皇帝厌烦，那么，夺权夺命也只是皇帝一句话的事。所以，很难想象在这样一个复杂的关系中，卫青有着怎样的艰难处境。

和卫青同朝为官的宁乘，审时度势，觉得适者生存，就劝卫青说："大将军您现在军功不够多而自己食邑万户，皇上真是对将军盛宠有加啊，而您的三个儿子也因着皇上对您的宠信，都受封为侯。但您的盛宠和赏赐，难道不都是和卫皇后有关吗？如今卫皇后失宠，而王夫人深得皇上宠爱，但王夫人的宗族并没有因此富贵，大将军可以用皇上所赐给您的千金为王夫人双亲祝寿。"卫青自然明白，讨好王夫人不仅是为了自己，更是为了姐姐卫子夫。听了此话后，卫青就拿出皇上赏赐的一半，以五百金赠与王夫人的双亲。不久之后，汉武帝得知了这件事，就问卫青，卫青全部以实相告，武帝将宁乘贬官为东海郡的都尉。但是这件事情的重要人物，王夫人和卫青都没有得到处置。王夫人没有归还她得到的任何东西，卫青也没有因此被责骂，整件事情只有宁乘在"躺枪"。

其实，在王夫人生了刘闳以后，跟卫子夫比起来，汉武帝的确要更加宠爱王夫人一些，只是皇后卫子夫先给汉武帝生了儿子，这让28岁才有子的汉武帝高兴不已。但是后来，武帝却迟迟没有立下太子人选。因为在这之后，王夫人也生了一个儿子，汉武帝爱屋及乌，他十分看重幼子刘闳，相传汉武帝刘彻曾有心将刘闳立为太子，所以，汉武帝一时难免犹豫。一边是皇后卫子夫的儿子刘据，卫家人才出类拔萃，卫青、霍去病都曾为朝廷立下汗马功劳，卫家在朝廷中的势力也越来越强。而另一边的王夫人的娘家却地位低下，寻遍整个家族，连一个可以重用的人都没有。不知是不是迫于无奈，汉武帝终于在公元前122年，立卫子夫的儿子刘据为太子。之后，汉武帝又把朝廷的军队主要都交给了卫青、霍去病带领。可以说，卫家依然在朝廷中占据着最大的那块蛋糕，显然，这荣耀的背后也是十分危险的。

子闳封王

《史记》记载:"王夫人者,赵人也,与卫子夫并幸武帝,而生子闳。"一生短暂而又美好的王夫人,也算是饱享了汉武帝的宠爱。汉武帝对于王夫人最大的宠爱就表现在为王夫人儿子封王的时候,根据《史记》中记载,在刘闳封王前,汉武帝甚至亲自去问王夫人想把儿子封于何地。

公元前117年,由骠骑大将军霍去病带头,众臣子跟随上疏请汉武帝分封皇子刘闳、刘旦、刘胥(汉武帝一生共有6个儿子,卫子夫所生刘据为长子,也是当时的太子,当时还有二子尚未出生)三人为诸侯王,而封完诸侯王后,这些皇子必须"就国"(即去封地居住而不能留在长安),这一次的上疏事件,也是霍去病对于表弟——太子刘据地位的维护。霍去病希望通过此举能让太子刘据的地位更加稳固,而不至于因后宫得宠嫔妃发生变故。

此时,王夫人正在病中,汉武帝亲自来到床前问王夫人:"你儿子应当封王,你想把他封在哪里?"

王夫人回答道:"有陛下在,我又有什么可说的呢?"

汉武帝却执意要问:"虽然如此,朕还是想知道你内心真实愿望,你最想封刘闳到什么地方为王呢?"

王夫人在汉武帝的追问下,也不客气,她想了想说:"我希望我的儿子能封在洛阳。"

汉武帝面露难色,给她解释说:"洛阳有武库敖仓,自古以来都是天下要冲之地,是汉朝的大都城。从古至今没有哪个皇子封在都城,这样不合规矩,也会受朝臣的阻挠,所以,从先帝起,从来没有一个皇子被封在洛阳为王的。除了洛阳,其他地方都可以。"

王夫人没有作声。但对于爱妃王夫人的儿子,汉武帝也尽量满足王夫人的需求,他接着说:"关东的国家,没有哪一个比齐国更大的了。齐国东边靠海，而且城郭大，古时仅临淄城就有十万余户，天下肥沃的土地齐国实属最多的了。所以，齐国的临淄地大物博，人口多经济好，封在那里是极好的。"王夫人听后，虽没能如愿，也只能同意。当时，王夫人因为病痛倒在床，不能起身谢恩，就连连以手击头，谢汉武帝说："实在是太好了。"通过这件事，我们可以看出汉武帝的确很宠爱王夫人，但从王夫人讨要洛阳来看，她并非是一个没有野心的女子。至少从选择兵家要塞想要作为自己儿子封地的事情上看，王夫人是在为了保全刘闳长大后，能有自己的势力去与太子抗争，只是最后因为王夫人的出身或者是背景等原因，未能如愿地为自己的儿子谋得一个更好的未来。

公元前 117 年，王夫人的儿子刘闳被封为齐王，与此同时，汉武帝的另外两个儿子刘旦和刘胥也分别被封为燕王和广陵王。而在整件事情发生的过程中，汉武帝只听取了王夫人对儿子选择封地的建议，其他人等都没有这项特殊的权利。由此可见，王夫人在武帝心中的地位是非常高的。只可惜红颜薄命，王夫人一生中，能够留给世人回忆的，只有生子刘闳这一件事比较突出。

病逝招魂

在西汉时期，齐王差不多是众诸侯中最大的诸侯王了。因为齐国不但土地面积很广，而且出产丰富，人口众多。所以，当年刘邦就把自己的长子刘肥封为齐王。由此可见，汉武帝对王夫人母子是极为宠爱的。

一下子就给王夫人的儿子分封这么好的一个国家，接下来可能就会把王夫人的娘家人也都安排在朝廷中任职，这样一来，必然要分割卫家的蛋糕。

然而世事难料，对于卫家来说，让他们感到最高兴的消息是，分封不久后，王夫人就去世了。刘闳被封为齐王后，也很快就去世了，这样，王夫人和他的儿子都没有熬过卫氏家族，王夫人对卫子夫构成的威胁也就不存在了，卫家算是渡过了一劫。

汉武帝陵密码

在屏幕上上演的古装电视剧《卫子夫》中，在汉武帝封幼子刘闳为齐王后，王夫人当上齐王太后，随齐王一同去了封地。但真实的历史却并非如此。历史上的王夫人确实是病死的，只是关于她的病因和逝去时间都没有详细的记载。

赵国人王夫人在自己的儿子刘闳被立为齐王后不久就生病去世了，汉武帝派使者去祭拜道："皇帝谨派使者太中大夫捧着璧玉一块，赐封夫人为齐王太后。"汉武帝因王夫人的离世十分悲痛，日日思念，伤心难过，还特意请来道士为王夫人招魂，这就是历史上著名的"汉武帝为王夫人招魂"的故事。读到这里可能有人要问了，汉武帝不是为李夫人招魂吗？现在就让我们一起去探索原因。

公元前116年，汉武帝刘彻因为十分思念王夫人，又听闻齐人中有一名叫少翁的方士能招回死人的灵魂，就赶紧命人找来了少翁，让他招回王夫人的灵魂，以解自己的思念之苦。于是在一天深夜，少翁用方术招来王夫人的鬼魂，以灶神的形貌出现，隔着帷幕与汉武帝相见。汉武帝在晚年的时候十分痴迷于修仙，所以他将术士少翁尊为上宾，并且封他为文成将军，还赏赐很多金银珠宝。

但是在《汉书》中，这段传奇的故事被移到了李夫人身上。而李夫人在《史记》中的记载并不像《汉书》中那样令人印象深刻，更没有什么招魂的记载。不知是不是因为李夫人被霍光封以孝武皇后之名配食武帝的缘故，《汉书》为了增加李夫人的传奇色彩，才将这一段招魂的传说转嫁到李夫人头上。不过经过学者的研究，发现这个齐人少翁比李夫人先死数年，所以汉武帝真正想招魂的应该是王夫人，武帝最思念、最宠爱的也应该是王夫人。而现在人们提到汉武帝招魂，往往指的都是李夫人。而确实有招魂一事的王夫人，倒是被世人忽略了。据《汉书》记载，汉武帝是为李夫人招魂，而事实上那时候王夫人已经去世了很多年，由此也可以看出汉武帝对王夫人用情至深。可见，武帝对王夫人的爱不是一般人能比的。

只可惜刘闳年少，在被封后第八年就去世了，膝下又没有儿子，死后封国被废，变为郡。《汉书》卷63《武五子传》载："闳母王夫人有宠，因尤爱幸，立八年，薨，无子，国除。"在百姓中也流传说，天下人都说齐地不宜封王。

后世，根据学者专家们考证，在汉武帝的元鼎四年，幸河东，祠后土，作《秋风辞》，所以这首《秋风辞》很可能也与怀念王夫人有关，其辞曰："秋风起兮白云飞，草木黄落兮雁南归。兰有秀兮菊有芳，怀佳人兮不能忘。泛楼船兮济汾河，横中流兮扬素波。箫鼓鸣兮发棹歌，欢乐极兮哀情多。少壮几时兮奈老何！"这首辞写景寓情，感情真挚，表达了汉武帝对已故佳人的深切怀念。这首辞大概的意思是：秋风刮起，白云飘飞，草木枯黄，大雁南归。兰花、菊花都无比秀美，散发着淡淡幽香，但是我思念美丽的人的心情却是难以忘怀的。乘坐着楼船行驶在汾河上，行至中央激起白色的波浪。鼓瑟齐鸣船工唱起了歌，欢喜到极点的时候忧愁就无比繁多。少壮的年华总是容易过去，渐渐衰老没有办法！

只是，汉武帝没有因为失去王夫人，就重新回到卫子夫身边，他很快就又喜欢上了李夫人。到了后来，卫青去世，卫家不能再为朝廷建功。最终"巫蛊之祸"爆发，皇后卫子夫及其家族，还是不可避免地遭遇了灭顶之灾。

第五章

地下宫殿的风雨摇曳

汉武帝陵密码

一、宝物外流——扶风商人

说起古代帝王们的厚葬，在历史上，当数秦王朝的统治者颇为突出，秦始皇的陵墓就是一个帝王厚葬的例子。到了汉朝，汉承秦制，汉朝帝王的厚葬之风，被很多专家评为较秦王朝有过之而无不及。比如，我们一直在聊的汉武帝生前营建茂陵，《汉书》载"多藏金钱财物，鸟兽鱼鳖，牛马虎豹生禽，凡百九十物"。

即使是素以"节俭"著称的汉武帝的爷爷汉文帝，他在自己的葬墓上也未能例外。汉文帝执政的生涯，曾以"节俭""无为"著称，汉文帝生前也曾称自己死后，要持续"节俭"，要"薄葬"，陵墓中不以金银铜锡为饰，只需要以陶瓦器皿陪葬即可。这让很多人对汉文帝敬佩不已，可是后来的事情却十分打脸，到了晋代时期，汉文帝的霸陵遭掘，在其陵墓中居然发现了大量的金银珍宝。这也推翻了之前大家对于汉文帝的认识，所谓的"薄葬"，也变成了"厚葬"。

如此看来，汉代的帝王都普遍实行了厚葬，据《晋书·索琳传》记载："汉天子即位一年而为陵，天下贡献三分之，一供宗庙、一供宾客、一充山陵。"大概意思就是，汉朝的天子们生前要将每年赋税收入的三分之一作为修建皇陵的费用。虽然这个数据只是一个大概的统计，并不一定十分准确，但是，汉代的厚葬之风我们从中可见一斑。

当然，汉朝帝王陵墓的"厚葬"也并非只是在墓中填满珍宝这么简单，这些陵墓的厚葬，大致还是要遵循"事死如事生"的原则，也就是说死者生前享受的东西、喜欢的东西，都要被带到墓中去，以供死后可以继续享用。每一个墓葬形制的宅第化与陪葬品的生活化皆十分明显，俨然就如墓主活着的时候是一个样子。汉代的"事死如事生"的陵墓建造传统，为我们现在的考古工作者也提供了大量的信息，汉代的厚葬之风所留下来的，是当时汉代人们生活的重要参照，这也成为今天的人们认识汉代的重要依据。此外，也有专家研究认为，汉代的这种"事死如事生"的传统，与汉代人对孝悌思想的推崇有着很大的关系。

历史上的圣贤孔夫子曾曰："生，事之以礼；死，葬之以礼，祭之以礼。"在当时的汉代人看来，所谓的"孝"不仅表现为人活着时候的"亲亲""尊尊"，而且还体现在父母、长辈死了以后，生者也要一如既往地奉行孝道。在《孝经》中有记载："孝子之事亲也，居则致其敬，养则致其乐，病则致其忧，丧则致其哀，祭则致其严，五者备矣，然后能事亲。"

在这里，孔子虽然并不提倡对于死者进行厚葬，但是，随着后来汉武帝的"独尊儒术"，而古代儒家又有"事死如事生"的丧葬观念，这种观念就被充分发挥，最终还成为汉代厚葬的理论依据。汉代帝王们的厚葬，对于他们自己的陵墓也并没有起到保护的作用，反而成了汉代陵墓屡遭盗掘的重要原因。正因如此，考古界也有了"汉墓十室九空"的说法，也就是说很多汉代的陵墓在历史上早就已经被人盗掘过。比如说，我们前文所讲述的汉文帝的霸陵在成书于汉代的《史记》中，就有被盗的记载，当时盗墓者还在霸陵中发现了大量的"瘗钱"。

在众多的汉代帝王陵墓中，汉武帝的茂陵名气最大。汉武帝是一个被世人公认的伟大皇帝，在历史上圈粉无数。在秦朝时，秦始皇为了防止匈奴进攻，发动全国的力量，修建了一条蜿蜒曲折的万里长城，成为一个壮观之举。但是虎视眈眈的匈奴依然雄踞在关外，万里的长城，在当时只是起到了消极的防御作用。

然而，到了汉武帝掌权时，就大有不同，汉武帝重用了卫青、霍去病和李广等大将，这些大将竟将匈奴军打得"抱头鼠窜"，汉武帝向那些

汉武帝陵密码

对大汉江山有觊觎之心的人，还发出了"犯我强汉者，虽远必诛！"之类的强大声音，这强大有力的声音一直响彻到今天。

汉武帝在位时间长，他亦有很长的时间去修自己的茂陵，这座被汉武帝修了53年的陵墓，其地宫规模之宏大，绝对是令人瞠目的。根据《汉旧仪》的记载：茂陵地宫占地一顷，深十三丈，墓室高一丈七，每边长二丈，墓室四面有通过六匹马驾之车的墓道。

可是，汉武帝生前的雷霆之威并没能震慑他身后的盗墓者。汉武帝的茂陵也是多次被盗，在汉武帝刘彻死后仅三四年内，茂陵就已遭盗掘。

民间传说，汉武帝在位期间，军队在汉武帝的管理和指挥下，将匈奴平定，汉军的威武使得匈奴以西的胡人都为之震惊，各小国纷纷臣服于汉武帝。西胡康渠王为了讨好汉武帝，特意派人将国中的宝物玉箱、瑶杖（也被称为玉杖）献给了汉武帝。《汉武帝内传》载："帝塚中先有一玉箱、一玉杖，此是西方康渠王所献。"见到此二宝，汉武帝非常喜爱，平日有空的时候，汉武帝就喜欢把玩这两样宝物。后来，汉武帝辞世后，后人遵循他生前的喜好，这两样宝物当然也就成了汉武帝的随葬品。

可是，就在公元前84年，也就是汉武帝被埋葬后的第四年，汉武帝梓宫中的玉箱和玉杖就已经出现在了市面上。

当时，有一个扶风（注：现陕西省宝鸡市扶风县）的商人，在扶风的市场上看到玉箱和玉杖正在兜售，而且，明码标价为青布30匹、钱9万。这个商人一眼就看出这两件物品非同一般，识货的扶风商人没有讨价还价便阔绰出手，买下了这两件珍宝。回到家中以后，这位扶风商人就时常炫耀两件宝物，偶尔还会拿出来与人共同分享观赏。

不巧的是，有一天，观赏的人群中，有一位是汉武帝生前的小奴，这小奴识得玉箱、玉杖。一看见两件宝物，就知道这是西胡康渠国国王所献，因汉武帝生前喜爱，故而作为了随葬品。想到此，这个小奴不由吓得一身冷汗，他立刻就明白了，汉武帝的陵墓肯定是被盗了，这才导致茂陵的宝物外流。于是，他急忙报官，当地官员听闻此事，知道其中利害，不敢耽搁，立即下令派人捉拿扶风商人，并对其进行审问。很快，扶风商人就被抓到了官府，扶风商人将自己买玉箱和玉杖的过程全部如实交代，可是，他并不知道出售者姓甚名谁，而那个卖珍宝的商人也并未找到。

当地官员立刻将此事上报朝廷，当时的皇帝汉昭帝的大臣知晓后，便将玉箱、玉杖上交给了汉昭帝，汉昭帝自然认得此物，他确认这两件宝物无疑是汉武帝生前所有物。于是汉昭帝便召来扶风商人，问是何人在卖这两样物件，扶风商人将卖者的相貌描述给汉昭帝与其大臣们听，谁知，他所描述的相貌竟然是汉武帝。

这件事情真可谓是十分的神奇，不过，也有后人研究发现，其实，就是汉武帝的茂陵有可能已经被盗了，所以，才会在扶风的市场出现了玉箱和玉杖两样宝物。那个貌似汉武帝现世卖宝物的售宝人，也成为后世不可解的谜题。出现这样的传说，也有人认为：这一传说，兴许只是汉代皇室为了皇家颜面而杜撰出来的武帝现世卖东西而已！

二、山洞金光——山西采药人

提起中国历史上的两汉时期，很多人都会想起西汉的开国皇帝刘邦、延续国祚的刘秀，除了这两位皇帝外，汉武帝恐怕就是最具知名度的皇帝了。

汉武帝亲手将爷爷和老爸留给自己的文景之治的财富积累，全部都耗干耗尽，这些财富虽然主要用于与匈奴作战，但也不得不承认，汉武帝也耗费巨资打造了自己的长眠之地——茂陵。西汉王朝是中国历史上统治时间较长的一个王朝。自开国皇帝刘邦始，至更始帝刘玄终，在这期间，除了个别皇帝外，大多数的皇帝都在陕西塬上修建了大规模的皇陵。虽然，这些皇帝都曾对自己的长眠之地采取措施加以保护，但令人想不到的是，他们的这些皇陵几乎无一逃脱被盗掘的命运。埋葬"千古一帝"汉武帝刘彻的皇陵自然也在其中，茂陵也是汉代帝王陵墓中规模最大、修造时间最长、陪葬品最丰富的一座。在中国的历史上，像汉武帝茂陵这样规模浩大的皇陵，恐怕只有秦始皇陵能与之相比。正所谓树大招风，汉武帝陵墓的奢华，也招来了众多盗墓贼。

公元前 84 年，就在汉武帝去世三年之后尸骨未寒之时，他的陵墓就已经遭人盗掘。前文我们讲述了，汉武帝生前喜爱的那个玉箱、玉杖，已经出现在市场上，被人买卖。

公元前 64 年，发生了一件更为荒诞的事情。

在山西有一名采药人，名叫李友。李友由于工作的需要，常常在山中采集药物。

这一天，李友又来到上党的抱犊山采药。可别认为采药是一个可以借机游山玩水的轻松活，采药可是相当辛苦和劳累的艰难工作。李友从早上起来就一直不停地攀爬着高山，当他爬到半山时，已经精疲力尽了。

突然间，李友看见了一个山洞，看上去并不深。疲惫的李友走了过去，想要在这里休息一下。他在山洞口处，找了一块平坦的岩石，坐了下来。李友俯视抱犊山，只见眼前满目青翠，山中还有小溪淙淙流淌，眼前的美景，让李友觉得心旷神怡，爬山的疲劳也在不知不觉中悄然消失。

休息片刻过后，李友准备起身离开，继续爬山，寻找草药。就在他起身的时候，他不自觉地回头看了山洞一眼。这一看，居然有了大的发现。李友看到黑暗的山洞里仿佛有东西正在发着闪闪的金光。在强烈的好奇心的驱使下，李友小心翼翼地向洞内摸索，一步步向洞深处走去，每走一步，他就发现那个东西发出的金光更加清晰了。李友在黑暗的山洞里，心惊胆战地走了大约 200 米，终于看到了那个闪光东西的全貌，原来是一个金箱子。这可乐坏了李友，他心想：这个金箱子足够自己下半辈子享用的了，可能是老天看我采药太辛苦了，所以特意给我的赏赐，让我下半辈子可以过得轻松一些吧！李友想罢，就尝试着想要把金箱子抱起来。可是，箱子实在是太沉了。李友好不容易费了九牛二虎之力后，才终于把金箱子一点一点地挪到了洞口。兴奋得来不及休息的李友，连忙小心翼翼地打开金箱子，可金箱子里面并不像李友想象的满箱珍宝，李友发现金箱子里面盛了满满的一箱书籍。这些书籍都被人码放得整整齐齐的，李友心想：能用金箱子来装的，肯定也是非常重要的书籍。于是，他开始仔细数算里面的书籍，金箱子里共计有杂书 40 多卷，包括：《老子》2 卷、《太上紫文》13 卷、《灵蹻经》6 卷、《太素中脂经》6 卷、《天柱经》9 卷、《六龙步元文》7 卷、《马皇受真术》4 卷。

李友还是不明白，到底是什么样的人，会用金箱子把这些书籍装起来呢？他随手从金箱里拿出一本书籍，打开了其中的一卷，只见书上面赫然写着"御书"二字。这可吓了李友一大跳，他赶紧揉揉眼睛，再仔细一看，这卷书乃是汉武帝读过的书。那么，汉武帝读过的书怎么会藏在这个山洞里呢？再说，汉武帝不是早已……李友越想越害怕，他赶忙把书合好放回箱子。关上金箱后，李友越想越不对劲，他决定先把金箱藏在山洞中。李友又费了好大的力气，把金箱子放回了山洞里，然后又找来了树枝、杂草，把箱子盖好。李友认为药是采不下去了。他匆匆忙忙地下山回家，他要好好想想接下来到底要怎么办。

疲惫不堪的李友回到家中后，却怎么也睡不着了，他思索再三，私藏汉武帝的书籍可不是一件小事，搞不好是要掉脑袋的，说不定还会连累亲族。再说了，这金箱子和书籍本来就不属于自己，自己还是诚实地做人吧，这样，日子才会过得踏实，心里才会过得平安。想到这里，李友再也躺不下去了，他起身决定去官府报告。

李友到了官府，将事情全部都如实上报，河东太守张纯听闻此事，不敢怠慢，马上派手下的兵丁跟随李友上山，在李友的带路下，兵丁们很快就来到了山洞里，李友带着兵丁走进山洞的深处，扒开树枝和杂草，找到了金箱子。几个身强体壮的士兵很快就把金箱子抬下了山。河东太守张纯仔细查看了金箱子和其中的书籍，他确定这个金箱子就是汉武帝之物。确定后，张纯马上把这件事情上报给了当时的皇帝汉宣帝。

汉宣帝听闻此事，立刻命人把金箱子抬到宫中，再次确认。汉宣帝召来先前跟从过汉武帝的众大臣，让他们来辨认这是不是汉武帝之物。当时，大臣中有一典书郎冉登，他原是汉武帝时的侍臣。他仔细查看了金箱和经书后，痛哭流涕地上奏汉宣帝，道："此金箱和经书，正是孝武皇帝（汉武帝）随葬之物，当时，还是我亲手将这两样物品放进陵墓的，怎么会出现在这儿呢？"说着，这位典书郎就哭得更加厉害了。

汉宣帝听了此话，十分惊愕。是啊，祖上陵墓中的陪葬品，怎么会出现在这里呢？汉宣帝听完便意识到茂陵被盗了，他询问了事情的来龙去脉，可并没有查到是谁将书箱盗出。在这种情况下，汉宣帝令人先将金书箱送回汉武帝的陵中，并检查茂陵被盗情况。但是当汉宣帝的手下抬着金书箱进入茂陵时，却惊奇地发现，汉武帝的茂陵内竟然完好如初，派往的官员并未发现盗洞，茂陵依然完整无缺，没有任何证据可以证明曾有人进入过陵内。但是这金箱，连同之前的玉杖、玉箱到底是怎么出去的呢？这至今仍是一个难解的谜。

三、大规模盗掘——赤眉西行

盗墓也叫掘冢，说起盗墓行业的祖师爷和盗墓行业最为出名的人，相信很多人都能想起孙殿英等人，孙殿英臭名昭著的盗墓事迹，已经是许多人口中的谈资。但是，如果问及历史上最大的盗墓团伙是谁，那么，恐怕没有几个人能够答出来。也许更没有人能够想到，中国历史上最大的盗墓团伙，居然是一伙农民起义军。这支农民起义军的名字叫作赤眉军。

西汉末年土地兼并严重，普通的百姓遭到的剥削和压迫也越来越重，这让很多无法生存下去的百姓被迫出逃为盗，而这些人后来也就逐渐转化为起义军，在其中最大的两股势力就是绿林军和赤眉军。赤眉军成立于公元 18 年，琅琊人樊崇率百余人进入泰山，揭竿起义，开始与王莽对抗。虽然王莽在一段时间内，凭借着一定的优势当了一段时间的皇帝，但是能力不足，王莽的政策实施失败，百姓所遭遇到的负担也越来越重，这导致了当时一批又一批的人反戈，民间也有越来越多的人开始参加起义。

而樊崇的队伍里，他命令所有的战士都要将自己的眉毛画成红色，这不是为了好看，而是为了特殊，因为红色的眉毛可以方便战士们在战场上快速、清晰地分清敌人和友军，所以樊崇带领的队伍就被称为赤眉军，这也成了赤眉军名字的由来。当时，王莽实行的许多政策都确实不得民心，这致使全国各地起义军四起。但是，赤眉军这支军队和后来的众多军队还是很不一样的，樊崇率领的赤眉军大多数都是由农民组成，他们并没有整齐划一的纪律，更没有一定的战术战略眼光。

汉武帝陵密码

公元 22 年，王莽得知赤眉军的队伍越来越大，心中十分不安，立刻派了自己的儿子太师王匡和更始将军廉丹前往山东一带镇压赤眉军。可是，王匡和廉丹并没有什么真本事，他们一路上带着军队只顾着残害百姓，抢夺财物。王匡和廉丹的行为，惹起了本来就处于水深火热中的山东人民的强烈怒火，在山东百姓中甚至开始流传一句谚语："宁逢赤眉，不逢太师，太师尚可，更始杀我。"由于王匡和廉丹的军队对于百姓的残害，致使越来越多的人加入起义军，赤眉军坐收渔翁之利，队伍也得到了空前的壮大，赤眉军在樊崇等人的率领下，击败了王匡那不堪一击的 10 万大军。从此以后，赤眉军纵横于黄河两岸，再也没有新朝军队能够阻挡赤眉军的进攻。

更始帝刘玄建立玄汉政权以后，樊崇、逢安等赤眉军将领也曾带领着队伍前往投奔，结果他们在更始帝刘玄那里只得了一个列侯的封赏，这让拥有着众兵的他们大为不满，索性再度逃走，樊崇、逢安等赤眉军将领又一次重新拉起了赤眉军大旗。这支起义部队"一遇风云化作龙"，越发强大。

公元 24 年，赤眉军的队伍已经发展到了 30 多万人，他们开始商量接下来的发展路线，眼看关东现在已经处处残破，不能养活这 30 万大军了。于是，他们就产生了向关中地区发展的想法。而当时刘玄的队伍已经迁都长安，赤眉军的西进免不了要和刘玄产生冲突。

在赤眉军西行的战斗中，樊崇率领 30 万赤眉军一举击溃刘玄派来的大军，刘玄部队四处溃散，望风而逃。就在这关键的时刻，已经兵败的刘玄，还与支持他的绿林军之间发生了冲突，结果两败俱伤，这也为赤眉军进驻长安铺平了道路，很快，长安就这样落入了樊崇手里。败落的刘玄被杀，损失巨大的绿林军也正式被赤眉军吞并。樊崇带领赤眉军进入长安后，拥立西汉宗室后人、牧羊童子刘盆子为皇帝，在长安建立起了政权。

因为赤眉军是一支由穷苦农民组成的部队,队伍成员的组成可谓是鱼龙混杂,加上樊崇对军纪管理不严,所以这支队伍进入长安做的第一件事情就是大肆劫掠。

虽然已经执政掌权了,只可惜,盗匪出身的赤眉军到长安以后,依然本性难改。他们在长安大肆进行洗劫,甚至在长安的商人都不敢再开门做生意。随着时间的推移,还没有等到长安的百姓起来反抗,樊崇等人在长安就已经待得厌烦了,再加上赤眉军将军管理无道,他们在粮食上十分短缺,樊崇开始带领着他的赤眉军继续向西前行,准备对付陇右的隗嚣。隗嚣坐镇陇右,赤眉军攻打陇右的主要原因是隗嚣手下兵精粮足。也正是因为兵粮充足,所以,隗嚣的军队根本不惧怕赤眉军,隗嚣派出大将杨广,率军一举就将赤眉军击破。

无奈之下,打了败仗的樊崇只得率军东返。而此时已经渐渐入冬,天气寒冷,赤眉军在大败后,整个队伍士气极为低落。赤眉军中又缺衣少食,这些没有经过严格训练的士兵,哪里经得起这么大的苦楚,众多士兵怨声载道,赤眉军营里叫苦连天。之前,选择舍下长安城继续向西进军,现在,长安城已经被邓禹占领了,樊崇想要再进入长安必须打一场硬仗才行。但是,依靠着现在的赤眉军去打仗几乎是不可能获胜的。要想获胜,再次进入长安,唯一的希望,就是再次提振赤眉军的士气。

而如何能再次提振赤眉军的士气呢?樊崇知道,自己手下的战士最感兴趣的东西就是财物,所以,提振士气最直接的方法就是给予金银财宝。但是,现在手中银两紧张啊,思考良久后,樊崇就将目光放在了长安城外的汉帝陵墓上面。长安的附近,有着许多的陵墓,而且这些陵墓基本上都是汉朝皇帝的陵墓。前面,我们讲述过汉代厚葬成风,那么,汉代皇帝的陵墓自然是宝贝多多了,所以,这些赤眉军就开始大肆地盗掘皇陵。

赤眉军顶风冒雪赶到今天陕西咸阳附近,据史书记载,汉武帝的茂

汉武帝陵密码

陵就是在这个时候，被第一次大规模盗掘的。赤眉军掘开茂陵后，发现陵墓里面的宝物堆积如山。于是，这些强壮的、成千上万的士卒一拥而上，纷纷强搬陵中宝物。就是如此众多的士卒在汉武帝的茂陵里搬了几十天，但"陵中物仍不能减半"。真是贫穷限制了我们的想象，真不知茂陵里到底藏了多少宝物。

而在汉武帝茂陵附近的帝后陵，也遭到了同样的命运。其实，不论是帝王的陵寝，还是民间的坟墓，都是人类用来处置自己尸体的地方，是人类死后给自己寻找的安息之所。但是凡盗墓就不可能不碰到尸体。据说，历史上有不少的"义盗"，他们在对坟墓进行挖掘之前，会对着坟墓烧香磕头，然后再掘土，以乞求墓主的宽恕，减轻自己的罪孽，希望墓主人不要怪罪自己，同时也为自己的家人祈求平安。但由于盗掘者的动机和目的不同，所以，他们对尸骨的处理方式也不尽相同。有"义盗"，也就有"脏盗"，"脏盗"是指对死者产生不尊重的行为。但不论采取何种方式，盗就是盗，"义盗"也好，"脏盗"也罢，本质上都是对死者的大不敬，盗墓行为不管是在法律上还是道德上来讲，都是不被认可的，是不同形式的"辱尸"行为。

令人发指的是，这些赤眉军竟然干起了奸尸的可耻勾当。据《后汉书·刘宣子传》记载："逢大雪，坑谷皆满，士多冻死，乃复还，发掘诸陵，取其宝货，遂污辱吕后尸。凡贼所发，有玉匣殓者率皆如生，故赤眉得多行淫秽。"

吕雉是汉高祖刘邦的正妻，在历史上是很有名气的。她以心狠手辣著称，是中国历史上有记载的第一位皇后和皇太后，她生前也是一个相当厉害的狠角色，也是第一个临朝称制的女性。后来，吕雉被项羽抓去当了两年的人质。等到吕雉再次回到汉高祖刘邦身边时，却发现自己日思夜想的丈夫已经另宠新欢。这让吕雉无法面对，随后她的性情大变，开始诛功臣，杀情敌，杀宗亲，立外戚，临朝专政，直到62岁病亡，与汉高祖刘邦合葬长陵。而赤眉军掘陵时距离吕雉下葬的公元前 180 年已有 200 多年。但是进入墓中，令人称奇的是，吕雉仍如活着时一样，因为对西汉王朝憎恨才起义的农民兄弟动起了歪念，色胆包天，淫而后快。

公元 26 年，赤眉军再一次"光顾"了茂陵。当时，赤眉军被刘秀领导的起义军打败，走上了穷途末路，军心不稳，樊崇带领军队兵退咸阳。许多士兵都开了小差，军心更为不稳，樊崇正为眼前的景况一筹莫展。此时，樊崇身边有一个军师，名叫徐宣，他给樊崇出了一个馊主意，说道："眼下我们东有刘秀穷追猛打，西有隗嚣追击侵袭，两面受敌，插翅难飞，想退是不可能了。眼下之计，只有设法再次打进长安，我们才能有一线生机。但现在士兵士气不振，不如叫大家去掘坟盗宝，士兵们有了财物，士气自然高昂，攻进长安就有希望了。"樊崇听得此言，茅塞顿开，立即下令士兵再次去盗茂陵。所以就在这一年，茂陵再一次遭到了赤眉军的盗掘。

或许真的是因为赤眉军行恶太多，盗墓奸尸，惹得天怒人怨。上天已经不再考虑让赤眉军得到天下的统治权，原本顺风顺水的赤眉军，此后却在军事上节节败退，在政治上更是民心尽失。

没有了军队的实力，又丧失了百姓的支持，所以，等到了赤眉军建立政权的第二年，就是公元 26 年的十二月，樊崇不得不带赤眉军离开长安，选择东归。次年，与刘秀率领的队伍在崤山地区交战时，赤眉军被刘秀军彻底击败，全军投降于刘秀军，最终，曾经风光一时的赤眉军，落得了个凄凉的下场。

樊崇身边的那个军师徐宣此次出主意去盗茂陵，除了真心想要帮助樊崇提高士气外，更为重要的一个原因是想得到茂陵中的道术秘册。原来，这个徐宣能掐会算，他曾经当过县里的狱吏，所以，他在《易经》上造诣匪浅。徐宣知道汉武帝生前信神敬仙，所以，汉武帝一定收集了不少方士的道术。徐宣猜想汉武帝的陵墓中必有秘册，这才是徐宣想要盗掘茂陵的真正目的。但是后来的事实证明了徐宣的这个想法只是一种猜测，而且还是一个错误的猜想。原来，到达茂陵后，徐宣命令赤眉的士兵们找遍了茂陵的所有角落，也没找到什么秘册。后来，徐宣甚至还命令士兵捣毁了著名的茂陵陪葬墓——西汉大将军霍去病墓，然而道术秘册却不见一点蛛丝马迹。

在历史上，似乎每每到了天下大乱之时，汉武帝的茂陵就成了盗墓贼的待宰羔羊，成为他们任意取之的宝地。盗墓贼们得手后，纷纷为盗掘了茂陵而额手称庆，正当他们准备为自己的胜利大摆筵席的时候，烹羊的铁锅都已经架起来了，可铁锅里面的汤汁还没有煮沸，他们自己就已经变得朝不保夕了，难道是来自汉武帝的报应？

四、秘密任务——董卓、吕布

历史上的盗墓现象，从古至今一直都存在，被盗的墓穴主人生前如果有钱有权，那他的墓就成为了盗墓者觊觎的最佳对象。从中国的盗墓史上来看，有一个无形的规律，墓冢在100年至200年内被盗的占80%以上，事实证明，这种推测是客观存在的。有利益，就会有抢夺，前有厚葬之风，后必出现盗墓高潮，总有一些人为了利益，失去良知。厚葬之风到西汉时期达到了第一个高峰，汉灭亡后也在中国盗墓史上形成盗墓第一波高潮。

在中国的盗墓历史上，有过三次大规模盗墓高潮，这三次盗墓高潮中的第一次，就出现在西汉末年至南北朝这一段时间。这一历史时期，社会动乱，小朝廷如玩游戏般地频繁交替，今天你掌他，后来他治你，世道非常的乱，饥民遍野。有的为了生存下来，有的为了壮大队伍，大家纷纷走上了盗墓的路途。整个社会开始上演你盗我亦盗，大家一起盗，民间盗墓成风的盗墓大剧。这一时期，盗墓狂人出现比较集中。

东汉末年，中国历史上出现了一个恶霸人物——董卓。董卓在当时是凉州城里的一个下层豪强，他的部属大多数都是些地方上的土霸和当地民族的豪酋。这些土霸和豪酋以董卓为首，组成了一个极端凶恶的豺虎盗贼团队，他们也成为历史上最野蛮的破坏者。当时人口、文化、财物大多都集中在洛阳、长安两个城市，类似董卓的这群野兽对社会毁坏殆尽。

到了东汉末年的时候，掌管天下的灵帝驾崩，东汉朝廷各派开启争权夺位大战，何进和宦官之间发起了异常激烈的争夺。原本数名甲士即可解决的事情，不知何进到底是怎么想的，他居然头脑发热，召董卓等边镇将领入京，帮助自己剪除阉患。董卓原为汉时河东太守，曾带兵征讨黄巾军，官至西凉刺史（相当于省部级行政首长）。

事情的结局，熟悉历史的人们都知道了。何进被宦官杀死了，而被他召回来的董卓却趁机杀入洛阳城。原来，公元 189 年，董卓在大将军何进的授意之下，带兵进入京城，准备帮助大将军何进铲除宦官，可是，世事难料，还没有等到董卓，何进却让宦官给杀了。这件事情，也让董卓得了一个大便宜，他借此时机收编了何进的部队。又采纳李儒的计策，赠送赤兔马，收服了吕布。而"人中吕布，马中赤兔"一说由此而来。从此，董卓称霸朝野，不可一世。

董卓本人生性残暴，滥杀生灵，被后人称为"恶霸"，他最受历史学家指责的是废汉帝一事。当时董卓挟持了汉少帝刘辩，还自封为国相。董卓开始在朝廷中大权独揽，而这位少帝刘辩才登上龙座仅 5 个月，就让董卓废为弘农王，换上了年龄更小的刘协登上帝位，即汉献帝。朝臣碍于董卓的淫威也敢怒不敢言。因为汉献帝年龄小，所以董卓掌控起来更加容易。小小的汉献帝在董卓手中，就成了一个名副其实的傀儡，此时的董卓已经成为实际上的皇帝。董卓掌权后，开始大肆封赏董氏族人。

除了滥杀生灵，废弃皇帝外，董卓被指为"恶霸"的另一个原因就是：董卓曾经下令，让自己的手下大将吕布盗掘西汉诸皇陵，至于吕布盗掘诸陵的详细情况史无记载，但其盗掘茂陵却留下了一个故事。

众所周知，汉武帝在晚年的时候，非常痴迷于巫蛊、厌胜之术，甚至还由此引发了牵连甚广的"巫蛊之祸"，使得天下无数人蒙冤而死。而汉武帝一直为了想要长生不老，广招四方术士，还收集天下各类奇特药方，并且让人为其炼制仙丹。而汉武帝死后，自他的茂陵地宫封上那一刻起，不少盗墓者便盯上了那里，前面我们讲述到：历史上关于茂陵有记载的第一盗是东汉初年农民起义军赤眉军干的。

汉武帝的茂陵营建了53年，地宫巨大，是西汉皇陵中最大的一座陵墓。虽然之前，茂陵已经让赤眉军光顾过，但吕布进去后，依然发现了不少的陪葬品，众多的稀世珍宝仍是堆放满地，吕布在茂陵中满载而归，甚至还把刘彻的棺椁翻得乱七八糟。吕布为何进入茂陵后要乱翻刘彻的棺椁？

据说，在盗掘茂陵之前，董卓曾召见吕布交付给他一个秘密任务，那就是进入茂陵以后，要他一定留心寻找茂陵墓中的秘方妙药。

原来，董卓有一个孙女，名叫董白。这个女孩长得十分漂亮，生得明眸皓齿，聪慧秀丽，真可谓是花容月貌，而且生性乖巧懂事。董卓非常喜爱这个孙女，将其视为掌上明珠。原本，由于董白年纪太小，不能得到封号，可是董卓却打破惯例。董白10岁的时候，董卓就封她为渭阳君，并且还为她举行了盛大的仪式。在仪式举行时，董卓为了显示他对这个孙女特殊的宠爱，还特意命令兵士搭起了宽6米多、高2米的高坛，年仅10岁的董白就坐在显贵的轩金华青盖车中，由朝廷中的一大批官员簇拥着这位小女孩。董白登坛受封，那场面真是好不隆重啊。但即使是如此浩大的场面，也没有让这个小女孩从内心里高兴起来。原来董白是一个哑巴。看着自己心爱的孙女不能讲话，董卓十分忧虑，他曾经广延天下的名医为她医治，可是均未见效。后来，董卓听手下大臣说，汉武帝刘彻一生敬神寻仙，四处寻找方术，熬炼仙药，说不定汉武帝的茂陵中会有专治哑巴的灵丹妙药。董卓听闻此话，喜出望外，于是，他把这个秘密任务交给了自己手下的大将吕布。

吕布领受了这个特殊的任务后，就带领着一大批士兵进入了茂陵，吕布在带领着士兵们搬运大批宝物的同时，也细心地在茂陵里找起了灵丹妙药。但是，吕布他们在汉武帝的茂陵里搜了个遍，就连汉武帝的棺木也被翻了一个底儿朝天，董卓所要的灵丹妙药还是没能找到。

吕布满面愁容地站在汉武帝的陵墓中，他心中既着急又懊丧，自己没能完成董卓交予的这个特殊的使命，真不知道回去如何面对董卓。正在吕布一筹莫展的时候，突然间，有一个士兵跑了过来，只见他手里拿着一卷绢纸，边跑边大声喊道："找到了，找到了！"士兵一路小跑，跑到了吕布面前。吕布听到以后，心中不由得一阵狂喜，他甚至已经等不及士兵报告了，一把就把绢纸从这个士兵的手中抢了过来，赶紧打开绢纸一看，只见那卷绢纸上面，用隶书端端正正地写着 12 个大字："千里草，何青青，十日卜，不得生。"吕布只是一介武夫，他好不容易认识了这几个字，对他来说已经实属不易，所以，他哪里还会理解这卷绢纸的深意，他心想这也许就是董卓所需要找的那个灵丹妙药。于是，吕布拿着这卷绢纸兴高采烈地宣布班师回朝。

从茂陵回来后，吕布兴奋地将这一卷绢纸交给了董卓。董卓听说找到了自己想要的灵丹妙药，就赶紧拿过绢纸来，仔细端详了一阵，看着眼前的这 12 个字，董卓也不知上面写的到底是什么意思，于是，转过身去问身边的大臣。然而，这些大臣却都面面相觑，无一人应答董卓的问题。董卓大怒，厉声喝问："你们这群乌合之众，区区这 12 个字的意思，你们都不能给我解释清楚，我养你们这帮无用之人有何用！"在董卓的厉声之下，众大臣们无不战栗害怕。董卓看此情况更为生气，他愤愤起身走下殿来，双目圆睁，狠狠地逼视着站在最前面的大臣。这位大臣吓得一身冷汗，他一看董卓发怒，感到大事不妙，身体一软扑通一声跪在地上，连连叩头求饶，说："大王有所不知，臣非不知，而是实在不敢说呀。"董卓立刻说道："你说，本王不怪你，赶快说。"大臣吓得颤声道："绢纸上的这句话是……""是什么？"董卓的声音更大了。大臣连忙答道："大王，绢纸上的这句话是诅咒您的。""如何见得？这12字诅咒本王什么？"董卓仍是不解。

大臣指着绢纸上的12个字，说道："大王请看，这绢纸上的'千里草'，合起来是一个'董'字，而下面的'十日卜'合起来，就是一个'卓'字，这句话是在诅咒大王您不得生啊！"董卓听完后，气得都快要晕过去了，他伸手将那一卷绢纸抓起来，用力撕扯，想将其撕个粉碎，但是，无奈这绢纸实在是太结实，无论董卓怎么用力地撕也撕不碎。盛怒之下，董卓将绢纸掷在地上，用脚拼命地踩踏，并大声斥责怒骂吕布："你带来的是什么东西，饭桶！滚下殿去……"

董卓没有想到，这汉武帝的棺中竟然还有预言他董卓要死的占卜之文，他没有找到秘方，反而遭到戏弄咒骂，被汉武帝陵墓里的绢纸咒骂不得好死！董卓恶从胆边生，一怒之下，下令想要把汉武帝刘彻的尸骨拖出棺外"晒尸"羞辱一番。

大文豪蔡邕认为先帝陵墓和遗体是不可以被羞辱的，于是斗胆劝谏董卓。蔡邕说："大王请息怒，大王如果真的动了汉武帝的陵寝，只怕会坏了龙脉，影响到大王的霸业。"

一心只想取代汉室称帝的董卓也十分的迷信，他听了此话以后，渐渐冷静了下来。董卓不但收回了命令，还因为怕弄坏地脉风水，坏了自己的霸业，竟然还派人将先前吕布带兵从汉武帝茂陵里搬出来的全部陪葬品又都放了回去，把汉武帝的遗体也放回了棺中，还派人将茂陵重新封了起来并加以修葺。

董卓盗墓在正史上并无准确记载，演义小说里多有描述，所谓的"千里草"乃附会之说，刘彻再聪明也不可能想到300年后会出现董卓这个盗墓恶贼。但是董卓并未因此逃过一劫，数年后，王允唆使吕布杀了恶贯满盈的董卓，"董卓死"的文字成真。

上面的故事很精彩，有人说这个故事只是现代人根据《后汉书》和野史传说编写的一段精彩的盗墓故事罢了。但其实也不尽然，这个故事还是有历史依据的。

按照《后汉书》的记载，在董卓废少帝、立献帝之后，民间就开始流传着一首歌谣："千里草，何青青。十日卜，不得生。"这首歌谣暗示了"卓自下摩上，以臣陵君也。青青者，暴盛之貌也。不得生者，亦旋破亡"，古代的人大多数都迷信，他们喜欢借助天命造势，通过这一首歌谣也增强了诸侯的信心，号召天下诸侯合力讨伐董卓。当然，也不排除这首歌谣是各方诸侯为了讨伐董卓揭前造势罢了。

"恶霸"董卓与历史上最毒的盗墓者伍子胥一样，都是死在了女人的手上，董卓最后也中了"美人计"，他是被中国古代"四大美女"之一的貂蝉所害。当时，司徒王允先是将貂蝉许给吕布，后又将貂蝉偷献给了董卓，用此计离间了这对"父子"，致使两个人反目成仇，最后王允与吕布合谋杀死了董卓。

汉武帝的茂陵，因为过于奢华，常常成为盗墓者首选。根据历史资料记载，汉武帝的茂陵有确切史料记载的被盗，就有至少四次。董卓命令吕布盗挖茂陵，没有确切的史料，但并不能排除，毕竟三国前后盗墓成风。这也许就是曹操、诸葛亮、司马懿等人坚持薄葬，他们的陵墓到现在都没法最终确定位置的原因吧。

五、最蠢的盗墓贼——强弩之末

说起中国的文化，"盗墓"也算是一个特色的文化了。大量的珍宝被埋到了地下，自然就会让贪财者盯上，由此中国最具特色的"盗墓文化"也就一直没有败落。

盗墓者最关注、点击率最高的，还要数帝王们的陵墓。众所周知，每一座帝王陵墓都是一座地下的庞大宝库，里面的陪葬品更是件件都是价值连城的，哪怕盗墓者只是盗取了当年一只极普通的瓷碗，现在都是价值连城的文物。而帝王的陵墓存在时间越早，他们的陪葬品的文物价值也就越高。

根据民间的传说和历史的史料记载，中国历史上帝王陵陪葬品最丰富的，上榜的是这三座帝王陵墓：秦陵、茂陵、乾陵。前两座是我们的历史伟人毛泽东曾在他的诗词中所提到的"秦皇""汉武"的陵墓，而排位第三的则是乾陵，乾陵是中国历史上唯一的女皇武则天与她的丈夫唐高宗李治的合葬墓。

汉武帝刘彻是西汉第七位皇帝，他执政掌权共有54年。他在位期间，励精图治，巩固并加强了我国多民族的统一，他一生努力形成了西汉一代的鼎盛局面，汉武帝刘彻也因此成为我国历史上很有作为的封建帝王。

而汉武帝刘彻的陵墓自从建成的那一刻起，就已经成了盗墓贼们垂涎的目标。但是，由于汉武帝的茂陵实在是太雄伟高大了，面对着像金字塔一般壮观的茂陵，一般的小盗墓贼们只能望而却步，转向其他目标。可是不管汉武帝的茂陵有多么坚固，它还是无法挡住军队这样的大盗墓贼。茂陵建得越是奢华，就越是容易被盗墓贼们惦记。在历史的前进中，汉武帝的这座巨大的藏珍聚宝之地宫——茂陵，曾多次被盗。

茂陵的第一次被盗发生在公元前84年。根据《汉武帝内传》中记载："帝冢梓宫内有玉箱、玉仗，是西域康居国王所献，帝甚爱之。其后四年，有人于扶风剎中买得此二物。帝时左右侍人，有识此物是先帝所珍玩者。"作者所记载的，就是前面我们所提到的扶风商人。

茂陵的第二次被盗发生在公元前64年。同样，根据《汉武帝内传》中的意思说："武帝生前地宫素藏之杂经三十卷，被河东功曹李友，在入上党抱犊山采药的过程中，于崖石中得之，李友把这三十卷杂经放在了一个金箱子里。书卷后题东观臣姓名，记书日月是武帝时。宣帝问武帝侍臣典书郎冉登，冉登说这是孝武皇帝殡殓时之物。"这里所记载的，是我们前文所提到的山西采药人李友在山洞中发现金箱的事情。

茂陵的第三次被盗发生在公元前25年九月。要说前面两次茂陵的宝物外流，还属于意外，那么，茂陵的第三次被盗就是真正的大规模的盗掘了。根据《中国史简编》中记载："第三次被盗是公元25年九月，赤眉军分为13营，共30万人，击败更始军，入长安后，因粮草、经费匮乏而大肆掳掠，他们出城整整用了两三个月时间，打开了茂陵羡门，成千上万起义军，搬去陵内陪葬品，前后长达几十天，但陵中之物仍未减半。"茂陵的这次被盗，是成千上万的军队进行的。不但如此，根据史料记载，当年赤眉这支农民起义军在攻占长安以后，为了发泄自己心中的愤恨，放火焚烧了皇宫，又"发掘诸陵，取其宝物"，士兵们连吕雉的尸体都没有放过，一些士兵对吕雉的尸体进行了奸污。后来，赤眉这支起义军又一次因为没有钱，再一次举兵盗挖了茂陵。这就是前面我们所提到的赤眉军两次大规模盗掘茂陵。

茂陵的第四次被盗，发生在东汉末年。历史上的大恶霸董卓盗挖过茂陵，他叮嘱自己的手下大将吕布，在进入茂陵时一定要注意为他的哑孙女董白寻找治疗秘籍。这就是我们前面所提过的董卓"父子"的秘密。

茂陵的第五次被盗，发生在唐朝末期。这也是茂陵被盗史上最大的浩劫，光顾茂陵的是黄巢起义军。他们当时也和赤眉起义军一样，没有钱用，所以，就来找汉武帝的茂陵讨钱花。根据《中国帝王陵寝》记载，这一次被盗是唐僖宗三年，也就是 880 年，黄巢起义军进入长安后，再次盗掘茂陵，使大量金银玉器散落于各地，茂陵成了他们取得军饷的宝库。

茂陵第五次被盗的主谋者叫黄巢。从历史记载的众多盗墓事件中，我们可以看出，掘坟盗墓大多发生在乱世之秋。国家四分五裂，分分合合，乱世出英雄，同时乱世也出盗贼。黄巢的出现，也是因为乱世，时间在唐末。

原来，唐朝中后期藩镇割据严重，各地方的管理节度使都拥有地方统治权，个个称霸一方。偌大的唐王朝，虽然外表上看上去还是繁荣昌盛，其实，唐王朝的内部已经开始步入了类似东周王朝的衰落命运了。唐王朝的统治者，往好听一点说是各个藩镇节度使的主人，而说难听一点，当朝的统治者就拥有一块关西地区的王畿，全国各地的盐铁税赋，统统都要先经过各地方的节度使们搜刮，而唐王朝最后只能食用这些节度使的剩渣，所以能到达唐朝朝廷手上的物资那真是少得可怜。

公元 9 世纪的时候，黄巢起义发生。这也标志着曾经辉煌、繁华的大唐王朝正式步入衰落灭亡的进程。黄巢起义是继安史之乱以后，唐王朝的又一次大的浩劫，整个唐朝的统治根基被松动，这也为唐朝分裂局面埋下了祸患。

这次发生在唐朝末期的大规模的农民起义军，他们的领导者黄巢出生在山东曹县的盐商家庭，也是一个"富二代"。黄巢本人自幼聪明好学，他文能泼墨成诗，武能提枪带棒，算是一个全能发展型的人才。但因为唐朝是一个诗词歌赋发展巅峰时期，是一个人才辈出的繁华盛世，在当时社会中，文人墨客多得数不胜数，所以，粗通文墨的黄巢并没有因为自己的文采受到太多重视。

早年间，黄巢还是把自己当成一个读书人来看，他认为所谓的练武不过是为了强健自己的身体，但是，作为读书人的黄巢，他的文采明显不是他想象中的那样好。唐朝社会，当时人才选拔的制度还是科举制，这对于很多读书人来说，都像是永远迈不过去的坎，黄巢也不例外。根据不完全的统计，黄巢总共参加过大大小小十几次的科举，却没有一次中过。

黄巢没有范进中举的精神，他在多次科举碰壁后，开始意识到自己貌似根本就不是读书的料，自己即使再努力，也不可能靠着读书出人头地了。所以，黄巢在这种失落中，再回头望望自己身后的盛世长安，他长叹一声，看来，这繁华的长安城，竟然和自己没有半毛钱的关系呀。黄巢带着满腔的遗憾和许多的无奈，挥笔写下他这辈子最有文采的一首诗"他年我若为青帝，报与桃花一处开"（《题菊花》）。

而黄巢的野心就因为这首诗，在这时悄然增长。但是，黄巢的野心归野心，他还是不得不面对眼前的现实，一分钱难倒英雄汉，黄巢的野心无法解决他生活中的烦恼，他还是需要向生活低头。唐朝时候的读书人大多数都是以科考为奋斗目标，可是，人生活在凡世间，光是有目标也不行啊，每一个人都是需要吃饭的。黄巢一直以来，为考科举筹备经费欠下不少债务。在万般无奈之下，黄巢也只好学着自己的父亲一样，去搞一下地下交易——倒卖私盐，这也许就是黄巢屡试不第后对生活的妥协吧！因为，在封建社会的传统观念中，万般皆下品，唯有读书高。在当时的社会中，认为经商的商人是备受社会上层人们嘲笑轻视的阶层。所以，黄巢作为一介书生而去经商是一件非常丢人的事情。因此，我们可以想象，在黄巢厚着脸皮下海经商的背后，有多少的心酸和无奈，黄巢选择这么做，也只是为了能让自己有口饭吃，能活下去。

汉武帝陵密码

天下事不遂人愿，十有八九。本来想着要放下脸面去经商，希望能求得一口饭吃，可是，天灾人祸让黄巢连吃饭的机会都没有。原来，在唐懿宗时期，中原地区连年的灾荒，致使很多普通百姓饿死。这些被逼上绝路的农民，迫于想要活下去的想法，纷纷揭竿而起。黄巢也深深地感知到自己光是靠贩卖私盐，是难以维持生计的，所以，他召集自己的同族兄弟和子侄一共8人，形成了一个小团队。这支小团队分别走向周围的村落，他们走进各家各户，开始怂恿那些吃不上饭的农民造反，在这支小团队的组织下，很快，黄巢的反唐大旗彻底被举起。

最初，黄巢带领的团队实力上还十分的薄弱，他们只能依靠较大的农民势力。为了能够壮大自己，黄巢开始物色有实力、团队较大的农民势力。

王仙芝就是黄巢看上的第一个首领，黄巢带着自己的小团队，加入了王仙芝的大队伍。黄巢也算是一个忠心的人，他跟着王仙芝出生入死、鞍前马后。很快，黄巢就在王仙芝的大队伍中立下了不少汗马功劳。随着黄巢的出色表现，他的名声也愈来愈响。随后，队伍的首领王仙芝在和唐军谈判的时候被害死。就像历史中李自成接过高迎祥的闯王队伍一样，一直表现优秀的黄巢顺理成章地接过了王仙芝的农民军。虽然说曾经的黄巢赴京赶考时一次都没有考中过，可是，人家黄巢毕竟也是读了那么多年书的人，他的学问、看法和眼界都要比普通的农民军领袖高一些，再加上王仙芝先前的积累，因此黄巢的农民军在他的带领下，势力越来越大。

等到了880年，黄巢已经算是初步实现了自己曾经立下的人生夙愿，他带领着农民起义军攻占唐朝东都洛阳城。在第二年的时候，黄巢又带着队伍前行，"冲天香阵透长安，满城尽带黄金甲"。黄巢和他的起义军不遗余力地攻占当年令他失意蹉跎的地方——长安，黄巢给自己的政权起了个名字，叫大齐。

可是，回顾过往，细细回想一下，黄巢最初的身份就是一个穷酸秀才，虽然，他改行经商，贩卖私盐想混饭吃，可别说想赚到太多的钱了，就连基本生活问题都很难解决。由此可见，黄巢本人并没有大集团的财力供应，军队为了能够安稳民心，也很少去抢掠老百姓的财物。这就导致了一个问题：没有强大的资金支持，又不能去抢夺老百姓，黄巢起义军的巨额军费到底要从哪来呢？这也成为黄巢最头疼的问题。除了可以抢夺当地富户的财产，那么，黄巢还有什么办法来弥补军费开支的缺口呢？

前面我们提到过，黄巢曾经是一个读书人，所以，他也应该听说过，在他前面的人物，东汉末年的曹操是怎么获取军费的，没错，就是盗墓。黄巢也将目光转放到了皇帝、皇后的陵墓上，要知道，那里面陪葬的金银珠宝可是够用好一阵子，想到此处，巨额军费似乎有了眉目。于是，黄巢开始策划起了自己的盗墓生涯。可惜的是黄巢没有东汉末年曹操那么专业，也没有他盗墓生涯那么顺利，黄巢带领着队伍虽然去挖了许多帝王将相的陵墓，可他挖到的总是一些早就被盗墓贼盗取过的陵墓，所以，黄巢的盗墓事业收获甚微不说，还耗费了大量人力物力。

黄巢绝不是一个人轻言放弃的人，尽管自己对于盗墓学并没有什么深入的研究，更没有什么异于常人的天赋，但黄巢还是想要努力，专门找一些大墓和重墓来挖掘，希望能够有所收获，以此安慰一下岌岌可危的军心。不知是不是形势所迫，导致黄巢过于心急。他盗墓的目标数量非常多，比如秦始皇陵、汉武帝的茂陵、唐高宗和武则天合葬的乾陵，都是黄巢眼中的一块巨大肥肉。如果不是黄巢这么好大心盛，专门挑选、寻找一些级别高、难度大的陵墓下手，可能黄巢的盗墓生涯也不会这么可笑，甚至是愚蠢。

再看看黄巢盯上的陵墓，这些陵墓的主人都是历史上曾经叱咤风云的人物，其中以秦朝、汉朝、唐朝三朝为主。当时，黄巢为了寻找秦

汉武帝陵密码

始皇陵，也学着东汉乱贼董卓那样找来了一个工头，当年，董卓找的是"三国第一武将"吕布，而黄巢找来的则是一个名不见经传的小人物王潘。

说起这个王潘，他其实根本也不是什么专业的盗墓者，他对盗墓的专业技艺也不了解。而他之所以能够担任盗墓的领导者，完全是因为受到黄巢的赏识，说白了，黄巢就是喜欢王潘，没办法的事。那么，王潘到底是怎么盗取秦始皇陵的，以及他在陵墓里都寻找到什么样的宝物呢？这个在历史上并没有明确记载。也或许，并不是专业出身的王潘根本就没有找到秦始皇陵，他什么宝物也没有拿到，这段扑朔迷离的历史给了我们一个看不见的答案，王潘的盗墓就此不了了之了。

不过，历史上对于黄巢盗取乾陵倒是有着明确的记载。黄巢为了能在武则天的乾陵大有作为，召集了近40万兵马，而这次挖掘，黄巢不光是为了墓地里的陪葬品，更多的是对唐朝统治者的泄愤。

黄巢让40万人共同挖一座山，场景壮观程度我们就不多说了，然而，理想很丰满，现实很骨感，黄巢和他的40万军队忙碌了一天，结果是一无所获，就连乾陵的墓门也没能找到。直到现在，黄巢的盗墓事业依然毫无收获。事实证明，秦始皇陵的盗取没有结果，乾陵又迷迷糊糊搞错方向，那么，现实中的问题来了，黄巢的巨额军费到底从何而来呢？大家可别忘记了，在黄巢的目标中，还有一座汉武帝的茂陵呢！现在，军费最有可能的来源，就剩下汉武帝的茂陵了。这也是黄巢军队最容易得手的陵墓，尽管汉武帝茂陵的结构并不简单，但之前已经有很多盗墓贼光顾过此地。所以黄巢应该可以循着之前盗墓者留下的痕迹找到茂陵，进入陵墓内部，不至于落得像寻找乾陵无门的下场。因为，就算再笨的人都可以跟着脚印行走，更何况是可以率军打仗的读书人黄巢呢！因此黄巢对茂陵的盗取成功了。然而，汉武帝的茂陵早已被西汉末年的赤眉军两次大规模地盗取走了大量的陪葬品，之后，又有"恶霸"董卓对其进行了地毯式的盗取，就连汉武帝的尸体也差点被曝尸野外，那景象可不是一般的惨啊。不光如此，这期间还有很多不知名的私人盗墓小团队也纷纷光临茂陵。所以，有人估计汉武帝茂陵的陪葬品已经所剩无几。所以，关于黄巢盗取茂陵的事情并没有详细记载，也可能是因为其获利甚少吧！估计，连最基本的劳动成本都不够吧！

在官方史学家的笔下，农民起义军一直不被褒扬，他们或被称为"贼"或被称为"盗"。在新旧《唐书》里，黄巢也是"贼"人一个。《旧唐书·僖宗本纪》上有这样的文字，"是月，冤胊贼黄巢聚万人攻郓州，陷之，逐节度使薛崇"。

黄巢在带领着起义军攻占长安城以后，以黄巢为首的农民军痛恨唐朝宗室和官员的腐败，他们开始对这些硕鼠进行大肆屠戮，而长安城中的平民百姓则安然无恙。

但是，黄巢的大齐政权并没有存在多久。当了皇帝的黄巢完全被胜利冲昏了头脑，他没有派兵继续追击唐王朝的残兵败将，这给他的王国留下了很大的祸患。黄巢甚至都没来得及对天下民众颁布治国的诏令，就开始了极度的享乐。整个国家的"防御"早已被他抛在九霄云外了。

黄巢的奢华享乐，给唐王朝带来了莫大的机会。就在黄巢尽情地享受得胜果实的同时，一支支唐朝地方豪强的武装已悄然集结。随后，唐僖宗委任宰相王铎为诸道行营都统，率军打到了长安城下，眼看战斗一触即发。但这又是怎样的战斗呢？黄巢率领的起义军在黄巢的带领下，早已被胜利冲昏了头脑，他们现在的战斗力已今非昔比。唐王朝和大齐的战斗尚未开始，胜负就已确定。黄巢带领的这支起义军还未等唐兵正式开始攻城，只是听说唐兵要前来进攻，便闻风而逃。

这支起义军逃到咸阳后，军心涣散，整个队伍已成了强弩之末。而养精蓄锐的唐军和各路的勤王军队，趁着黄巢没有对他们乘胜追击，他们就立即组织军队对黄巢起义军发起反扑。仅持续不到三年的大齐政权，就此烟消云散。公元 884 年六月十七日，黄巢兵败自杀。唐朝在又持续了二十多年后，也不可避免地走向了灭亡。

黄巢虽然没有成功消灭唐朝，却也成为中国盗墓史上的狂人，并不是因为他盗墓本领高超，乃是因为其盗掘的对象都是重量级。一是效法项羽，掘秦始皇陵，却没有找到陵墓；二是学赤眉军、董卓，掘汉武帝刘彻的茂陵，收获甚微；三是掘武则天与李治的合葬墓乾陵，四十万大军却挖错了方向。

回首两千多年来，汉武帝的这座茂陵潜入了数不胜数的盗墓贼，千疮百孔的茂陵无奈地一次又一次地打开了大门，亲眼见证其中的财物一一被掠夺。茂陵丰富的陪葬品也沦为了盗墓贼们的盛宴，而就在被盗掘的过程之中，我国古代的民族文化宝藏也在不断地流失。

六、血雨腥风——地宫上的战争

汉武帝茂陵被盗次数之多都因为树大招风，茂陵地宫之上的血雨腥风似乎从来就没有断过。除上文中我们所讲述的五次被盗之外，民间传闻，明末的农民起义和清晚期的农民起义都曾光顾过茂陵；到了民国，还有军阀孙连仲盗茂陵的传闻。在清末太平天国运动因需要军费而挖掘过陵墓，并盗走陵墓中大多价值极高的宝物。民国时期，军阀孙连仲在陵上修筑战壕，被怀疑实为盗墓。

中国封建时期的皇帝向来都认为自己不是一般的人，这些皇帝面对天下黎民百姓都声称手中巨大的权力都是来自于上天。而事实上，皇帝作为国家中的第一人，这种说法不过是他们想要加强权力集中的一种手段罢了。谎话说多了，他们自己对于所说的话都深信不疑了，有很多皇帝甚至认为无论是人世间还是阴曹地府他们都会受到神明的庇护。我们无法确定，这些皇帝是否真的经历了神明的庇护，但是可以肯定的是，皇帝们死后他们的安息之所都受到了多次的光顾。

在中国近现代的历史上，关于盗墓的事件也是数不胜数，特别是在民国时期，别说小集团盗墓了，就是那些大规模的军阀盗墓也是一件非常普遍的事情，这种军阀明目张胆的盗墓行为更加重了盗墓的风气，于是在当时形成了盗墓的热潮。在民国的盗墓热潮中，民国上将孙连仲是盗墓的主要代表。因为当时军阀混战，为了能够养活手下成千上万的士兵，孙连仲就选择盗墓来作为资金的来源之一。

孙连仲，字仿鲁，河北雄县人。孙连仲是国民革命二级陆军上将，著名的抗日战争的将领，同时他也是冯玉祥的"十三太保"之一。孙连仲因为台儿庄战役而被众人所熟知。在1990年，孙连仲在台湾病逝，享年87岁。

孙连仲出生在一个生活非常富裕的农村家庭，别看他生长在农村，但是他的父亲却是一个优秀的生意人，他在生意场上获利相当丰厚，所以，孙连仲也算是一个名副其实的"富二代"了。小的时候，孙连仲也上过几年学，可是，淘气的他对读书没有任何兴趣，他整日里就喜欢舞枪弄棒。

1912年，北洋军到河北雄县进行招兵，自幼喜爱当武将的孙连仲觉得这是一次非常难得的机会，于是就到北洋军报名入伍了。孙连仲还真是一个武才，过了两年，他就受到冯玉祥的赏识并被任命为炮兵营班长。1915年底，历史上的护国战争爆发，孙连仲跟随冯玉祥在四川进行作战，因为在此次战争中表现突出，孙连仲被晋升为炮兵营连长。

1926年，北伐战争爆发，当时孙连仲被任命为东路第二军司令官。孙连仲从宁夏到甘肃以后，为了扩大发展国民军队的势力，在没有申请报告的情况下，擅自去了陇南进行收编，想通过这种方法来发展国民军队的势力。得知消息的冯玉祥，对于孙连仲的做法进行了批评和指责，并命令他快速支援正处于被困中的西安。孙连仲接到冯玉祥的命令后，才放弃在陇南的收编，率领军队到西安进行解围。之后，在孙连仲等人的共同努力下，他们打败了刘镇华所率领的军队，加上刘镇华的总司令部又被偷袭，所以，迫于无奈，刘镇华也只好进行撤离，西安之围也终于被解。

1938年，中国发生了台儿庄战役。这也是让孙连仲一举成名的一场战役，在台儿庄战役中，经过孙连仲军队的顽强抵抗，以中国军队的胜利而告终。当时，在台儿庄战役中，孙连仲和他所带领的部队所使用的武器虽然处在劣势，但是，在孙连仲的带领下，士兵们个个勇猛作战，还有他们那大无畏的精神弥补了武器上的不足。这也让他们赢得了这场艰难的战役。

在一场接一场的战争中，为了满足军队经费的需要，很多军阀也开始摇身变为了盗墓者。在众多的军阀盗墓者中，以我们文中所提到的孙连仲盗掘茂陵、孙殿英盗掘清东陵这"二孙"为代表。由于军阀混战，所以这一时期出现了很多骇人听闻的大案。如众所周知的孙殿英盗取东陵，他也因此被人们称作东陵大盗。

在这军阀盗墓的热潮中，汉武帝辉煌的茂陵也是难逃此劫，据说，当时的军阀孙连仲，以在茂陵的岭上修筑战壕为掩护，实则在茂陵中大肆盗窃金银财宝。

赵秉文曾有诗云："渭水桥边不见人，摩挲高冢卧麒麟。千秋万古功名骨，化作咸阳原上尘。"在这首诗中，诗人道出了咸阳原上的历史兴衰荣辱。西汉王朝的历史共有214年，在这期间历经11位正统皇帝，也建造了11座陵园，其中有9座皇帝的陵园建造在咸阳原上，在这其中最为显贵的有五陵，分别是高祖长陵、惠帝安陵、景帝阳陵、武帝茂陵和昭帝平陵。在这片咸阳故地之上，一座座高大的封冢雕刻封存着历史的沧桑和过往……

　　西汉皇帝的 11 座帝陵中，要说最大的，当数汉武帝的茂陵，汉武帝的茂陵也是汉代厚葬之风的典型代表。在中国古代的历史上，如此规模浩大的皇帝陵，也只有统一六国的秦始皇骊山墓方能与之相比了。

　　然而时至今日，经历了多次的被盗事件，历经了地宫上的血雨腥风，茂陵山上早就已经没有了往昔的辉煌与喧嚣。现在，走上茂陵，我们的眼前只留有一片片残垣断瓦，这些残垣断瓦目睹过 2000 多年前的奢华景象。如果有一天，能揭开茂陵的神秘面纱，这座频频被盗墓贼光顾的帝王陵墓，是否还能向我们诉说盛极一时的汉武雄风呢？

　　茂陵在后世中所遭受的种种劫难，是一代英主汉武帝生前绝难想象的。大规模盗墓，让曾经威严、辉煌的茂陵蒙上了一层暗淡的灰尘。汉武帝生前费尽心机营造的宏伟陵墓，却成了后世各路人士争相抢夺的宝地；伴随汉武帝下葬的财宝器物，也都被盗贼肆意抢掠；就连他口中含着的宝珠，穿着"珠襦玉匣"的尸体，也曾被后人扬之于外。唉，早知今日，何必当初？若有在天之灵，不知此时的汉武帝将作何感想？

第六章

汉武帝留在茂陵的奇迹

一、多次被盗封土无损

汉武帝的茂陵由内外两城组成，总占地面积 178020 平方米，边上有 430 米城墙，四周都建有门阙。内城的东、西、北三门阙遗迹，现今去那看，依然能清晰看见汉武帝的茂陵园，还有高高隆起的汉武帝墓冢封土堆。历史上虽然传说汉武帝的茂陵被多次盗掘，但是汉武帝茂陵的封土却完好无损。今天，就让我们一起来探索茂陵留给我们的秘密吧！

茂陵最大的谜团在地宫，因为地宫里到底埋了多少宝贝，至今没人知道。有人说里边金玉如山，是一个绝对的大宝藏；也有人说，茂陵其实早就被盗掘一空了，现在的茂陵其实就是一座空陵。那么哪种说法是真的呢？

咱们先来仔细研究一下茂陵被大规模盗掘的几种传说。西汉末年，绿林赤眉军起义，这支农民起义军攻占了当时的都城长安。赤眉军在进入长安之后，不仅焚烧皇宫，还发掘诸陵，取其宝物。赤眉军命令手下将士将皇宫、宗庙、帝陵、台阁全部焚毁。这个发掘诸陵，据说当时重点挖掘的就是茂陵。民间流传说，当农民军挖开茂陵的时候，所有的人足足愣了有小半个时辰。为什么呢？因为茂陵里面的宝物实在是太多了，多到什么程度呢？这支农民军足足搬了几十天，陵中物仍不能减半，茂陵里面的宝物搬不完呀！最后，他们只好封了墓道。这是茂陵第一次大规模被盗的说法。

而茂陵的第二次被盗，则跟东汉末年的两个著名人物有关。他们分别是董卓和吕布，但在这个传说故事当中，董卓和貂蝉的故事整个被颠覆了，人物关系也发生了大变样。怎么回事呢？原来，在《三国演义》

里边，吕布爱的是貂蝉，因为貂蝉实在是长得太美了。为此，吕布拜见了他的义父董卓，并且请求董卓允准把貂蝉嫁给自己为妻。但是，在茂陵被盗的故事版本里，根本就没有貂蝉这号人物。那么，当时吕布求亲求的是谁呢？当然，求的也不是什么司徒王允。在这个故事里，吕布求亲求的是董卓，大家注意了，这里的故事有了一个很大的变化。别看董卓肥头大耳、体形硕大，他有一个孙女，这个孙女根本就没有遗传董卓的基因，不仅身体长得娇小玲珑，婀娜多姿，她的皮肤还生得特别的白，特别的美，董卓对她疼爱有加。而在这个故事中，吕布喜欢的就是她。不过可惜，这个小董美女虽然天生丽质，却有一个很大的遗憾，她生下来就不会说话。据说，当时董卓和吕布下了决心，一定要治好这个小董美女。可怎么才能治好小董美女的这个哑病呢？

　　有一天，董卓打听到汉武帝的陪葬品当中，有很多的奇书异方。说不定里面就有一个秘方，可以专治这暗哑之病。于是，董卓就和吕布联手，对茂陵实施了一次大规模的盗掘。

　　茂陵被大规模盗掘，据说还有一次，那是在唐代，公元880年，黄巢起义军攻入长安。当时，农民军缺乏粮饷，为了能够解决军中粮饷的问题，黄巢同样想到了茂陵。据说，当年黄巢起义军打开茂陵地宫，足足搬了三天，金银珠宝玉器被搬走了无数，就连住在边上的老百姓，都捡到过他们遗漏的宝物。

　　这是茂陵三次被大规模盗掘的说法。

　　按说，这有时间、有地点、有人物的，这些说法不应该是空穴来风啊！但是，现在的考古专家们却认为，关于茂陵被盗的说法虽然众说纷纭，却未必是真。为什么呢？原来，在2006年的时候，考古专家们对汉武帝的茂陵进行过一次详细的考察。这次考察主要是由陕西省考古研究所主持，考察的范围，覆盖了整个茂陵和它的周边。而您猜怎么着，这次考察让考古专家们非常惊讶，按说汉武帝的茂陵既然已经多次被盗，

汉武帝陵密码

而且其中三次还是大规模的盗挖，那它的封土应该是早已经被大面积地破坏过了，可是问题就出现在这了。陕西省考古研究所的考古专家团队发现，茂陵的封土居然完好无损。

您现在到茂陵去看，它的外形依然非常完整。那么，茂陵到底有没有盗洞呢？考古专家们顺着这个思路找下去，还真在茂陵发现了一些盗洞，但是这些盗洞都非常浅，仔细探知，根本无法到达地宫。这真是奇怪，茂陵既然多次被盗，为什么考古专家们都找不到被盗过的痕迹呢？还有，有关茂陵被盗的各种传说，都有一个致命的伤，那就是当年到底盗走过什么宝物，全部都是语焉不详，在茂陵几次大规模被盗中，都没有提过任何实物。为什么会是这样呢？这是汉武帝茂陵留给我们的一个谜，让我们后人琢磨不明白。但是，有一点却肯定不是谜，那就是汉武帝的茂陵不是一般的盗墓贼能够得逞的。

有一些朋友可能知道一样东西，名叫"三合土"，这是一种用石灰、糯米浆和鸡蛋清搅拌在一起的混合物。这个叫"三合土"的混合物有一个特点，它干了以后极其坚硬。据说，曾经有人做过这样一个实验，把"三合土"的混合物弄到30厘米厚，实验者用锤子击打普通的钢钎，想要把钢钎钉进"三合土"中，结果打秃了三根钢钎，都没有办法将它打穿进去。而中国历史上的古人们就常用这个"三合土"来浇筑墓穴，汉武帝的茂陵也采用了这种技术。

当然，不管茂陵有没有被盗过，它的地宫里到底有什么，或者更准确地说地宫里到底有过什么，因为当代考古原则，咱们现在都无法得知，但是仅凭两点完全可以想象，茂陵地宫肯定是一个大宝藏。其一，汉武帝的茂陵建造工期不仅长达53年，它的工程费用根据史料记载，占据了当时国家税赋的三分之一，而且汉武帝在当时从各地征调的建筑工匠、艺术大师就超过三千人，工程之大令人瞠目。其二就是茂陵邑，规模之大，史无前例。咱们现在到了茂陵，还可以看到在茂陵的东北方，有当年的茂陵邑。

茂陵邑的初建，是从公元前 139 年开始的，为了扩大茂陵邑的规模，汉武帝曾几度下令进行大规模的人口迁徙，据史料记载，当时茂陵邑人口最多的时候，高达 29 万之多，甚至远远超过了汉长安城的人口，据此就足以见得汉武帝是一个不甘寂寞的、死后也不肯放弃皇权的人。那么，他的地宫可能会有些什么呢？

考古专家分析，这几样东西是肯定不会少的，其一是汗血宝马，汉武帝生前有一个特别的嗜好——爱马。而且，据说是爱马成癖，为此汉武帝曾经还写过两首《天马歌》。甚至还有一种说法，说汉武帝之所以发动对匈奴的征战，就是因为他想从匈奴人那里抢好马，还有人说他派张骞出使西域，其中有一个很重要的任务，就是让张骞去寻找好马。

在汉武帝茂陵的周围，我们会发现有很多的墓葬坑，这些都是茂陵的从葬坑，考古专家们从这些从葬坑里面，就曾出土过大量的马匹的尸骨，所以，汉武帝用宝马殉葬，完全有可能。据史料记载，除了马匹以外，牛羊、虎豹、鱼鳖、飞禽，也多有随葬。

我们再说第二个，那就是名家的诗赋手稿，也就是简牍之类的文化类物品，那肯定也少不了啊！因为，汉武帝自幼就酷爱诗赋，尤其喜欢枚乘、司马相如的作品，像枚乘的《七发》，司马相如的《子虚赋》《上林赋》，在中国文学史上，影响极其深远。文史学者们认为，他们的诗赋手稿，肯定是会放进茂陵地宫的。

除了上面我们提到的两类宝物以外，还有一样宝物也极有可能在茂陵的地宫之中，不过，这第三类宝物就真的有可能是历史悬案了，这就是美女陪葬。原来，在民间有这样的一个传说，相传在汉武帝去世以后，他的大臣霍光深知汉武帝喜好女色，曾经从后宫选了二百个宫女，去为汉武帝守陵陪寝。可是不料，这时间一长，宫女们都难耐寂寞，纷纷和守陵的官吏士兵发生私通，甚至发展到了肆无忌惮的地步。霍光知道此

汉武帝陵密码

事以后，非常生气，一道指令下来，把这二百个女子全都给杀了，让她们直接为汉武帝陪葬。但是，这件事情史料上并没有记载，所以，我们也就无从证实。

直至日前为止，中国考古界对于汉武帝的茂陵还是抱有较为乐观的想法，一是因为汉武帝的茂陵修筑了半个多世纪之久，那么，它的内部肯定是机关重重，一般人很难进去，而且，根据《汉书》中记载，在茂陵中除了玄室、明堂留有空间外，其余大都被随葬品堆放得密不透风。茂陵的地宫深邃，四周又都有用石头砌好的护壁。假设，有三五个盗墓者联手，如果他们可以不分昼夜地挖宝，至少要一年到两年的时间，才可以掏到茂陵墓穴的中心部位。再加上在茂陵周围戒备森严，一般的盗墓贼根本就很难得手。所以，大部分的考古专家还是认为茂陵的陪葬品是不可能被盗尽的，要盗也仅是一部分而已。二是历史上早期的盗墓者，他们仅仅看重的是金银珠宝，一些如经书之类的文物、当时人们用的器物并不被看重，所以，想必还会有很多物品被留在地宫中，这也是现在发现的不少被盗多次的陵墓仍能有重大考古发现的原因。

而汉武帝的茂陵为什么被盗多次，封土还是完好无损呢？难道，所有记载的被盗都是假的吗？有考古学家给出了更让我们信服的答案。首先，汉武帝的茂陵属于竖穴式的墓葬。所谓竖穴式墓葬，简单说，就是在地面上，竖直向下挖坑，把棺材放进去，再把土填回到坑里。古代帝王，从商代到西汉，都是采用这样的竖穴墓葬。

从卫星地图上我们也能清楚地看到，在汉武帝茂陵园的外面有一圈方形的建筑，那就是陵园的围墙了。而在围墙内，中间那个四面斜坡的正方形建筑，就是茂陵的封土了，这些在卫星地图上都能清楚地看到。汉武帝茂陵的封土，是所有西汉帝陵里最大的，它边长240米左右，距现在地表的高度为48.5米，相当于16—17层楼那么高。那么，如此高大的封土，如果有盗墓者想通过从上面打洞进入，是很难进入地下的玄宫的。如果想要把茂陵的整个封土完全挖掉，那也真的是异想天开。那么，到底要怎么盗掘茂陵呢？

史书中记载，在战乱时期，有很多人的确盗掘了茂陵。而考古专家们结合茂陵的形制来看，最有可能的盗掘方式，就是从墓道打洞进入。在茂陵主墓室的东西南北，同样各有一条墓道，茂陵上方的封土，覆盖住了大部分的墓室和墓道，但是，在东墓道的位置，封土并未全部覆盖住。也就是说，在这儿，是防守的薄弱点。

事实上，根据今天的考古成果，汉代的帝陵，有不少封土都是存在偏移的。比如汉高祖的长陵和吕后陵，其东、南、北墓道都有很大一部分没有被封土覆盖。综合这些因素，一些考古专家大胆地推断，这些竖穴式的帝陵，应是被人从墓道打洞进入而盗掘的，这个过程对封土的破坏并不严重，而且后世历朝历代还多次对这些帝陵的封土进行维修，所以，今天的我们才会看不到当年盗掘的痕迹了。即使汉武帝的茂陵被盗了多次，我们看到的依然是封土完好无损。

二、茂陵群雕镌刻传奇

茂陵石雕，最初之时，分布在茂陵汉武帝的陪葬墓霍去病墓的四周，后为更有效地保护这些石雕，考古专家将这些石雕保存于茂陵博物馆。汉武帝的茂陵石雕是中国历史迄今发现的最早、最大、保存最完整的大型石刻群，被列为中国首批禁止出国（境）展览的文物。

茂陵的石雕群题材丰富多样，工匠的雕刻手法十分简练，古拙粗犷，造型雄健遒劲，是中国迄今为止发现的时代最早、保存最为完整的大型圆雕工艺品。这些茂陵的群雕也成为汉代石雕艺术的杰出代表作品，它们不仅向我们展现了当时汉代工匠的雕刻特色，在中国美术史上占有重要的地位，同时它们也向我们这些后人讲述着当年汉代的辉煌历史。

汉代大将军霍去病曾经在汉武帝的指挥下，四次领兵正式出击匈奴，在四次激烈的战争中，大将军都以大胜回师，在与匈奴的对战中，消灭敌人共 11 万人，降敌 4 万人。霍去病的征战与胜利，为大汉开疆拓土，打通了通往西域的道路。这让汉武帝治理的时代，牢固地控制了河西走廊，为后来的"丝绸之路"做了进一步的开辟和发展，外部道路的打通，也奠定了稳固的外部环境基础。

汉代大将军霍去病逝世以后，汉武帝心痛不已，为了表示对霍去病的怀念和对他傲人战功的纪念，汉武帝下令在茂陵东北为大将军霍去病修建大型墓冢，并在其墓前雕刻石人、石兽等。霍去病的墓前现存雕刻共有 16 件，其中被鉴定为国家重点文物的共有 12 件，分别是：马踏匈奴、卧马、跃马、石人、人与熊、怪兽吃羊、野猪、伏虎、卧牛、卧象、蛙、蟾。剩余的 4 件中，其中有两件雕刻是石鱼，另外两件是石刻题记，石刻文字为"左司空""平原乐陵宿伯牙霍巨益"，这 4 件雕刻均被鉴定为国家一级文物。

茂陵的群雕作品外观上均构思超凡，题材多样，更让人震惊的是，这些群雕的意象也都博大深沉。汉代工匠的精湛技术，不仅特别表现在各种动物的造型上，而且个个都蕴含着饱满的生机，看上去都惟妙惟肖，生动传神，似乎都带着生气守护在大将军霍去病墓的四周。它们或是腾跃或是宁息，生态万般，无不各具其妍，韵致流溢。这些生龙活虎般的群雕有的质朴而有灵趣，有的力雄风雷，气势浑厚磅礴，每一件雕刻都具有强烈的艺术感染力。

现在，就让我们走近这茂陵群雕吧！

马踏匈奴，它是大将军霍去病墓前最具有纪念意义的石刻作品了，整件石雕高 168 厘米，长 190 厘米，此马的气势轩昂，庄重有力，浑身散发着在战场上威风凛凛的气势。在这匹烈马的下面，还有一个战败的匈奴仰面倒在马下，只见，这个匈奴败将手持着弓箭，满脸的恐惧、害怕。马踏匈奴的雕刻形象生动地反映了大将军霍去病的威武，也表现了当时人们对霍去病战功的赞扬。这件雕刻象征着大汉不可战胜的伟大正义的力量。马踏匈奴的雕刻手法虽然朴实却十分浑厚有力，具有高度的概括力和大胆的想象力。

卧牛，此雕刻长度是 260 厘米，宽 160 厘米。卧牛所展现的风采，与上面的威风凛凛的马踏匈奴完全不一样。这座雕刻成功地表现了牛的温良和驯服以及粗壮有力的特点。这头卧牛的神情，看上去显得十分安详宁静，卧牛坚韧耐劳、质朴敦厚的性格，在它的安静中显得更加突出。卧牛的外观形象也十分真实而生动，它那圆睁的大眼睛，肥大的发出喘息的鼻，还有那宽厚的嘴，都使卧牛的形象逼真而富有生气。

卧马（一），整件雕刻高 150 厘米，长 240 厘米。卧马的整个头部线条十分刚健有力，它的眼眶呈三角形，似乎正炯炯有神地望着前面观看它的人们，马的前半部几笔大的勾勒，流畅遒劲，极富于动感。卧马的前蹄紧扣于地面之上，它的前肢弯成了 90 度的直角，心灵手巧的工匠形象地刻画出了这匹烈马在瞬间一跃而起的动态，人们不禁为工匠雕工的简练精巧而感叹。

卧象，高 58 厘米，长 180 厘米，宽 103 厘米。卧象的前肢微微盘曲，好像是睡眼惺忪，那憨态的样子，呈现出与卧马和卧牛完全不同的神态。它那长长的鼻子斜搭在前足上，从卧相宁静的神态中，还透出了顽皮可爱的神情。卧象头部轮廓，雕刻的工匠采用了圆雕的手法，生动逼真地刻画出了小象的温驯性格，真是栩栩如生，令人赞叹不已。

野猪，这件雕刻长 163 厘米，宽 62 厘米，工匠的刻画手法十分简洁。野猪的双目看上去锐利有神，它那尖尖的嘴正向前伸展着，而脖子处则缩颈贴耳，整个形态显得顽劣而又机警，姿势呈拱身伏地状，整体形象非常逼真。

卧马（二），不知是不是汉武帝和他的大将军霍去病都太喜欢马的原因，茂陵的群雕中，除了有马踏匈奴外，还有两匹卧马。接下来，我们就来看看第二匹卧马。此卧马高 144 厘米，长 260 厘米，它的头部平仰直视，一条前腿向前伸出，而马蹄则有力地踏在地面上，它的另一条前腿微屈抬起，工匠们准确而细致地表现了卧马由静到动的动作过程，那挽起的粗粗的马尾，突显出了战马凶猛的特点，庞大的躯体，成为战马顽强不屈的力量的象征。

伏虎，这件雕刻长 200 厘米，宽 84 厘米。在这件雕刻作品中，工匠着重刻画了老虎的机警和凶猛，它那伺机捕获猎物的兽中之王的形象被刻画得栩栩如生。工匠刀法简洁，这只老虎的全身都刻有条纹，可以显示出老虎的皮毛十分茂盛，它那粗壮有力的虎尾，蜷曲在强壮的虎背上，更增添了老虎咄咄逼人的威猛气势。

怪兽吃羊，此件雕刻长 274 厘米，宽 220 厘米。怪兽吃羊是工匠依照着石材的自然形态就势刻画的。怪兽的眼里与嘴中，都透露着凶残和贪婪神态。整件雕刻线条简练准确，工匠用线雕勾勒出怪兽的前肢，最有创意的是，工匠用石头表面自然形状，来表现羊身上的肌肉。而羊在怪兽口中挣扎的痛苦表情更是表现得淋漓尽致，通过前蹄的用力和肌肉的抽搐，形象地再现出怪兽吃羊的惨烈场景。此雕刻结构十分巧妙，很好地形成了紧张恐怖的气氛，产生出一种强烈的艺术感染力。

人与熊，此件雕刻高 277 厘米，宽 172 厘米，工匠在雕刻时也采用相对大胆夸张的手法。在创作中，工匠有意地缩小了熊的比例，反而突出了巨人硕大的头部和粗壮有力的身躯和四肢。通过比例的调整再现了一位力士和一只恶熊搏斗的情景。从人与熊的雕刻作品中，显示了人决心征服自然界中任何天敌猛兽的坚强意志。

石人，此雕刻高 222 厘米，宽 120 厘米。大家可不要误以为这是汉武帝让人雕刻的汉人，这个人其实是匈奴人。只见，这个匈奴人的面相表情非常奇特，他的头部用力地后仰着，嘴大大地张着，还露出了牙齿，他的手放置在胸前，此雕刻表示了匈奴被西汉王朝击溃后垂头丧气、无可奈何的神态。

石鱼（一），此雕刻高 50 厘米，长 112 厘米，宽 41 厘米。在这件雕刻中，工匠利用的是原石尖端，运用自己的技艺刻出了一个鱼头，并大致地刻出了鱼尾、鳍等部分。石鱼雕刻运用的是汉代的代表手法，古典朴拙，不仅实用且有美感。

蛙，此雕刻高 55 厘米，长 285 厘米，这件雕刻与其他雕刻有所不同，它的体形雕刻运用的是抽象写意，整体艺术加工痕迹极少，外观形状看上去就如同天然原石，突出重点，巧夺天工，充分显示了返璞归真、追求神似、大胆想象的艺术风格。

蟾，此雕刻高 70 厘米，长 154.5 厘米，宽 107 厘米，它的体形似蛙，但是其口中有牙齿，它的头部线条简练且概括，鼻孔看上去异常富有深度感，雕刻的口裂自然，嘴下面还有两条线纹尤能表现皮层的质感。而在雕刻的后半部则有大块棱面，以此来显示作为其后肢，在很多艺术家看来，这种做法具有非同凡响的高度概括性。如果从侧面看上去，此雕刻不仅轮廓像蟾，而且姿态盎然，似有欲跃入水前的动态。

石鱼（二），此雕刻高 55 厘米，长 112 厘米，宽 44.5 厘米，在这件石鱼雕刻中，石刻背上有平阶部分，有人怀疑此雕刻曾有作"座子"的用途，推想前一鱼形石刻，可能用途相似。

左司空，当走进东石刻廊的时候，我们首先会看到的是"平原乐陵宿伯牙霍巨益"和"左司空"两通石刻题记。"平原乐陵宿伯牙霍巨益"这 10 个字，刻在一块厚度约 43 厘米，宽约 85 厘米，长约 218 厘米的长方形石头上。"左司空"是汉代的官署名称，刻在一块厚 64 厘米的三角形石头上。

西汉茂陵霍去病墓之大型石刻，是一批具有无穷艺术魅力的古代石雕艺术珍品，是两千多年前汉文化遗产，是举世无双的古代雕刻艺术杰作。茂陵石雕，是汉代石刻艺术的经典，被中外雕刻美学界称为"千古绝品"。鲁迅曾到茂陵参观，高度评价其"惟汉人石刻气魄深沉雄大"。

三、议汉武帝尸骨何在

历史中，早在先秦时期的古人们，就已经有了关于灵魂的概念。那时候的人们都认为所有去世的人，都还会继续在另一个世界过着和人间一样的生活。所以，只要家里有一点财产的人，他们在去世之后，他们的亲人都会在墓葬中放置一些陪葬品。

而这种风气到了汉朝的文景时期，就更加严重了，当时的社会提出了"以孝治天下"的口号。为此汉惠帝刘盈之后的汉朝皇帝，去世后谥号都会加一个"孝"字，以此表示统治者们想"以孝治天下"的决心。而当时衡量"孝"的一个重要标准就是在家里的长辈去世后，他的墓中所放陪葬品数量的多与少。放得越多，就越孝顺，反而就是大逆不孝，被天下人所耻笑。

为了保住孝顺的好名声，当时只要家里有的东西，都会往死者的墓中拼命地放，以此彰显自己的孝顺，这也成为了当时风靡一时的厚葬习俗。因为厚葬成风，导致社会中大量的黄金、铜钱在汉朝突然消失了，这些珍宝和财物全都被埋入了陵墓之中。所以，后世的人们都认为汉墓通常财物较多，因此也形成汉墓的"十墓九空"，多数都被盗了。

而汉武帝作为汉朝的一代帝王，自然也不能在厚葬的风俗中落后。《西京杂记》中就有记载："武帝口含蝉玉，身着金缕玉匣。匣上皆镂为蛟龙弯凤鱼麟之像，世谓为蛟龙玉匣。"

西汉的经学家刘歆写的这部《西京杂记》，被认为是历史上的笔记小说，在这部书中记载了很多历史人物的奇闻逸事，比如大家所熟知的"昭君出塞""凿壁偷光"等。关于这部书的历史价值虽然饱受争议，但是也不能阻碍这部书在当时有巨大的影响力。这本书是在汉武帝的茂陵第三次被盗前后成书的，在这本书中记载了汉武帝下葬时身穿金缕玉衣，口含玉蝉压舌。

《西京杂记》中的这个记载，足够引起赤眉军盗墓时会开棺辨明书中的真相，甚至想要取出这两件无价之宝。在前面的文中我们也提到过，专业的盗墓人也是有一定的职业素养的，在他们的职业素养中，有种说法是不动尸体，不拿玉。而赤眉军是由一群乌合之众组成的，他们的目的就是为了掠夺财富，并且他们大多带有对统治阶级的痛恨。所以，有人根据此推说，赤眉军最有可能在盗墓时，就已经将汉武帝的尸骨抬出了棺外，而茂陵后来还经过了很多次的盗墓者的洗劫，所以，汉武帝的尸骨是否完好就难说了。

古人常讲，无千年不亡之国，从另一个方面来讲，这也就意味着无千年不挖之墓！西汉王朝存在的时候，或许汉武帝的陵墓被视为圣地，时时刻刻都会受到严密的看管。但是，又有谁能保证西汉王朝灭亡之后，汉武帝的陵墓不受惊扰呢？

所以，也有人说，汉武帝虽然是一代雄才大略的皇帝，但是可惜他生前风光，死后却被扒光。这话从何说起呢？其实，贪婪是人的本性。从古至今，人们的欲望若得不到有效的控制，那么这欲望就将无止尽地控制着人们。古时的皇帝们，他们生前已经拥有了整个天下，即使这样，他们还是不满足，在死后还要狠狠地捞上一笔财宝带到墓里。只可惜这些皇帝似乎忘记了，贪婪无止境，盗墓到永远！和他们有着同样贪婪欲望的盗墓者们，是不会让皇帝们把那么多的宝藏据为己有的，他们拼死也要分到一杯羹。到最后，皇帝们不仅没有保住巨大的财富，就连尸骨也都不能完整。

汉末三国时期，"恶霸"董卓是早期最大的军阀之一。他先是率军进京除宦，然后又废立汉帝，最后他被天下诸侯群起讨伐。汜水关一战，董卓手下的大将华雄被关羽诛杀。虎牢关一战中，虽然董卓的手下大将吕布神勇无双，但是无奈双拳难敌四手，董卓被迫之下，采取了手下谋士李儒的建议，迁都长安。

在迁都长安之前，董卓命令手下将士强行逼迫洛阳百姓去长安，可怜洛阳城内的百姓被这些如强盗般的军兵们赶着一路走向长安。许多百姓在途中奔波而死，离开洛阳城之前，董卓还下令火烧洛阳。为了军中经费，为了自己的奢华，董卓还派手下去盗取挖掘汉朝皇帝的陵寝，将盗来的宝物为自己所用。

董卓到了长安以后，随着接连不断对皇帝墓的挖掘，很多墓中的珍贵宝物出世，他的生活过得越发滋润起来。有一天，他的手下大将吕布对董卓说，已经挖开了汉武帝陵寝——茂陵。董卓深知汉武帝生前那可是一代雄主啊，他死后的陪葬肯定也会不少。想到汉武帝的墓中肯定是珍宝无数，里面的金银财宝更是数不胜数，董卓眉开眼笑，心里乐开了花。但是后来，发现了一块绢帕上写着："千里草，何青青，十日卜，不得生。"这句话的意思就是董卓不得好死。本来董卓一怒之下想要把刘彻的尸骨拖出棺外"晒尸"了，但是后来经过蔡文姬之父、一代名儒蔡邕的苦劝，才放弃了这个念头。有意思的是，想取代汉帝做皇帝的董卓还十分迷信，他怕自己破坏了茂陵，弄坏地脉风水，坏了自己的霸业，所以，后来又派人将从汉武帝茂陵里搬出来的部分陪葬品全部都放了回去。

那么，汉武帝的尸体到底在何处呢？这里有两个事儿就不得不说了。一是在 2006 年的时候，陕西考古研究院对茂陵进行了大范围的调查与勘探，通过这次大概的勘探，基本上已经探明了茂陵整体的布局，并且，经过陕西考古研究院调查发现茂陵的主体陵寝并没有大的盗洞，这也就说明了茂陵的地宫是基本完整的，未被打开。

第二件事就是在 2017 年，中国地质调查局开展了对大西安地下遗址探测的研究项目。在这个举全国之力的大型研究项目中，就有汉武帝的茂陵。大探测中，调查人员使用了现代化虚拟景观技术，通过最先进的三维激光扫描、GPS 布点、高密度电法进行磁测，又借助雷达和重力等物理探测手段对茂陵进行了全面、细致的探测。说简单点，就是如果茂陵的地宫有盗洞、坍塌、缝隙甚至积水等，这些细微的变化都是能被探测出来的。而探测的结果却是，在茂陵地下 30 米的地宫与该区域特性基本相同，因此推测出茂陵的地宫基本完整，不存在大型的盗洞，另外再说一句，该技术还把茂陵的陪葬坑位置与情况也探得一清二楚。

所以，由此可判断出茂陵的地宫压根就没有被打开过，当年的那位叱咤风云的汉武帝还安静地躺在他的繁华地宫中。历史已经过去 2000 多年了，至于这位帝王的尸骨是否还保存完好，就不得而知了。也许，可能还有几根白骨，也许，保存得不好，汉武帝的尸骨就基本回归自然了。考古专家们曾在 20 世纪 60 年代发掘了中山靖王刘胜墓，发现地宫内金缕玉衣摊成一片，而中山靖王刘胜早已尸骨无存。在 20 世纪 80 年代时，考古专家们又曾发掘了龟山汉墓，泥土包裹着散落的银缕玉衣，上面泛着点点白骨，吹之灰飞。所以也有人由此推理说，汉武帝尸骨可能也早已无存了。

读到这里，可能有很多读者要问，从古至今，一直流传的有关汉武帝墓被盗的传言，难道都是假的吗？前面所写的盗墓也都是空穴来风吗？其实不尽然，有关汉武帝茂陵的传说，有的真的就是流传，无从考证，而有的却是真实有根据的。

比如说，我们前面所提到的董卓，他是甘肃岷县人，时至今日，还有董家巷，而董卓后人也多聚居于此，为岷县的秦长城遗址。甚至，还

汉武帝陵密码

有一些正史也曾经旁敲侧击地提笔写过茂陵屡次被盗的事情，比如在《资治通鉴》中就有董卓使吕布挖掘诸帝陵及公卿以下冢墓，收其珍宝的记载，而民间小说更是把董卓盗掘茂陵描写得淋漓尽致。再如《后汉书》中就有赤眉起义军攻入长安城后，发掘诸陵的记载。可见茂陵被盗也不仅仅就是传说而已。

那么，现在又有问题出现了，既然茂陵被盗是实，那为什么勘探地宫却发现其是完整的呢？有专家学者推测说，茂陵被盗仅仅都是地面之物，汉武帝的茂陵是一座数十万人修建了数十年的巨大陵墓，里面的珍宝堆积如山，当时也传说地宫里面根本放不下了。所以，这些珍宝很可能有一部分就存放在地面建筑里，在古代国家动乱时被盗而已。

因此，汉武帝的遗体，最大的可能，还是留在茂陵的地宫之中。等到科技进步到足以妥善保护出土文物之时，应该就是谜底彻底揭开的时候了。现代的我们，只能耐心等待了。

第七章

穿越时空

一、唐诗盛行诗人与茂陵

关于汉武帝的茂陵，古往今来，众多的文人墨客都留下了自己的佳作。唐代著名的诗人李商隐就曾写下：

茂陵

汉家天马出蒲梢，苜蓿榴花遍近郊。
内苑只知含凤嘴，属车无复插鸡翘。
玉桃偷得怜方朔，金屋修成贮阿娇。
谁料苏卿老归国，茂陵松柏雨萧萧。

李商隐字义山，号玉溪（谿）生、樊南生，唐代著名诗人，祖籍河内（今河南省焦作市）沁阳。他擅长诗歌写作，骈文的价值也很高，是晚唐最出色的诗人之一。其诗构思新奇，风格秾丽。因处于"牛李党争"的夹缝之中，一生很不得志。死后葬于家乡沁阳。

这一首诗是李商隐在结束了各处幕府漂泊之后，也是李商隐守母丧三年后，复京入职秘书省"正字"官时，经过茂陵，有感所作的。历来人们都认为李商隐在《茂陵》的诗中，借咏汉武帝功过来隐寓他对唐武宗李炎的凭吊之情的。此时的晚唐，"牛李党争"仍在继续，所谓"李党"的首领就是李德裕，李德裕当时为宰相，曾先后辅佐武宗抗击回鹘侵扰，平定昭义叛乱，建立了一定的武功。但是，武宗本人喜好游猎，甚至荒废朝政；他宠幸宫嫔，废弃贤能；他迷信神仙，服食方药，最终在 33 岁就早亡了。对于武宗寄予了很大希望的李商隐，此时颇感惆怅。

于是，途经茂陵时，他就借着咏颂汉武帝一生的功过，来委婉地评论了一番武宗皇帝的功与过。

在这首诗中，李商隐在首联中咏汉武帝征讨大宛，出使西域，在战争胜利、道路打通的同时，汉武帝不仅获取了"蒲梢"千里马，也在长安郊外到处都种上了从西域进贡来的石榴、苜蓿。诗人以高大威武的骏马赞扬了汉武帝的武功——这好比武宗皇帝抗击回鹘，迎接太和公主归国，又诛杀了昭义叛将刘稹等人一样，均可算得上是名动朝野，"武功"堪夸。

"内苑只知含凤嘴，属车无复插鸡翘。"这句诗说出了汉武帝一味地喜爱打猎，以至于他的弓弦都断了，随后，汉武帝就命人将西海国献来的用麟角和凤喙煮成的"续弦胶"拿来，用嘴濡湿粘好再射。在前文赞扬汉武帝的同时，诗人也在中间两联中，描写了汉武帝乘帝车时为了出行方便，他命人不再插鸡翘旗——这种种又和武宗皇帝的迷恋游猎，荒废政事，如出一辙。

汉武帝开始自欺欺人地掩人耳目，四处寻求神仙，除此之外，汉武帝还十分迷恋女色。"玉桃偷得怜方朔，金屋修成贮阿娇。"就是诗人在感叹汉武帝空好神仙，重色轻才，不爱惜东方朔这样的贤才义士，却只知宠爱陈阿娇之类的后妃，甚至还发展到了"金屋贮美女，窥桃饿贤才"的不公地步。汉武帝做的一切又和武宗不认真求贤致治，宠信道士赵归真，宠嬖王才人等宫嫔非常相似。

诗人在中间的两联中，充分地以此体现汉武帝的欲望颇多。在尾联中，讲到苏武滞留匈奴19年后，在年老的时候方得回归汉国，而此时，汉武帝已经离开了人世。年纪老迈的苏武奉旨拜茂陵，只见茂陵松柏在潇潇细雨中站立着。

"谁料苏卿老归国，茂陵松柏雨萧萧。"总承上意，给全诗作了一个总结：等到在匈奴持节牧羊19载的忠臣苏武回到长安时，他在汉武帝长眠的茂陵前痛哭，时间的流逝将一切都变成了过去。就连汉武帝陵冢上的松柏也在秋雨潇潇声中，散发出无尽的惋惜和哀愁。苏武19年的凌辱与坚持，19年的痛苦与艰难，似乎也都成为了秋风中的潇潇细雨。从李商隐的角度来讲，诗人是想说：我丁母忧刚回京不久，武宗皇帝就大驾归天！从此以后，整个国家的兴亡和我个人的前途，都十分令人怅惘洒泪，忧心忡忡了。

在这首七言律诗中，诗人叙述又评论了人物和事件，对所咏和所影射的历史人物认识深刻，了解透彻。

唐代的诗人李贺，字长吉，汉族，河南福昌（今河南洛阳宜阳县）人，家居福昌昌谷，所以，后世人们称他为李昌谷，这位贵族诗人，同时也是唐宗室郑王李亮的后裔。这位贵族诗人李贺有着"诗鬼"的称号，是与"诗圣"杜甫、"诗仙"李白、"诗佛"王维齐名的唐代著名诗人。他是中唐时期的浪漫主义诗人，他与李白、李商隐并称为唐代"三李"。他才华横溢，有着"太白仙才，长吉鬼才"之说。李贺是继屈原、李白之后，中国文学史上又一位颇享盛誉的浪漫主义诗人。李贺因为长期处于抑郁与感伤中，又因焦思苦吟的生活方式，让他的身体大为受损，所以，他在813年就因病辞去奉礼郎的职务回到了昌谷，27岁的时候因病英年早逝。

关于汉武帝茂陵的古诗《金铜仙人辞汉歌》，就是出自诗人李贺的笔下。

金铜仙人辞汉歌

茂陵刘郎秋风客，夜闻马嘶晓无迹。

画栏桂树悬秋香，三十六宫土花碧。

魏官牵车指千里，东关酸风射眸子。

空将汉月出宫门，忆君清泪如铅水。

衰兰送客咸阳道，天若有情天亦老。

携盘独出月荒凉，渭城已远波声小。

根据朱自清《李贺年谱》的推测，这首诗大约是在 813 年创作完成的。当时，李贺因病辞去奉礼郎职务，是他由京赴洛途中所作。诗人"百感交并，故作非非想，寄其悲于金铜仙人耳"。

在《金铜仙人辞汉歌》这首诗中，金铜仙人离别时候的"潸然泪下"，表达出了诗人的亡国之恸。在此诗中，诗人所抒发的是一种家国之痛和身世之悲交织着的凝重感情。

诗中的第一句"茂陵刘郎秋风客，夜闻马嘶晓无迹"中的茂陵，就是长安附近汉武帝刘彻的陵墓。而诗中提到的秋风客，是因汉武帝曾作《秋风辞》，所以诗人李贺以秋风客来称呼汉武帝。开头两句的大概意思是说，有人在夜间听见茂陵中刘郎的魂魄巡游汉宫，仗马嘶鸣；可是等到天亮时，这一切却都消失了，什么迹象也寻找不到了。

"画栏桂树悬秋香，三十六宫土花碧。"这句诗中的"三十六宫"是指汉代长安有离宫别馆三十六所。其中的土花是指青苔。在这两句诗中，诗人描写了汉代遗宫的荒芜。大概的意思是说，宫廷画栏前的桂树空飘着秋香，苑中青苔满地，人迹也稀少。

"魏官牵车指千里，东关酸风射眸子"中的东关是指长安东门，这里指明所去的方向。酸风是指悲风。眸子是指眼中瞳仁。这两句诗大概的意思是说，魏国的宫官把金铜仙人装车送往遥远的魏都洛阳，出长安东门时，悲风迎面扑来，刺着金铜仙人的双眼。

"空将汉月出宫门，忆君清泪如铅水。"诗句中的君是指汉主。这两句诗主要是在说，金铜仙人离开汉宫时，只有天上的明月陪伴着它；因怀念武帝，泪如铅水洒落。而"清泪如铅水"也照应了上文"酸风射眸子"，诗人在这首诗中，把金铜仙人进行了拟人化，他想象着它会因为离情而落泪，同时增添了铜人落泪传说的戏剧色彩。

"衰兰送客咸阳道，天若有情天亦老。"这句诗中的客是指铜人。咸阳距离长安城不远，它的附近有渭水，汉代时改称渭城。这两句诗大概的意思是说，金铜仙人从长安东去，唯有道旁枯败的兰草为它送行；天公如有感情，也将因这兴亡盛衰的变化而伤感衰老。这两句和末两句，都是在记写从长安至洛阳途中的情形，情景凄凉。而"天若有情天亦老"，也成为李贺的名句，这句诗妙在诗人运用了反衬的手法，以无情的天公也会因伤情变老，来反衬出那么有情的人，他的心中又将会泛起多么大的波澜与起伏啊！无情的苍天，尚且因为伤情变老，有情的人又如何承受心中的伤痛呢！这也是诗人对国家兴亡变化的感叹，同时也反映出他离京去国时的悲愤。

"携盘独出月荒凉，渭城已远波声小。"是在说金铜仙人带着铜盘，独自离开汉宫后，在月下荒凉之地行进；过了咸阳，越走越远，渭水的波声也逐渐听不到了。

这首诗一共有十二句，从整体上来看，可以将其分为三个部分。前四句是诗人在慨叹韶华易逝，人生难久。回想往昔，当年的汉武帝炼丹求仙，想实现自己长生不老的梦想。最终，这一切努力还是像秋风中的落叶一般，倏然离去，千古一帝所留下来给世人的，也只不过是茂陵荒冢而已。虽然，汉武帝在世时，掌管四方，威风无比，可以称得上是一代天骄，可是，"夜闻马嘶晓无迹"，随着时光飞逝，在无穷无尽的历史长河里，辉煌一时的汉武帝也不过是偶然一现的泡影而已。在整首诗中，诗人直呼汉武帝为"刘郎"，这也表现了诗人李贺傲兀不羁的性格和不受封建等级观念束缚的可贵精神。

诗的中间四句为第二个部分，诗人运用拟人化的手法，抒写了金铜仙人在初离开汉宫时候的酸苦凄惨情态，读到此处，亡国之痛和移徙之悲便跃然纸上。特别是诗中的"酸""射"两个字，更是把主观的情感和客观的物完全糅和在一起，使得整首诗含义极为丰富。

而这首诗的最后四句为第三个部分，这四句诗写出了金铜仙人在出城后途中所遇的情景。末联的诗句，诗人进一步地描述了金铜仙人恨别伤离，不忍离别却又不能不离去的情怀。

《金铜仙人辞汉歌》这首诗成为李贺的代表作品之一。它设想奇创，而又深沉感人。

除了上面的两位诗人，唐朝的诗人韩偓也曾写过关于汉武帝茂陵的诗作。韩偓，乳名冬郎，字致光，号致尧，晚年的时候，又号玉山樵人。他是陕西万年县（今樊川）人。韩偓小的时候就是一个聪明好学的孩子，10 岁的时候曾在席间赋诗送给他的姨夫李商隐，韩偓的文采让满座客人都颇为惊叹，李商隐对其也赞不绝口，称他的诗是"雏凤清于老凤声"。889 年，韩偓中进士，初在河中镇节度使幕府任职，后入朝历任左拾遗、左谏议大夫、度支副使、翰林学士，仕途也算是顺利。

韩偓在路过千古一帝刘彻的茂陵时留下诗作：

过茂陵

不悲霜露但伤春，孝理何因感兆民。

景帝龙髯消息断，异香空见李夫人。

这首诗是诗人在经过茂陵的时候，为了歌咏汉武帝而作。但是，仔细研究其诗的含义，会发现这首诗乃是批评汉武帝刘彻的诗作。诗的意思是指汉武帝虽然提倡孝道，然而他自己也未能亲躬孝道；他一生中最为重视的是女色，所以，才会请人画李夫人的图像。后来，又轻信方士之谎言，希望通过方士的法术，让自己可以见到李夫人的鬼魂，可是，汉武帝所做的一切不都是徒然的吗？

在韩偓的这首《过茂陵》中首句写道"不悲霜露但伤春"，这句诗

汉武帝陵密码

乃是总评了汉武帝，首句的描写概括了三、四两句的意思。"不悲霜露"实指是"景帝龙髯消息断"，意思是批评汉武帝不悲思先帝的作为；"但伤春"，乃讽刺汉武帝"异香空见李夫人"，通过这样的对照来讥笑汉武帝重视女色。"伤春"，喻指汉武帝伤感李夫人的早逝。全诗中的第二句"孝理何因感兆民"，是在批评汉武帝虽然提倡孝道，但是他自己却不能躬行孝道，只重女色，故而他所提倡的孝道，又如何能感动天下的百姓呢，又怎么能让天下人信服呢！

说到唐代，又怎么能越过唐代的大诗人李白呢？李白，这个中国人最熟悉不过的诗人，字太白，号青莲居士，又号谪仙人，是唐代伟大的浪漫主义诗人，被后人誉为"诗仙"。根据史料《新唐书》中记载，李白是兴圣皇帝（凉武昭王李暠）的九世孙，与李唐诸王同宗，身体中也是流着皇家贵族的血脉。李白酷爱饮酒作诗，为人爽朗大方，喜欢广交朋友。李白一生中深受黄老列庄思想的影响，他传世著作《李太白集》中的许多诗作，大多都是酒醉时抒写的，他的代表作有《望庐山瀑布》《行路难》《蜀道难》《将进酒》《明堂赋》《早发白帝城》等多首诗作。

今天我们要说的李白的这首《登高丘而望远》是李白在唐玄宗管理天下时，在公元751年，李白南游吴越的时候留下的诗篇。那个时期，皇上唐玄宗沉溺于佛道，整日里想着求神仙，寻找长生不老之道，多行穷兵黩武、荒淫误国之事。下面就让我们来欣赏一下李白的这首《登高丘而望远》。

登高丘而望远

登高丘，望远海。

六鳌骨已霜，三山流安在？

扶桑半摧折，白日沈光彩。

银台金阙如梦中，秦皇汉武空相待。

精卫费木石，鼋鼍无所凭。

君不见骊山茂陵尽灰灭，牧羊之子来攀登。

盗贼劫宝玉，精灵竟何能？

穷兵黩武今如此，鼎湖飞龙安可乘？

整首诗的大概意思是：

登上高高的山丘，遥望广阔的大海。

曾经那传说中的东海六鳌，现在早已成为了如霜一样的白骨残渣，传说中的那海上的三神山，现如今也不知道漂流到哪里去了？

那东海中传说的神木扶桑可能也早已被摧折了吧，据说那里可是太阳所出的地方。

神话中的银台金阙，也没有人见到，现在恐怕只有在梦中才会出现，而我们的皇帝们，秦始皇和汉武帝想成仙的愿望，也只能是一场空梦的想象而已啊。

传说中的精卫填海，也只能是空费木石，而鼋鼍架海为梁的传说，世人不能找到什么证据。

现在，您早已看不到骊山陵中的秦始皇和茂陵中的汉武帝了，他们已经早都成土灰了吧？秦始皇的陵墓和汉武帝的茂陵，这些皇帝的陵墓之上，不也是任凭牧羊的孩子攀来登去，哪里有人会来管呢！

千古一帝们在世时，曾花费一生寻求神仙保佑。可是，他们死后只能静静地眼看着自己墓中积存的金珠宝玉，被盗贼劫夺一空，这时，也不知道他们的精灵究竟有何能耐呢？

不过，像这样的穷兵黩武、不管天下百姓死活的皇帝，他们有今天如此的下场，不也是应得的吗？这样的皇帝又怎么可能会像黄帝那样在鼎湖乘龙飞仙呢？

李白这首诗具有托古讽今的意思，表面上是讥讽秦始皇、汉武帝迷

汉武帝陵密码

信求仙、穷兵黩武，实际上是在讽刺唐玄宗，全诗具有深刻的社会意义。

《登高丘而望远》这首诗可分为三个部分。

全诗的前面两句为第一部分，点明了诗人登高山望远海的情景。但是，作者却没有写大海的洪涛排空，反而转换笔锋去描写与大海、高山相关联的神话和传说。

全诗的中间八句为第二部分，写在望大海的过程中，联想到传说中的神仙境界并不存在，民间流传的神话传说也都为虚妄。那六鳌已经成了枯骨，传说中的三山也早已经成为过眼云烟。扶桑摧折，太阳的光彩已沉没殆尽。"银台金阙"犹如梦中烟云，而那些自古以来，称霸一时的秦皇汉武为自己寻求的长生药也如幻影一般。精卫填海，只是徒劳无功；鼋鼍为梁，也都不足为凭。

全诗的末六句为第三个部分。写大海的过程中，作者联想到千古一帝秦始皇、汉武帝生前穷兵黩武，妄想长生，但是终归没有逃过一死。最后的部分也是全诗的主旨、意义所在。秦始皇骊山构陵，汉武帝茂陵筑墓，在后来的世代中，都已经慢慢倾废荒芜。直到今日，当年的英豪雄强早已经灰飞烟灭了，昔日的风光早已不再，只能听凭牧羊子在其上面赶着羊群来登临践踏，却无人看管。皇帝们的魂灵终究守不住他们的墓冢，他们生前的余威也没有办法阻止盗墓者贪婪的掘夺。回想昔日的穷兵黩武，威加四方，那是何等的霸气啊，可是到如今，他们只能落得个如此下场了。秦始皇和汉武帝要想乘飞龙而成仙，那简直就是在做春秋大梦。

历史就是无情的，大自然也是残酷的，即使你曾经坐拥天下，一切也都不会例外。那些想超越自然法则的"野心家"们，他们也终究都会如凡夫俗子一样，化作灰，堕为尘，成为深埋土堆里的一把枯骨，皇帝英雄与庶民百姓在死亡来临时没有什么两样。而他们生前那些寻神仙、找仙药的愚妄做法，最终也都成了后人的笑柄。但是，李白整首诗的诗意还不仅限于此。当时的皇帝唐玄宗，溺于佛道，好神仙，求长生，比起秦皇汉武来有过之而无不及；其穷兵黩武之举，荒淫误国之行，与之相比，并无二致。所以，整首诗真正的主旨，是想借古鉴今，借古喻今，借古讽今。诗仙李白的这首诗主要不是怀古之作，而是感时之作。

登高山，望远海，面对着绝好的写诗环境，绝好的诗歌材料，诗人却遥遥想起了历史上两位雄才大略的皇帝，并对他们求仙的荒诞予以严厉的抨击。这是对此类皇帝的讽刺和批判，同时也是对当朝皇帝的暗示。诗人感时伤世，抨今讽今，说明诗人虽落魄飘零，但是他的内心仍然牵挂朝廷，心系国运。

二、宋代文人墨客与茂陵

汉武帝刘彻的茂陵在汉代陵墓中，是最为高大、宏阔的帝陵，也"汉兴厚葬"的典型。自汉唐以来，政要学士、文人墨客等都在茂陵留下了许多的诗文墨迹、楹联匾额，衍生了光彩夺目的"茂陵文化"。

在唐朝中，许多诗人都留下了自己对茂陵的笔谈。唐朝的诗人薛逢曾写下"茂陵烟雨埋冠剑，石马无声蔓草寒"，唐朝著名的诗人李商隐也曾写下"汉家天马出蒲梢……茂陵松柏雨萧萧"，唐朝的诗人李贺也曾写下"画栏桂树悬秋香，三十六宫土花碧"。

来到宋朝，文人墨客们也不甘落后。今天，我们就来领略一下宋朝文学家们给我们带来的关于茂陵的诗作。

辛弃疾在会稽秋风亭怀古

辛弃疾（1140—1207），是我国南宋著名的词人。原字坦夫，后改字为幼安，别号稼轩，汉族，是历城（今山东济南）人。辛弃疾出生的时候，他的故乡中原就已经为金兵所占领。

辛弃疾21岁的时候，就参加了抗金的义军，不久归南宋。辛弃疾的一生曾力主抗金，他的词主要抒写的就是对恢复国家统一的爱国热情，他也常常用自己的笔来倾诉生命中的壮志难酬与悲愤之情。在辛弃疾的词作中，大家也可以看到他对当时执政者的屈辱求和颇多谴责。当然，辛弃疾的作品中，也有不少吟咏祖国河山的诗歌。在政治仕途上，由于辛弃疾的抗金主张与当政的主和派政见不合，所以，他后来被弹劾落职，退隐江西带湖。下面，就让我们一起来看看辛弃疾关于茂陵的词作《汉宫春·会稽秋风亭怀古》。

汉宫春·会稽秋风亭怀古

亭上秋风，记去年袅袅，曾到吾庐。山河举目虽异，风景非殊。功成者去，觉团扇、便与人疏。吹不断，斜阳依旧，茫茫禹迹都无。

千古茂陵词在，甚风流章句，解拟相如。只今木落江冷，眇眇愁余。故人书报，莫因循、忘却蓴鲈。谁念我，新凉灯火，一编太史公书。

辛弃疾是在1203年写下的这首词，当时辛弃疾已经是64岁的老翁了，他在知绍兴府兼浙江东路安抚使任上路过秋风亭，联想到汉武帝曾经留下过《秋风辞》的诗作，从而写下了这首词。

这首词大概的意思是：秋风亭上的秋风慢慢吹过，轻轻拂拭着我的脸庞；遥想这秋风去年的时候，也曾到来过我的家。当时，我也曾抬头观望，虽然，这里的山河与我家里的山河，看上去形状不一样，但是，风土人情却是十分的相似。功成名就的人走了，我突然间，就觉得到了秋天，气候已经变得十分寒冷了，团扇也已经被人抛弃了。斜阳虽然与过去一样，但是秋风却是吹个不停；野外一片茫茫，就连古代的治水英雄大禹的功绩和遗迹，也一点都没有了。

一千多年前，历史上的千古一帝——汉武帝刘彻也曾写下过《秋风辞》，那可真是流传下来的好诗章啊，汉武帝刘彻写下的美妙词句，真的可以称得上是千古绝唱，就是一直到现在，人们还在传诵着这首《秋风辞》呢。怎么会有人说《秋风辞》是在模仿司马相如的章句呢？再看看现在，树叶已经飘落了，江水也都变冷了，转身向北方望去，那茫茫的一片，真是叫我感到十分的忧愁。远方的朋友也曾来信，催我"赶快回家吧，不要在这里再迟延了，现在正是吃蓴羹鲈鱼美味的时候"。可是，又有谁会想到在这个秋夜凄凉的时候，我正独自对着孤灯，在凄冷的灯光下研读太史公写的《史记》呢？

在这首词中，辛弃疾一直在怀古，还提及历史上的英雄君主——汉武帝刘彻，诗人回想汉武帝当年巡行河东时作有《秋风辞》，说："秋风起兮白云飞，草木黄落兮雁南归……"辛弃疾借由此诗，来缅怀汉武帝一生抗击匈奴、强盛帝国的杰出功绩。诗句表面上虽然是在歌咏汉武帝传诵千古的风流辞章，并称赞汉武帝的文采可以与司马相如的辞章相媲美，看似在赞美汉武帝的文韬，实际上却是在歌颂汉武帝的武略，同时，词人也在词中稍稍暗指了宋代朝廷的懦弱与无能。

词人回顾历史以后，却只能独自面对冷酷的现实以及他内心所产生的心理矛盾。所以，词人在整首词的结尾处并没有回答朋友的邀请，他只是说：现在有谁曾想到，我在这清凉的秋夜，正独自挑灯攻读太史公书。而众所周知，在《史记》中有一系列爱国英雄的纪传，如廉颇、李广等，效命疆场、威震敌胆，而晚年的辛弃疾却备受压抑，他悲愤壮烈的情感，也曾深深地激起了他夜读《史记》之心。这时辛弃疾64岁，其老骥伏枥之志不衰。

整首词运用典故描绘秋天的景象，词人表达了自己怀念北方的爱国情感和在政治上遭受打击的悲凉情绪。在整首词的末尾，作者通过对友人的答话，表达了自己内心对于长期退隐的不甘心，夜读《史记》，表达了辛弃疾积极关心当时的政治，准备有所作为。

张炎登蓬莱阁

汉武帝在世的时候，除了抗击匈奴，他还特别相信和喜欢"神仙"。他一生中，曾花了很长的岁月和很多的精力，去寻找"神仙"。可是，神仙们没有保佑汉武帝刘彻长生不老，也没有保住汉朝的江山。

南宋朝词人张炎，字叔夏，号玉田，晚年号乐笑翁。他的祖籍是秦州成纪（今甘肃天水）。六世祖张俊，曾经是宋朝时期的著名将领。张炎的前半生生活在临安，过着贵族的生活，而在南宋亡国以后，张炎的家道开始中落，所以，张炎的晚年生活漂泊落拓。张炎在文学史上，一个非常重要的贡献，就是创作了中国最早的词论专著《词源》。张炎的作品以"清空""骚雅"表达主要主张。

下面的这首词，就是作者在南宋覆灭之后，登临蓬莱阁后的感怀之作。当时，诗人在清冷的深秋深夜，独自一人登上蓬莱阁，凭吊山河。诗人独自地面对人世的大变和大自然的永恒，不觉感慨生哀。感慨神仙已经无处可找，寻不见的神仙，更保护不了茂陵免遭摧残。

忆旧游·登蓬莱阁

问蓬莱何处，风月依然，万里江清。休说神仙事，便神仙纵有，即是闲人。笑我几番醒醉，石磴扫松阴。任狂客难招，采芳难赠，且自微吟。

俯仰成陈迹，叹百年谁在，阑槛孤凭。海日生残夜，看卧龙和梦，飞入秋冥。还听水声东去，山冷不生云。正目极空寒，萧萧汉柏愁茂陵。

这首词的大概意思是说：问蓬莱的仙山在哪里呢？眼前我们能看到的风月依旧，可是人和事却早已不是从前的人和事了，江水依然滚滚向前奔流。没有人再讲说神仙们的事情了，大家都知道神仙并不存在，现在的人们，其实只有真正地放弃俗世的纷扰，那才能成为真正的神仙。应笑我多少次独醒烂醉，松阴之下把石磴扫个没完。迫于无奈，诗人贺知章一样的狂客，现在已经难以召回了，虽然采得了芳草，却是已经无人可赠，我只能姑且小声地吟咏别人无法体会的孤单。

转眼之间，许多世事也都已经成为过去的陈迹，现在我们只能感叹"生年不满百，常怀千岁忧"，我独自一人凭靠在栏杆旁。天快亮的时候，大海上又慢慢地升起太阳，山腾如龙，人在梦境，一切尽入秋天幽深的变幻之中。现在的我又听到了大江东去滔滔流水之声，山壑不生白云一片凄暗。我用尽自己的目力远望寒天，心中却时时惦念着茂陵葱葱郁郁的柏林，不知它如今受到了怎样的摧残。

三、千年后的邻居（上篇）

人们常说："南方的才子，北方的将，陕西的黄土埋皇上。"从此话中，不难看出自古以来有许多皇帝选择在陕西长眠。西汉王朝的皇帝中，就有9位皇帝埋葬在了渭河北岸的咸阳原上。

西汉帝陵是包括西汉皇帝陵墓的皇家陵寝的总称，西起兴平市豆马村，东到咸阳市渭城区正阳乡张家湾。西汉9位皇帝的陵墓按照顺序排列，分别是：汉武帝刘彻的茂陵、汉昭帝刘弗陵的平陵、汉成帝刘骜的延陵、汉平帝刘衎的康陵、汉元帝刘奭的渭陵、汉哀帝刘欣的义陵、汉惠帝刘盈的安陵、汉高帝刘邦的长陵、汉景帝刘启的阳陵。

西汉，历史上又被称为前汉，是中国古代的一个朝代。西汉与东汉（又称为后汉）一起合称为汉朝。西汉在我国封建帝国历史上算是第一个稳固鼎盛时期。"汉民族"的称谓就是由这个王朝而来。在这个时期中，封建社会的各种典章和制度都得到了很大程度的完善，同时各种典章与制度的确立和巩固也都基本上完成于西汉。在中国历史上，封建社会对礼仪典章制度极其重视，这些礼仪典章制度包括了一个人的方方面面，其中丧葬制度也是礼仪典章制度的重要组成部分。在西汉的皇帝陵墓中，能够充分反映出当时西汉社会的最高丧葬礼仪。历史上的汉代人的丧葬有着"事死如事生"的观念，而皇帝们的陵寝，也可以说是西汉封建统治阶级社会活动的一个真实的缩影。这11位西汉的皇帝，他们在任期间，不但大肆修建长安皇宫苑囿，他们也和整个社会一样，有着"事死如事生"的坚信，他们除了修建自己活着时的住所外，还同时大肆修建自己死后的陵墓。西汉先后在位的11位正统皇帝，他们都是在即位一年以后，就开始立即修建自己的陵园，而他们所耗的资财大多达到了全国税收的1/3。所以，考古学家们对于西汉帝陵的勘探与发掘，会让我们对西汉历史有更全面、更深刻的认识。

2019年4月24日，国家文物局《国家文物局关于将西汉帝陵、唐帝陵列入〈中国世界文化遗产预备名单〉的函》（文物保函〔2019〕381号）同意将西汉帝陵列入《中国世界文化遗产预备名单》。

西汉自公元前206年汉高祖刘邦被项羽封为汉王开始，在公元前202年刘邦称皇帝建立汉朝，并于同年迁都至长安，开始了西汉对全国的统治。直至公元9年1月15日，王莽称帝，改国号为新，西汉自此灭亡，一共经历了209年。西汉是中国历史上第一个黄金时期。

西汉帝陵分布

现在，就让我们一起看看，这些千年以后，依然相伴的邻居们吧！大家可能早已发现，在西汉的皇帝中，并不是所有皇帝的陵寝都在陕西，这是为什么呢？这一点，我们还得从西汉时期严格的礼仪典章制度说起。

西汉帝陵分布形式是依据汉代昭穆制度而来。西汉一共有14位皇帝，一位摄皇帝。按照顺序分别是：汉高祖——刘邦，汉惠帝——刘盈，前汉少帝——刘恭，后汉少帝——刘弘，汉文帝——刘恒，汉景帝——刘启，汉武帝——刘彻，汉昭帝——刘弗陵，汉废帝——刘贺，汉宣帝——刘询，汉元帝——刘奭，汉成帝——刘骜，汉哀帝——刘欣，汉平帝——刘衎，汉孺子——刘婴。在西汉的 14 位皇帝中，由于汉惠帝和汉文帝都是刘邦的儿子，所以，他们都是属于穆位，而汉惠帝已经葬在高祖长陵的右边了，这样汉文帝就只能在他处寻找陵区了。而汉宣帝是昭帝的堂孙，如果按照辈分算，昭帝以下应为其子侄一辈为帝者入葬。但是，这位汉宣帝却是"孙子"辈的，与昭帝昭穆序列相同，祖孙一体，所以，也不能进入同一个陵区。

西汉所有的帝陵都继承了秦代时期的陵寝制度，并在其陵寝制度之上有所发展。西汉的皇帝陵园都是呈方形的，且只有一重城，整个陵墓位于陵园的正中央，都是坐西朝东的方向。根据《汉旧仪》及《皇览》等书的记载，发现西汉的帝陵一般占地面积都在 7 顷左右，墓冢高 12 丈。帝陵的地下墓室深 13 丈，地下的墓室也和上面的皇帝陵园一样为方形，从地下的墓室通向地面一共有 4 扇门，在这 4 扇门里分别设置了联剑、伏弩等各种暗器，以防有人前来盗掘陵墓。

西汉的帝陵大多有着规模宏大、建筑布局严谨、随葬品丰富的特点，西汉的帝陵也成为封建时代墓葬制度的最高形式。

长陵

在咸阳市往东约 20 公里的窑店镇三义村北，五陵塬最高处，有一座皇家陵墓，它的名字叫长陵。西汉帝王的这座长陵是汉代时期修建的第一座帝陵，它也是汉高祖刘邦和他的皇后吕雉的陵墓。但是需要注意的是，长陵是汉高祖刘邦与吕后同茔不同穴的陵墓，长陵的陪葬墓群中还有 63 座墓冢。

在长陵的东西两边分别并列着两座陵墓，西边的是汉高祖刘邦的陵寝，东边是吕后陵。在陵前面还有清代陕西巡抚毕沅所立的两通碑石，

汉武帝陵密码

考古学者们曾在陵墓的附近出土过属于西汉时代的"长陵东当""长陵西当"和"长陵西神"文字瓦当，所以，这里已经被证实是就是汉高祖刘邦的长陵。

根据史书记载，刘邦在称帝后的第二年就开始为自己修建长陵了，刘邦的长陵是照着当时西汉帝都长安城建造的。而在地理位置上，长陵也是与长安城隔渭河遥相对望。如果是晴天丽日，站在长安城未央宫前殿遗址的高台上，那巍峨的"长陵山"清晰可见，就连陵园内那豪华的寝殿，甚至是便殿也看得一清二楚。

汉高祖皇帝刘邦（公元前256年冬月二十四—公元前195年四月二十五）是丰邑中阳里人，他也是我们中华汉民族和汉文化的伟大开拓者之一，对整个汉族的发展以及中国的统一都作出了极其突出的贡献。

刘邦出身于寒门的农家，但是他为人豁达大度，不事生产。在秦时期，刘邦是沛县泗水亭长，后来，因为他释放了一个刑徒而亡匿于芒砀山之中。在陈胜起事后不久，刘邦就发动集合了3000多名子弟来一起响应陈胜的起义，最终，他们攻占了沛县等多个地方，刘邦被称为沛公。不久之后，刘邦带着手下子弟投奔了项梁，被封为武安侯。

公元前206年十月，刘邦带着大军进驻霸上，当时的秦王子婴向刘邦投降。最终，秦朝灭亡。刘邦灭秦以后，开始废掉秦朝苛刻的法律，并且与关中父老约法三章。在历史上著名的鸿门宴结束后，刘邦被封为了汉王，统治巴蜀地区及汉中一带。楚汉战争的前期，刘邦带领的汉军曾屡屡败北。但刘邦并没有因此气馁，反而痛定思痛，知人善任，注意纳谏。因为刘邦谦卑地听取手下的建议，所以，充分地发挥了部下的才能，在这期间，刘邦又注意联合各地势力来共同反对项羽的力量，终于，刘邦在楚汉战争中反败为胜。刘邦击败了项羽之后统一了天下。

公元前202年二月二十八日，汉王刘邦于定陶汜水之阳，即皇帝位，后定都在长安，史称西汉。刘邦也成为西汉的开国皇帝。

汉高祖刘邦在登基后，他一面开始消灭韩信、彭越、英布、臧荼等异姓诸侯王，又裂土分封了九个同姓诸侯王；另一面建章立制并采用休养生息之宽松政策治理天下，还减少军队的人员，下令让士兵们复员归家，豁免其徭役。在这期间，汉高祖刘邦重农抑商，为了让普通的百姓们可以安居乐业，下令恢复残破的社会经济，稳定封建统治秩序。汉高祖刘邦的一系列政策不仅安抚了天下平民百姓，也促成了汉朝雍容大度的文化基础。汉高祖刘邦对匈奴采取了和亲的政策，并且开放了与匈奴之间的关市，想以此来缓和西汉与匈奴双方的关系。

公元前195年，刘邦在讨伐英布的战争中，不幸被流矢射中，之后，刘邦病重不起，同年崩，庙号太祖，谥号高皇帝。

唐代诗人唐彦谦有诗曾写道"长陵高阙此安刘，祔葬累累尽列侯"，这些累累连绵的坟冢，从某种角度再现了汉初文治武功的盛况。

安陵

安陵的主人是西汉第二任皇帝——汉惠帝刘盈。安陵位于咸阳城东18公里处的渭城区韩家湾乡白庙村。安陵是一个覆斗的形状，它的底部周长725米，高25.22米。在安陵的西北方向150米处就是皇后张嫣的墓，因吕后死后，皇后张嫣也被废，所以，她的封丘非常小。在安陵的北边一带还有邑城遗址，在陵的东边还有12座陪葬墓。

汉高祖刘邦一生中共有8个儿子，汉惠帝刘盈的生母就是吕后，是汉高祖刘邦的嫡长子。刘盈年幼时，刘邦还是亭长，刘盈的母亲吕雉就带着他在田中耕种。

一日，吕雉在田中耕作，有一个老翁路过求其给口水喝，老翁喝过水后，说："夫人乃天下贵人啊。"吕雉听了以后，赶紧把刘盈叫了过来，老翁对吕雉说："夫人尊贵，皆因此男。"等到刘邦一回来后，吕雉立刻把遇到老翁相面的事情说与刘邦听，刘邦听后急忙跑出去追老翁。老翁对刘邦说："乡者夫人婴儿皆似君，君相贵不可言！"

汉武帝陵密码

公元前 202 年二月，刘邦于定陶即皇帝位，以王太子刘盈为皇太子。可是，刘邦并不喜欢刘盈，因为刘盈为人仁弱，刘邦认为这个儿子一点都不像自己。而戚夫人生下的儿子刘如意却深得刘邦喜爱，并且刘如意的外貌也特别像刘邦，刘邦因为刘如意十分像自己，所以，时常想改刘如意为太子。此时，吕后已经年老色衰，所以很难见到刘邦；戚夫人则年轻貌美，深得刘邦宠爱，她常常服侍在刘邦身边，就日夜啼泣欲使刘如意代刘盈为太子。

后来，刘邦真的动了易太子的心思，他把这件事情拿到朝堂上让大臣一起商议，结果群臣纷纷反对，刘邦见此状，欣然而笑，罢置此议。

高祖十一年（前 196），英布反叛，刘邦病重返回。在一次宴会时，已经有八十高龄的"四皓"陪同着太子刘盈一同入席，这让汉高祖刘邦十分惊讶，他觉得太子已经成熟了，这才有能力能让"四皓"陪他入席。此时，再重立太子恐怕会导致整个大汉政局混乱。此后，刘盈的太子地位也就基本稳定了。

不久之后，刘邦病死了，刘盈顺利地继承了皇位，这时他刚 16 岁。刘盈继承皇位后，并没有得到实际的治管权力，反而是由他的生母吕后掌控着朝政大权，萧何继续为相国，朝政大事内决于吕后，外决于萧何，汉惠帝刘盈只能将江山拱手相让。不过，汉初秉秦敝，整个国家都在以休养生息为主，所以国家基本没有什么事情。汉惠帝刘盈在位期间，基本上继承了他父亲汉高祖刘邦的政策，而且还有父亲的一批有经验的大臣辅佐，相国萧何去世之前，汉惠帝刘盈亲临相国府问萧何关于身后的事情有什么安排，萧何向汉惠帝刘盈推荐了齐相平阳侯曹参。在萧何去世以后，汉惠帝就任曹参继为相国，替代萧何的位置。

曹参成为相国以后，国政方面没有做任何的改动，继续使用萧何的旧制。曹参本人无事可做，则日夜饮酒作乐。属下有看不惯者欲谏，曹参即呼之与饮，直至酒醉，说者终不得一言。刘盈见状，深以为忧。他让人去劝谏，劝谏的人反遭曹参一顿鞭挞。

无奈，刘盈只好亲自召曹参问话。曹参对刘盈说："陛下自认为跟高帝相比谁更圣明呢？"刘盈答道："我怎敢跟先帝相比呢！"曹参又问："那陛下看我与萧何谁更贤能？"刘盈笑着说："你好像比不上萧相国。"曹参也笑着回道："陛下，高帝与萧何定天下，制度和法令已经非常清楚了。所以，陛下只需拱手，臣下也只需各安其职，守法无过。"刘盈听后十分满意。这也是著名的"萧规曹随"。

刘盈继位以后，他的母亲吕后深恨戚夫人和她的儿子刘如意。吕后将戚夫人贬至永巷，为春奴，并让刘如意进京。刘盈却想要保护这对母子，他让刘如意与自己同寝同食，吕后一直无法下手。

直到公元前194年十二月，刘盈有事早起外出，他心疼弟弟想让他多睡一会儿，就让刘如意留在了宫中。吕后乘机将刘如意毒杀，随后，又下令将戚夫人剁去四肢、剜去双眼、割其舌并将她熏哑戳聋，做成了"人彘"置于厕中。

过了多日，吕后请汉惠帝刘盈和自己一起观看"人彘"。刘盈见后，失声痛哭，并说："这种事真不是人能做出来的，儿臣虽为皇帝，却终是没能治理好天下。"此后，刘盈借酒浇愁而致成宿疾，从此也不再理会朝政，最后抑郁而终。

汉惠帝刘盈在位期间，整个社会和朝廷都没有什么大的波折，但是他仅仅做了7年的皇帝。

汉惠帝刘盈为人性格善良，宽厚仁慈，行事懦弱。所以，他的一生虽为皇帝却活得十分委屈，他没有他爹刘邦那样英武，在那个汉朝民心初定的年代，他在政治上没有什么自己的建树，面对他的生母吕后残害异己，他也无能为力。这一切都为他可怜的一生埋下了伏笔，汉惠帝一生只做了7年有名无实的皇帝，死的时候年仅23岁。他死以后，他的生母吕后又继续执政8年。而西汉的这前后15年，是大汉王朝从建国到文景之治的过渡时期、奠基时期，在历史上也占有非常重要的地位。

刘盈的谥号是"孝惠"，"孝"字的意思是指孝子善于继承父亲的事业。谥号中的"惠"字，含有"仁慈、柔顺"的意思，而这个谥号也非常恰当地概括了刘盈的一生。汉惠帝刘盈死后，葬在安陵。

阳陵

陕西人都喜欢把它叫汉阳陵，位于今天的陕西省咸阳市渭城区正阳镇张家湾后沟村北的咸阳原上。阳陵是汉景帝刘启和他的皇后王氏的合葬陵园。汉景帝刘启是西汉的第六位皇帝，因为西汉的第三位、第四位还有第五位皇帝汉文帝的陵墓都不在西汉帝陵的区域内，所以，我们"千年后的邻居"一节就先暂且不讲这三位皇帝的陵寝，而是先讲汉文帝刘恒的儿子汉景帝刘启的陵墓。阳陵始建于公元前153年，到公元前126年竣工，从汉景帝刘启开始修建陵寝到王皇后入葬，阳陵的修建时间一共耗时28年，占地面积共有20平方千米。1963年4月，阳陵被公布为第一批陕西省重点文物保护单位，后又被列为国家AAAA级旅游景区。

历史上西汉时期著名的"文景之治"，就是由汉景帝刘启和他爸爸汉文帝打造的。刘启原是汉文帝第五个儿子，按照制度和道理来讲，这个刘启是无论如何都当不上皇帝的。但是十分奇怪的是，就在汉文帝登上皇帝宝座之后，汉景帝前面的四个哥哥全部都死了，就这样，汉景帝刘启捡了个漏，当上了皇帝。

汉景帝在位期间，他最大的功劳就是削藩。原来，汉高祖刘邦在建立国家的时候，分封了很多诸侯国。到了汉景帝刘启的时候，有一些诸侯国的势力已经很大了。这其中包括了吴国，正巧汉景帝与吴国太子下棋，后者又被汉景帝一棋盘砸死，此事引发了"七国之乱"。不过，"七国之乱"虽然势头很猛，汉景帝刘启的手下大将周亚夫却在短短的3个月就将这件事情镇压了下来。

汉景帝刘启在位期间，整个国家的治理方向依然是以休养生息为主，这也为西汉的强盛打下了坚实的基础。

茂陵

要说起西汉最伟大的皇帝是谁，那可能就非西汉第七位皇帝汉武帝刘彻莫属了，他也是我们这部书的主人公，西汉帝陵中的茂陵就是他的陵寝。而茂陵也是汉代帝王陵墓中规模最大、修造时间最长、陪葬品最丰富的一座，被称作"中国的金字塔"。在汉武帝茂陵的周围还有很多的陪葬墓，其中就有李夫人、卫青、霍去病、霍光、金日磾等人的墓葬。

平陵

平陵是西汉的第八位皇帝汉昭帝刘弗陵和孝昭上官皇后的合葬陵墓。陵墓的封土是覆斗形，底部周长 2700 米，高 29.2 米。西边有上官皇后的陵墓。平陵原有 57 座陪葬墓，现存 23 座。平陵位于咸阳城西 6 千米处的秦都区平陵乡大王树村。

汉昭帝是汉武帝刘彻的幼子，只可惜汉昭帝一生被疾病缠身，他虽然在 8 岁就继承了汉武帝的皇位，但是到了 21 岁，正是干大事的年纪，结果却病死了。通过汉昭帝的结局，说明了一个道理：没有好的身体，即使你爸是汉武大帝，也没用！

汉昭帝刘弗陵的生母就是赵婕妤，是大家所熟悉的钩弋夫人。汉昭帝在刚刚继位的时候，因为年龄太小，只有 8 岁，所以，朝廷上很多的政务都是依靠霍光、金日磾、桑弘羊等人辅政下进行的，这些辅政大臣本就是汉武帝的心腹，所以，他们沿袭汉武帝在位期间后期的治国政策，依然是休养生息，加强北方戍防。

公元前 86 年，金日磾在辅佐汉昭帝刘弗陵一年多以后就病逝了，汉王朝政府的最高权力都被另外一位辅政大臣霍光掌握，当时，霍光和同为辅政大臣的金日磾还有上官桀都有联姻的关系，上官桀的儿子上官安娶的是霍光的大女儿，所以，霍光和上官家关系极其密切。甚至，霍光每次外出休假或沐浴时，上官桀都会代替他处理国家的政务。

汉武帝陵密码

公元前 83 年，汉昭帝已经 12 岁了，鄂邑长公主开始为汉昭帝选拔皇后。上官安打算让自己年仅 6 岁的女儿入宫，但是遭到了霍光的极力反对。而上官安转向鄂邑长公主，原来，上官安与鄂邑长公主的情夫关系要好，最后，上官安的女儿被立为皇后，上官安自己则升为车骑将军。上官家和霍光也因此结怨，成为政治上的敌人。御史大夫桑弘羊也是霍光的政敌，上官家与他联合想要杀死霍光，废掉汉昭帝刘弗陵。

公元前 81 年，上官桀、燕王刘旦等人开始密谋发动政变。他们共同捏造说，霍光意欲借取匈奴兵力，发动政变。但是他们万万没有想到，汉昭帝对于他们的"告发"不予理睬。谁也未曾想到年仅 14 岁的汉昭帝竟揭穿了上官桀等人的阴谋。这件事情，让朝中所有的大臣都对汉昭帝的聪明善断表示惊叹，霍光辅政的地位也因此得到了稳固。

上官桀等人被揭穿后，十分害怕，他们就对汉昭帝说："小事不值得追究。"汉昭帝大怒说："霍光大将军是大汉王朝的忠臣，先帝让他辅佐朕治理国家，竟有人敢诋毁他，凡是诋毁霍光大将军的按罪处置。"上官桀等听了此话，再也不敢在汉昭帝面前说霍光的坏话了。

公元前 80 年九月，上官桀等人见第一次政变没有成功，就准备一起发动武装政变。他们计划让长公主设摆宴席，去邀请霍光，命人在途中将霍光杀掉，废黜汉昭帝。但是，此事被门下的使者告发，所以，这一政变未发动之前，汉昭帝和霍光就先发制人，将上官桀等主谋都抓了起来，并且诛灭了他们的家族。其中，只有年仅 9 岁的上官皇后因为年纪幼小，再加上她还是霍光的外孙女，未被废黜，其余主谋者全部丢掉了性命。

内乱平定以后，霍光更受汉昭帝的全面信任。他的亲戚也都开始进入朝廷中，担任起了十分重要的职位，形成了庞大的、盘根错节的霍光集团。至此，霍光也已经成为当时朝廷中实际上的最高统治者。霍光在朝廷中秉政，前后共有 13 年，这 13 年中，百姓生活充实，四夷宾服。

公元前74年四月十七日，汉昭帝刘弗陵因病崩于长安未央宫，年仅21岁。六月七日，汉昭帝葬于平陵，谥号为孝昭皇帝。

四、千年后的邻居（下篇）

渭陵

渭陵是西汉的第十一位皇帝汉元帝刘奭的陵寝，它位于陕西省咸阳市渭城区周陵镇新庄村东南。渭陵是从公元前40年开始修建的，陵园是一个近方形，南北长410米，东西长400米，陵墓的四周都有夯土筑成的垣墙。

汉元帝是汉宣帝与孝宣许皇后所生，27岁即位，42岁时崩于未央宫。在渭陵的东北向约350米处，是孝元傅皇后陵。在渭陵的东北500米左右是陪葬墓群，排列十分有序，东西4行，每行7座，当地的人们称这里为"二十八宿墓"，现存的有12座。

说起汉元帝这个人，可能很多的朋友都不太熟悉他，这位汉元帝当了16年的皇帝，虽然说，您可能不太了解他这个人，但是，若是说起他在位期间发生过的一些流传千古的大事，您可能就会比较熟悉了，比如：昭君出塞。

但是，刘奭这个人并不太适合当皇帝。如果，汉元帝生活在现代，他一定非常适合在娱乐圈发展。根据史书上记载，汉元帝是一个多才多艺的人，他写得一手好篆书，而且，汉元帝本人对于弹琴作曲样样精通。最主要的是，汉元帝性格柔仁好儒，说得好听点是一个单纯的老好人，说得难听一点他就是一个没有智慧的庸人。在政治上汉元帝没有一点手腕，甚至发展到后来被宦官牵着鼻子走，而大汉帝国也是在他手上走向衰败的。

汉元帝在位期间，虽然整个汉王朝看起来还是比较强盛，但是这表面上的强盛也只是祖辈们为他积累下来的财富，同时汉元帝在位期间，也是汉王朝衰落的起点。汉元帝因为没有政治头脑，导致当时的社会豪强地主兼并之风盛行，再加上汉元帝的无作为，汉王朝的中央集权开始逐渐削弱，社会中的各种危机也开始日益加深。

汉元帝执政期间，有"三驾马车"辅政，其中以乐陵侯史高领衔，太子太傅萧望之、少傅周堪为副。汉元帝对自己的两位老师太傅萧望之、少傅周堪非常信任，这致使感受到冷落的史高心理非常失衡，他与萧望之也就因此产生了嫌隙，权力斗争开始在朝廷中暗暗发动。

史高开始结交宦官，史高与宦官们在政局中里外呼应，反对萧望之的改革主张。萧望之担心朝廷上会出现外戚放纵、宦官擅权的局面，于是建议汉元帝废弃任用宦官掌管中书的旧制。但是，无奈于汉元帝刚刚即位，他的性情又是柔弱寡断，凡事上都缺乏主见，不敢对旧制做出调整。而萧望之提出废弃任用宦官掌管中书旧制的建议，招致了宦官上层人的记恨，他们与史高等外戚联手，想要将萧望之逼死。

此次政治阴谋只经历了两个回合，萧望之就败下阵，选择饮鸩自杀了。汉元帝得知老师自杀的消息，非常震惊，为之痛哭流涕。他责怪这些宦官害死自己的贤傅。但是，汉元帝的伤心似乎也没有让他刚强起来，汉元帝并没有惩治逼死自己老师的幕后推手，仅仅是对他们进行了口头的警告。而汉元帝的这种治理的柔软，也放纵了宦官，使外戚和宦官们变本加厉，汉元帝此番处理无异于自废武功，自断臂膀。

萧望之死后，朝廷中形成了外戚、儒臣、宦官三种势力角逐的局面，在这场政局竞赛中，宦官成了大赢家。而汉元帝本人不但没有因为老师被害的事情重罚宦官，反而因为宦官没有家室，不会缔结"外党"，特别宠信宦官，而事实证明汉元帝的想法真是太天真了。

宦官首领石显之流其实最擅长的就是"结党"了，他不仅与宫廷内的太监结为"内党"，而且在外还勾结史丹、许嘉等外戚，并且拉拢那些见风使舵的儒臣，共同结为"外党"；三党联手，内外呼应，兴风作浪，党同伐异。石显擅权期间，纲纪紊乱，吏治腐败。

当时的王昭君因为不愿出钱行贿宦官，就被画师丑化，这才使得四大美人之一的王昭君不得不出塞远嫁匈奴。而王昭君出塞也让汉元帝大为震惊，他没想到自己治理的国家，政局已经混乱至此，然而对于那些危害国家的宦官，汉元帝却自始至终都未能悟察。司马光曾评述汉元帝说："甚矣，孝元之为君，易欺而难悟也。"说得直白一些，司马光的意思就是说，元帝太好糊弄了，居然让石显这些宦官将自己玩弄于股掌之中。宦官石显的专权，实际上也是汉元帝纵容的一个结果。在古时的帝制时代，大权旁落乃君王之大忌，君王想要施展远大的抱负，必须善用手中最高的权力。否则，只能成为别人的傀儡。

公元前 33 年五月，汉元帝在长安未央宫去世，终年 42 岁。葬于渭陵（今陕西咸阳市东北 12 里处）。死后庙号高宗，谥号孝元皇帝。

延陵

延陵位于咸阳城北 5 千米处渭城区周陵乡马家窑村，是西汉的第十二位皇帝汉成帝刘骜和他皇后许氏的陵寝。延陵是从汉成帝即位的第三年，即公元前 31 年开始修建的，因为当时是在长安城西北的渭城延陵亭部起修，所以，取名为延陵。延陵的陪葬墓在东北方向约 600 米处，有汉成帝生前宠爱过的班婕妤、许皇后、赵飞燕、赵合德等人之墓，当地的人们称这里为"愁女坟"或者"愁娘娘坟"。

要说起汉成帝刘骜，那可真是颇为有趣，他在中国古代昏君的排行榜上，绝对可以说是"赫赫有名""大名鼎鼎"。历史上对他的评定是"耽于酒色"。"骜"这个名字本是汉成帝的爷爷汉宣帝给他起的，意思是希望汉成帝能够做一匹刘汉王朝中的千里马，结果却成了天大的笑话，甚至有人嘲笑说，汉成帝活得连猪狗都不如。汉成帝做了皇帝以后，无心治理国家，反而自甘堕落，迷恋酒色，荒淫无道，不理朝政，最后一次吃了7颗"春药"，竟死在温柔乡中，真是活得无意思，死得也窝囊。

刘骜在公元前51年出生在长安甲馆画堂。他的爷爷汉宣帝对于这个嫡皇孙非常喜爱，甚至亲自为嫡皇孙取名为刘骜（骜即为骏马），字太孙，还经常把年幼的刘骜放在自己身边。

公元前49年，汉宣帝去世，刘骜的父亲刘奭继位，就是前面我们讲述的汉元帝。公元前47年四月，刘骜就被立为太子。别看当了皇帝的刘骜是一个糊涂蛋，年轻时的刘骜却是少年才俊。原来，刘骜在年少时，十分爱读经书，他还喜欢文辞，为人更是宽博谨慎。有一次，汉元帝有事急召刘骜进见，刘骜却不敢擅自横越驰道（指皇帝专用的道路），虽然着急，却还是足足绕了一圈以后，才迟迟面见汉元帝。汉元帝知道了刘骜迟到的始末之后，非常高兴，立刻下令太子可以直接穿越皇帝的专用驰道。

可随着年龄的增长，刘骜不但没有更大的长进，就连原来已有的美德也没能守持住，长大的刘骜开始终日沉迷于吃喝玩乐。这让汉元帝也有了想改立宠妃傅昭仪之子为太子的想法，但是，无奈于刘骜是汉宣帝的爱孙，再加上史丹又力保刘骜太子之位的缘故，汉元帝改换太子的计划最终没有付诸实施。

公元前33年，汉元帝病重，他的傅昭仪及儿子定陶王刘康，常能到汉元帝的榻前侍奉。但是太子刘骜却很难见皇帝一面。这让刘骜十分担心，还好史丹可以借着是汉元帝贴身宠臣的身份，直接进入汉元帝的寝殿内看望，所以，史丹看准了机会，趁着寝殿内只有汉元帝一个人时，进入室内，伏在汉元帝床前痛哭流涕为太子求情。汉元帝大为感动，最后表达不再废黜太子。太子刘骜的地位这才稳定了下来。

公元前33年五月，汉元帝刘奭崩。六月，皇太子刘骜继承皇位，是为汉成帝。刘骜的亲生母亲王政君皇后被尊为皇太后，从此王政君的外戚王氏家族也登上了西汉的政治舞台，这也为后来的王莽乱国埋下了伏笔。

当时因为宦官势力在朝廷不断地扩大，所以汉成帝刘骜就采取了用外戚王氏来制衡宦官的政策。首先，汉成帝有了外戚的支持，开始对宦官采取明升暗降的办法，任命权臣石显为长信中太仆，让石显离开权力中心，丧失了政治上的实权，然后丞相匡衡和御史大夫张谭等人联名揭露石显及其党羽过去的罪恶。这让以石显为首的宦官们纷纷被免官，石显也死在了被逐回家乡的途中。

汉成帝的制衡政策，虽然抑制了宦官，但是整个制衡政策运用得并不成功。在这个制衡政策中，太后王氏的外戚一族势力不断强大起来，成为这场政治斗争的最后胜利者。朝廷中再也没有能抑制王氏一族的力量，而这一切也都为王莽篡汉创造了条件。

汉成帝在登基以后，肆无忌惮地放纵自己的情欲。他甚至还有一个男宠，名叫张放，史书上关于张放有着这样的记载："少年殊丽，性开敏。"汉成帝十分宠爱他，平常的时日里，就与张放同寝一张床，宠爱殊绝，两人还经常一起外出游玩，汉成帝在外出时还假称是张放的家人，可见汉成帝对于张放的宠爱程度。

这事让朝中大臣颇为不满，太后知道此事后，命人将张放流放。汉成帝十分思念张放，多次偷偷召回张放回京团聚，之后又迫于政治压力将张放放逐，史书中曾记载："故常涕泣而遣之"，如此情景反反复复上演，后来，因为顾忌宠妃赵氏姐妹，汉成帝才断了与张放的来往，张放则"思慕哭泣而死"。

汉成帝刚刚登上皇位的时候，专宠他少年时候所娶的结发妻子许皇后，但因许皇后生的一儿一女全部夭折，汉成帝移情别恋，开始宠爱班婕妤。班婕妤为汉成帝生了一个男孩，只可惜，男孩只活了数月也夭折了。

汉成帝对许皇后的冷落，让许皇后心生怨恨，就背地里以巫蛊恶毒诅咒后宫有身孕的妃子。此事被汉成帝知道后，将许皇后赐死。

公元前16年，汉成帝立赵飞燕为皇后。为了取悦新上任的皇后赵飞燕，汉成帝特意下令让工匠建造了一艘华丽的御船，取名叫"合宫舟"。一天，皇后赵飞燕穿着南越所贡云英紫裙、碧琼轻绡，一面轻歌《归风送远》之曲，一面翩翩起舞。船行到河中流时，突然狂风骤起，身轻如燕的皇后赵飞燕险些被风吹倒，冯无方则奉汉成帝之命救护皇后，他紧紧拽住皇后的两只脚不肯松手，而皇后赵飞燕则十分淡定，她继续歌舞，并没有想要停下来的意思。此后，宫中便开始流传后人都熟悉的"飞燕能作掌上舞"的佳话。但可惜赵飞燕无子。

皇后赵飞燕有一个从小一起玩到大的妹妹，也得到了汉成帝的宠爱，名叫赵合德，赵氏这两姐妹皆无子。后来，宫中有一个女官怀上了汉成帝的孩子，赵合德就命人把那女官毒死了。后来，汉成帝的嫔妃中有一个许美人怀孕，生下了一个儿子。赵合德知道后，大哭大闹，还让汉成帝亲手掐死了自己的儿子。当时有讥刺赵飞燕的童谣道："燕燕，尾涎涎，张公子，时相见。木门仓琅根，燕飞来，啄皇孙。皇孙死，燕啄矢。"

赵氏姐妹手段残忍，迫害后宫，这致使汉成帝最终绝后，皇位只能由侄子继承。

后来，汉成帝册封异母弟定陶恭王刘康之子刘欣为皇太子。公元前7年二月，汉成帝刘骜夜宿未央宫。第二天早晨，汉成帝起床刚刚穿上裤袜，衣服还没有披上身，就忽然身体僵直、口不能言，中风扑倒在床动弹不得。就这样，在公元前7年三月十八日，酒色侵骨的汉成帝在赵合德的怀抱中暴死于长安未央宫，赵合德也因此畏罪自杀。

汉成帝在位共25年，终年45岁。谥号"孝成皇帝"，葬于延陵。

因为汉成帝的儿子都在他之前死了，所以继承汉成帝皇位的是他的侄子刘欣。

义陵

义陵是西汉第十三位皇帝汉哀帝刘欣的陵寝，它现在已经是陕西省重点保护文物，位于咸阳城北 6.5 千米处渭城区周陵乡周贺村。陵为覆斗形，底部周长 900 米，高 30.41 米。陵东封土为傅皇后陵，共有陪葬墓 15 座。

这位皇帝十分的与众不同，他不爱江山却深爱男人，甚至痴迷男人到连皇位都不要的程度，不过，这位皇帝太过于放纵自己的欲望，在位仅仅 6 年就病故了，离开人间时年仅 26 岁。他的陪葬墓有 15 座，现在依然存留的仅剩下 8 座，其中就有他生前的男宠高安侯董贤的墓。

刘欣，字和，生于公元前 25 年。刘欣是汉元帝刘奭的孙子，是定陶恭王刘康之子，他的生母是丁姬。刘欣是由他的祖母傅太后亲自抚养长大的。

刘欣长大以后，他的伯父汉成帝刘骜一直没有存活下来的子嗣。因为刘欣一直是由傅太后抚养的，所以傅太后对刘欣倍加喜欢。傅太后曾以珍宝贿赂赵昭仪和汉成帝的舅舅骠骑将军王根，私下里连要求带请求地让他们帮忙想办法立刘欣为太子。赵昭仪与王根见到汉成帝一直没有太子，也没有存活下来的儿子，也想着事先结好于刘欣，为今后的富贵做长久打算，再加上傅太后的参与，他们就在汉成帝面前互相称赞刘欣。最重要的是，汉成帝本人也十分器重刘欣。

公元前 8 年，汉成帝立刘欣为太子。立好太子以后，公元前 7 年三月十八日，汉成帝就病故了。同年四月初四日，19 岁的刘欣继承了皇帝，为汉哀帝。

公元前 1 年六月二十七日，在位仅 6 年的汉哀帝因为过分贪恋色欲，放纵情欲，以至于把身子掏空而死，年仅 26 岁。关于汉哀帝刘欣的死，历史上还流传着另外一说，说刘欣是死于服用春药过量。九月十八日，

汉武帝陵密码

汉哀帝刘欣葬于义陵，谥号为孝哀皇帝。

康陵

康陵是西汉最后一位皇帝汉平帝刘衎的陵墓。刘衎自出生以来，就是一个体弱多病的人，他在位期间也是一个有气无力的傀儡皇帝。虽说他是高高在上的皇帝，可是他一生悲剧，死的时候都还未成年。

刘衎，原名叫刘箕子，他在即位后，于公元 2 年，因"春秋讥二名"改名为"衎"。汉平帝刘衎是汉元帝刘奭的孙子，是中山孝王刘兴的儿子。

公元前 8 年八月初九日，刘衎的父亲中山孝王刘兴去世。第二年，也就是公元前 7 年，年仅 3 岁的刘衎继承中山王位。接着，公元前 1 年六月二十七日，汉哀帝刘欣去世。公元前 1 年七月，太皇太后王政君下诏派车骑将军王舜、大鸿胪左咸使持节迎立中山王刘衎。随后，贬皇太后赵飞燕为孝成皇后，退居于北宫，汉哀帝皇后傅氏退居桂宫。

公元前 1 年九月十八日，刘衎继承了皇位，成为汉平帝，晋谒高祖庙，大赦天下。

汉平帝刘衎继位的时候，还只是一个 9 岁的孩子，朝廷上的政务全部由垂帘听政的太皇太后王政君和大司马王莽操持，百官全部聚于朝廷东厅以听取王莽的指示。

群臣们为了迎合王莽，纷纷奏言于大司马王莽，说他的功德就像周公辅成王一样崇高，特赐号为安汉公，对太师孔光等都加封，赏赐天下臣民爵一级。

公元 3 年的春天，王莽的女儿被立为皇后。当时，汉平帝的生身母亲卫姬被王莽下令禁止来长安，卫姬因为长期见不到刘衎，思念儿子，日夜哭泣。不久后，卫氏受到政治牵连，被王莽灭门，卫后也被废，一年多以后就去世了。

后来，刘衎年仅 14 岁在未央宫去世，谥号孝平皇帝，葬于康陵（今陕西咸阳西 25 里处），王莽称帝后追加其庙号为元宗，刘秀又将庙号削除。而关于汉平帝刘衎的死因一直存在争议。

汉王朝在中国的历史上，有着举足轻重的地位，汉王朝的一些帝王也对天下进行了许多改革。最为典型的就是无为而治，休养生息，直至汉成帝的时候，汉王朝的人口就已经达到了 6000 多万，相当于现在的两个半澳大利亚的人口了。然而，白驹过隙，渭河北岸咸阳原上只留下了 9 个土包，见证着西汉王朝当年的辉煌。

五、远离汉武帝的三位先祖

在西汉的帝陵区，汉武帝有三位先祖没有入住。今天，就让我们一起来看看汉武帝这三位先祖都分别是谁。

前少帝——刘恭

按着排序，汉朝第三位皇帝是西汉的前少帝刘恭（前 190—前 184），他公元前 188 年九月至公元前 184 年八月在位，在位 4 年，为 3—7 岁。他也是西汉历史中，第一个被废弃的皇帝。

前少帝刘恭的父亲是汉孝惠帝刘盈，他的母亲是汉惠帝时期的一个美人，她是一个非常可怜、可悲的女人，虽然得到了汉惠帝的宠幸并怀有龙子，却是一个被政治牺牲的女人。因为，当时汉惠帝的皇后张嫣并没有生孩子，而汉惠帝又年纪轻轻就驾崩了。所以，吕雉就找来了这位汉惠帝妃子中一个美人的儿子，让这个美人把亲生儿子过继到皇后张嫣膝下，为防后患，还命令手下杀了这个美人，接着，又立这个儿子为皇帝，这个小男孩就是汉前少帝。但是，在朝廷中真正掌权的，还是吕雉。

前少帝刘恭登基以后，吕雉成为太皇太后，她开始临朝听政，并且设立分封了吕姓诸王，极力扩展、强壮吕氏势力。后来，前少帝刘恭渐渐长大，不知他是否也听闻了自己的生母已经被太皇太后害死，而自己也并非真是皇后的儿子，年仅7岁的前少帝刘恭突然感叹道："后安能杀吾母而名我？我未壮，壮即为变。"

公元前184年，太皇太后吕雉得知前少帝刘恭的想法后，立刻将他囚禁于永巷（即宫廷监狱），并且对外声称皇帝重病，拒绝任何人前来探访。吕雉又对朝臣说皇上已经重病了，所以，无法治理国家，应另外选择他人接替皇帝，朝中大臣也没有人敢反对。于是，年仅7岁的前少帝刘恭被废黜并被秘密处死。至于他的尸体也不知被埋在了何处，汉武帝的这位先祖就这样结束了自己悲惨的一生。

后少帝——刘弘

刚刚我们讲了前少帝刘恭，那么，有前就有后，后少帝，名叫刘弘（？—前180），原名刘山，曾用名刘义，他也是汉惠帝刘盈之子，是前少帝刘恭同父异母的弟弟，生母不详。后少帝刘弘是西汉的第四位皇帝，公元前184年六月十五日至公元前180年十一月十四日在位。

刘弘本来已经被封为常山王，在太皇太后吕雉废除了刘恭的皇帝身份之后，他"幸运"地被吕雉挑选为皇位继承人。公元前184年六月十五日，太皇太后吕雉命常山王刘义继承帝位，并改名刘弘，历史上称其为后少帝。

后少帝刘弘与他的前任前少帝刘恭一样，也是一个短命的皇帝。不过，他与自己的兄弟不同的是，他并没有死在太皇太后吕雉的手中，因为太皇太后吕雉比他死得早了一点。识时务者为俊杰啊，刘弘当上皇帝以后，老老实实地听从太皇太后吕雉的摆布，无论是在行为上，还是在言语上都不敢有半点反驳，所以，刘弘的这个皇帝当得倒也相安无事，安安稳稳地当了4年多有名无实的皇帝。其实，在刘弘的内心还是非常感激吕雉对他的提拔的。这样，刘弘出头的机会终于来了。公元前180

年九月，吕太皇太后逝世。似乎后少帝刘弘可以成为一个货真价实的皇帝了。然而，事情永远没有想象中的那么美好，吕雉一死，原来朝廷中的一些老臣如周勃、陈平等人就想借机清除吕雉家族的势力，试图恢复刘氏皇室的权力。

而现在的后少帝刘弘却是吕雉一手扶上台的，刘弘能否任由他们摆布是一个问题，刘弘是否起来要为吕雉实行报复又是一个问题。所以，这些老臣并没有把刘弘归为刘氏正统之列，他们经过商议后提出，刘弘可能并不是刘盈的亲生儿子，为绝后患，他们决定干脆一并把刘弘的皇帝也废了，重新选了刘邦的一个儿子刘恒来当皇帝。刘恒一当上皇帝，这位后少帝刘弘就被处死了，仅做了4年的皇帝还把命丢了。

生活在吕雉这个女人阴影下的这两位皇帝一生都没有什么建树，仔细想想这也不能全怪这两位皇帝，一来他们当皇帝时间太短，二来因为吕雉太强。当皇帝对于这两位少帝来说，可能并不是他们自己的选择，但从当上皇帝那天起，他们的命运便向着一个注定的结局走去。可怜啊，完全是悲惨人生。

汉文帝——刘恒

朝廷中，在经过周勃、陈平等老臣的努力后，吕氏家族力量被彻底铲除。朝臣阴谋说后少帝刘弘并非汉惠帝亲生子，所以，废杀了刘弘以及他的四个兄弟。

朝中大臣选定了汉高祖刘邦的第四个儿子，宽厚仁慈、名声较好的代王刘恒作为新皇帝，刘恒的母亲是薄姬，他是汉惠帝刘盈的弟弟。

于是朝廷中的大臣就派出使者去接刘恒赴长安继承皇位。最初，代王刘恒见到朝廷中的使者，并不是非常高兴，相反，行事谨慎的他，还起了疑心。而代王刘恒手下的属臣们对于这件事情的看法也意见不同，有的属臣认为这件事是一个阴谋，有的则分析说这样的事情并非小事，不会是玩笑，更不会有假。

汉武帝陵密码

想来想去，代王刘恒决定用占卜来决定吉凶，得到了一个"大横"的占卜结果，这个结果的意思是：大横所裂的纹路很是正当，这说明刘恒不久之后就要成为天子，继承他父亲的伟业，并能将其发扬光大，就像启延续禹的那样。

看到此结果，代王刘恒决定相信此事是真。但是刘恒谨慎，为防万一，他在向长安进发的过程中一步步小心从事，他生怕自己又中了阴谋诡计，命丧黄泉不归路。刘恒先是派自己的舅舅薄昭到长安城内探听事情的虚实，然后又在离长安城50里的时候，派属下宋昌再次进城探路。确保一切都安全后，刘恒才放心进城。最后，小心的刘恒终于在陈平等众大臣的拥戴下平安地继承了皇位，住进了未央宫，成为汉文帝。

刘恒在还是代王的时候，有一位王后，并且为他生下了四个嫡子。但是，在刘恒称皇帝后不久，这位皇后生下来的四个嫡子都相继去世了，汉文帝其余的诸子中，属宠姬窦漪房之子刘启最年长。同年正月，即汉文帝刘恒即位三个月以后，根据群臣的建议，汉文帝立长子刘启为太子。这样，自汉高祖以来，预立太子就成为汉家的定制。三月，立窦氏为皇后。汉文帝与其子汉景帝统治时期被合称为文景之治。

汉文帝刘恒的母亲薄姬是吴（今江苏）人，秦朝末期的时候，魏豹自立为魏王，纳薄姬为妾。楚汉战争发生的初期，魏王豹被韩信、曹参打败，他的妾薄姬也就成了俘虏，后薄姬被送入织室织布。刘邦见到薄姬有一些姿色，就纳入了自己的后宫。公元前203年，薄姬为刘邦生下刘恒。公元前196年，刘邦带兵平定了代地陈豨的叛乱，就立薄姬的儿子，8岁的刘恒为代王，定都于晋阳（今山西太原）。

汉文帝刘恒的名字在中国历史上也是很有名气的，大家所熟悉的"文景之治"，就是对他政绩的充分肯定。刘恒在刘邦的众多儿子中算是非常幸运的了。刘邦一生中共有8个儿子，他的结发妻子，也是最强势的吕后仅生了一个儿子，即汉惠帝刘盈。在汉惠帝去世以后，吕后为了能够让自己长期地掌握朝廷政权，开始对刘邦其他的儿子们大开杀戒，吕后先后一共害死了刘邦的4个儿子。刘邦的大儿子刘肥最后未被陷害，得以善终，但死在了吕后之先。吕后死时，刘邦的8个儿子中，存活下来的只剩下了刘恒和刘长。

在刘邦的8个儿子中，刘恒是最不起眼、最不引人注目的一个。当然，这也和他母亲的身世有关。上文我们讲刘恒的母亲薄姬曾为他人姜室，所以，在刘恒出生后，薄姬不但没有得到宠爱，还遭到刘邦的冷落，她的地位也一直是"姬"，没有被升到"夫人"。母亲这样不受待见的身份，让汉文帝刘恒从小就学会了做事小心，从不惹是生非的处世之道。自幼懂事的刘恒也给大家留下了非常好的印象，所以，才会有后来，在刘恒8岁时，三十多位大臣共同保举他做了代王。虽然当时代王的地位没其他皇子那样显赫，但这也恰好帮汉文帝刘恒躲过了吕后的迫害，刘恒的谨小慎微帮助他幸运地活了下来，后来又幸运地登上了皇位。

因为这个皇位来之不易，所以汉文帝刘恒刚刚登上皇位后，就立刻任命自己的心腹将领负责守卫皇宫、京城，他要从根本上保证自己的人身安全。看到这里，相信您和我一样，前面前少帝和后少帝两位皇帝的悲惨结局，带给我们沉重的心情，在此时似乎看到了一丝希望。

汉文帝知道自己在汉廷中并没有什么雄厚的政治基础，还有很多的宗室认为他就是一个幸运的"摘桃派"者。汉文帝清晰地知道自己仅仅是依靠一批老臣的拥戴而登上皇位的，他在政治上所面临的是不断壮大和日益骄横的诸侯王势力，所以他首要的任务是采取恩威并施的两手策略来巩固皇权。

汉文帝刘恒开始对拥立他做皇帝的功臣们——赏赐、封官晋爵，这让那些拥护他的大臣深感安慰，觉得自己选对主子了。而对于那些被吕后贬斥的刘姓王，也都纷纷恢复了称号和封地，这让他的同族也对他更加拥护。同时，汉文帝刘恒对于那些曾经跟随自己父亲刘邦开国的功臣也都分别赏赐、分封。这一系列的措施，让汉文帝刘恒的帝位得到巩固，也让我们看到了汉文帝刘恒是相当有政治手腕的。

汉文帝除了用拉拢的手段来巩固自己的皇权势力外，还运用了打击重臣的有效措施。打击重臣这方面主要是针对拥护他坐上皇帝宝座的大功臣周勃。原来，大臣周勃因为拥立汉文帝成为皇帝有功，所以每一次在上朝结束以后，走大殿的时候，他总是显出一副非常骄横的样子。在朝廷中议事的时候，似乎也不把汉文帝刘恒放在眼里。对于大臣周勃这样的做法，汉文帝刘恒没有对他加以指责，反而对他更加有礼，还经常目送周勃离去。

有一些大臣实在是看不过去了，就劝说汉文帝刘恒，不应该对一个大臣这样实行重礼，这样做实在是有失君主的身份。从此以后，汉文帝刘恒对大臣周勃的态度变得越来越严肃了，而周勃也对汉文帝越来越敬畏了。原来，周勃的属下也及时提醒过他，小心功高盖主，引火烧身。周勃被属下这么一提示，真是醍醐灌顶，猛然醒悟了。于是，周勃找到汉文帝刘恒辞去了自己右丞相（汉时以右为上，陈平当时是左丞相，相当于副职）的职务，汉文帝听了以后，很快就答应了。

然而，汉文帝除了要应对复杂的政治局面，还要发展国家经济。汉文帝刘恒刚刚即位的时候，国家不仅财力严重不足，普通百姓的生活也是相当困顿。而造成这种贫困状况的原因，是由于"一人耕之，十人聚而食之"，农民拼命耕种，却食不饱腹，经常会遭受到残酷剥削，贵族中的淫侈之风日益严重。一年以后，因为丞相陈平谢世，所以，汉文帝刘恒就又任命周勃做丞相，但是，周勃的这个丞相仅仅做了 10 个月，汉文帝就又以列侯归封国为借口免除了他的相职。原来，当时有很多的列侯都居住在长安城内，这给京城的粮食供应增加了很大的负担，为了减轻粮食供应的负担，让普通的耕种土地的农民可以吃饱饭，汉文帝下诏命这些列侯全部都回到自己的封国去生活。但是，这些列侯并不愿意离开繁华、舒适的京城，很多人都纷纷找出各种各样的借口，想要留在京城，诏命不能按时进行，这让汉文帝非常生气，他决定让丞相周勃带头做表率，所以，就免了他的丞相职务。

除此之外，为了吸引不愿意种地的农民归农力本，汉文帝以减轻田租税率的办法，改变背本趋末的社会风气，用来激发农民的生产积极性。汉文帝实行"偃武兴文""丁男三年而一事"，也就是说成年男子的徭役减为每三年服役一次。而像汉文帝刘恒这样的减免，在中国封建社会史上是独一无二的。

汉文帝刘恒在即位以后，一直秉持励精图治、兴修水利的治国方针，他坚持自己衣着朴素，在律法上废除肉刑。汉文帝的一系列措施，让汉朝进入强盛安定的时期。

经过汉文帝的治理，百姓富裕，天下小康。汉文帝在位时，他对待诸侯和大臣采取以德服人的态度。在他自己的道德方面，汉文帝也曾经亲自为母亲薄氏尝药，深具孝心，汉文帝刘恒也是《二十四孝》中亲尝汤药的主角。

汉文帝是一个全才，除了文治天下，他还实行了武能安邦。由于汉文帝在汉王朝大力推行无为政治，这对各个诸侯王势力的恶性发展，起了催化作用。各个诸侯开始坐大，这让刘氏宗亲的内部在皇权和王权上产生了尖锐的矛盾，形成"尾大不掉"之势。

公元前 177 年，济北王刘兴居发起叛乱，这也是汉文帝在位期间王国武装反抗汉廷的先例。汉文帝得知消息后，立刻派兵镇压，很快，叛军就在顷刻间瓦解了，刘兴居也被俘后自杀。

天下太平了三年，淮南王刘长又开始举起了叛旗。但一直行事谨慎的汉文帝有了前次的经验后，就对各诸侯多加防守。淮南王刘长尚未行动，即被朝廷发觉。汉文帝立刻派人传讯召刘长入京，罢去他的封号，将他发配蜀郡。途中，刘长因为绝食而死。

汉武帝陵密码

两起叛乱虽然都被轻松地平息了，但汉初诸侯王势力的恶性发展，实际上已成为对抗中央朝廷的分裂势力。这时候，朝廷中一些有识之士向汉文帝刘恒进谏，认为此时已经到了非从根本上解决不可的时候了。其中以贾谊为突出的代表，他提出了两点：第一，亲疏不是主要问题，即同姓诸侯王并不一定就比异姓王可靠。第二，是强者先反叛，弱者后反叛。贾谊觉得应该分割诸侯王国的势力，从而达到中央集权的目的。汉文帝非常欣赏贾谊的建议，但是，汉文帝当时正用心于稳定政局，恢复和发展社会经济，从形势来看，是不允许汉文帝公开与诸侯王对抗的。

直到公元前 164 年，齐王刘则死，无子嗣位，汉文帝才分最大的齐国为六国，将淮南国一分为三。但由于汉文帝以德待人，他对同姓诸侯王基本上采取姑息政策，这也给他儿子留下了麻烦，导致后来汉景帝时期爆发了吴楚"七国之乱"。

汉文帝后来崩于长安未央宫，葬于霸陵。在古代，有夺取天下之功的称为祖，有治理天下之德的称为宗。所以，汉文帝刘恒的庙号太宗，谥曰孝文皇帝。

霸陵，是汉孝文帝刘恒和窦太后合葬的陵寝，"霸陵"有时也写作"灞陵"。灞，即灞河。因霸陵靠近灞河，因此得名。霸陵位于西安东郊白鹿原东北角，即今灞桥区席王街办毛窑院村，当地人称为"凤凰嘴"。

霸陵在汉长安城未央宫前殿遗址东南 57 千米处，是西汉长安城东南的两座西汉帝陵之一，另一座是汉宣帝刘询的杜陵，其他 9 座西汉帝陵，都在渭河北面的咸阳原上。

至于汉文帝为什么将自己的安息所霸陵选址在此，根据推测和汉初仍被遵循的"昭穆制度"有关。从《史记》来看，霸陵选择依山而建，很重要的一点是为了防盗。霸陵是我们中国历史上的第一个依山凿穴为玄宫的帝陵，霸陵的修建对六朝及唐代依山为陵的建制影响极大。

而西汉的皇帝陵寝一般都是帝后合葬不合陵，即皇后与皇帝两个陵墓葬在同一处，但是各立陵冢。因此，汉文帝陵地面上没有起坟，地面上的两个可见的陵冢是母薄太后和妻孝文窦皇后的陵寝。

汉文帝刘恒的亲生母亲薄太后的陵寝称为南陵，或者薄太后陵，得此名是因为薄太后的陵墓在儿子霸陵的西南。南陵在西安市东郊狄寨镇鲍旗寨村西北，封土与陵园遗址均有迹可寻。陵冢呈覆斗形，现高 29.5米，周长 560 米。

薄太后是汉高祖刘邦的妃子，薄太后是因为她的儿子汉文帝刘恒登基以后被尊为皇太后的，因高后吕雉已经与汉高祖刘邦合葬在一起了，所以薄太后不能与刘邦合葬，只能是作为陪葬，因此，从薄太后南陵的位置和当地称其"望子冢"的称呼可以判断，南陵必在霸陵附近。

汉文帝刘恒的妻子窦皇后的陵墓在南陵的北面，在窦陵村西北，根据《史记·外戚列传》记载，窦皇后是与汉文帝合葬在一起的，因此可以推断霸陵的位置。据考证，窦皇后陵在距霸陵东北 1000 米左右。窦皇后的陵园垣墙为夯土筑成，现在，考古学者已经在其地发现有西汉筒瓦、板瓦、云纹瓦当等大量建筑的遗存，由此也可以推测，陵园中原来必定有一些较大规模的殿堂建筑。陵冢位于陵园正中，现高 19 米，周长 564米。

在窦皇后的陵园的东边有着许多从葬坑，在众多从葬坑中，也包括了窦皇后的女儿馆陶大长公主刘嫖、刘嫖的面首（即男宠）董偃、更始帝刘玄等的墓。但是，窦皇后的外孙女，也就是后来汉武帝刘彻的废后陈阿娇并未陪葬于霸陵，而是葬在霸陵邑境内郎官亭东边，距离霸陵大约有 40 千米之远，在那里陈阿娇远远超出了陪葬墓距离的范围。现在，在汉文帝刘恒的霸陵周围，已经发掘出了 36 座陪葬墓，出土了造型优美的彩绘陶俑、陶罐和马、牛、羊等动物骨骼。

2021 年 12 月 14 日上午，国家文物局在北京召开线上会议，聚焦甘肃、河南、陕西三个重要考古发现和研究成果。在这场重要的线上会议中，"考古中国"这一个重大项目，主要聚焦汉唐时期重要考古发现。其中，汉代第五位帝王汉文帝的霸陵无疑是关注度最高的项目。专家们公布了陕西省西安市白鹿原江村大墓即为汉文帝霸陵。在还没有确认墓主人的身份之前，陕西省西安市白鹿原的这处墓葬一直被称为"江村大墓"。考古队员们通过精细发掘和缜密分析后，最终判断出"江村大墓"就是汉文帝的霸陵。这一次的考古工作确定了汉文帝霸陵的准确位置，也解决了西汉 11 座帝陵的名位问题。

2001 年 10 月，西汉的窦皇后陵墓被盗，大量的陶俑被盗墓贼们出售流失，其中还有 6 件被偷运出境，甚至于 2002 年 3 月 20 日在纽约苏富比拍卖行拍卖。中国官方闻讯后，中国国家文物局、外交部立刻出面，在与美方进行了大量交涉以后，苏富比最终才撤拍了这 6 件国宝，并在 2003 年 6 月的时候，将这 6 件陶俑归还给了中国。

六、不能陪伴汉武帝的三位子孙

27 天的皇帝——刘贺

在古代封建王朝的时代，皇帝本是全国最至高无上的存在，皇帝掌握着所有人的生杀大权。但是，世上所有事情都没有绝对的。在古代皇帝掌权的历史上，也有一些朝廷中的大臣执掌实权，甚至到了可以废立皇帝的程度。而笔者今天要和大家说的这位西汉的皇帝刘贺，就是历史上一个被大臣废掉的皇帝。并且，这位皇帝刘贺的在位时间只有短短 27 天。27 天的皇帝，这在中国古代历史上，几乎是在位时间最短的皇帝了。

刘贺（？—前 59），是汉武帝刘彻的孙子，昌邑哀王刘髆的儿子，他在位时间是公元前 74 年七月十八日至八月十四日，刘贺也是西汉历史上在位时间最短的皇帝。刘贺的父亲刘髆，是汉武帝刘彻第五个儿子。公元前86年，刘贺嗣位，成为西汉历史上的第二位昌邑王。

公元前74年四月十七日，汉昭帝刘弗陵去世。因汉昭帝刘弗陵生前并没有留下子嗣，所以，大将军霍光就征召刘贺，让刘贺为汉昭帝刘弗陵主持丧礼。同年六月初一日，因为汉昭帝刘弗陵生前没有立下太子，所以，刘贺接受皇帝玺印和绶带，嗣孝昭皇帝后，继承了皇帝的宝座，历史上称之为"汉废帝"。刘贺在继承了西汉皇帝的宝座以后，朝廷中重要事情主要由霍光这位权臣来决定，汉废帝刘贺实际上并没有掌握政治上的实权。因此，甚至有一部分的历史学者认为，霍光之所以将刘贺废掉，就是因为他希望收回自己在朝廷中的大权。不过，从汉废帝刘贺后面的表现来看，他实实在在也不能称为一位合格的皇帝。

刘贺在成为皇帝以后，整夜聚饮，沉迷于酒中。刘贺在成为皇帝的27天中，他派出的使者往来不绝，刘贺命令使者们都拿着符节向各个官署下达诏令，征索物品。在这27天中，刘贺共向下属征索财宝有1127起。文学光禄大夫夏侯胜等人，曾对汉废帝刘贺的过失进言规劝几次，刘贺不但不听劝诫，反而派人拿着文书责备夏侯胜，并把他绑起来关进了大牢里。

由此，根据刘贺登基称帝以后的种种表现，假使他继续当皇帝下去，只能使用"昏庸无道"这个词来形容了。在刘贺沉迷于酒，征索下属的背景下，大臣们商量后，一致认为：回首往时，汉高祖皇帝刘邦因为创建汉朝基业，所以被尊称为汉太祖，而孝文皇帝因为平生治国有方，仁慈节俭被称为太宗，如今昌邑王刘贺继承了孝昭皇帝的宝座之后，他的行为却放纵不合法度。最终，霍光和各位大臣一起联名奏劾了汉废帝刘贺，并由尚书令当朝宣读了弹劾奏章，一一细数了汉废帝刘贺自从即位以来的种种不孝和违法行为。

在皇太后下诏之后，霍光就叫昌邑王跪拜接受诏令，昌邑王说道：

汉武帝陵密码

"听说天子只要有诤臣七人，即使无道也不会失去天下。"霍光说："皇太后已下诏令废黜，哪里还是天子！"于是上前抓住他的手，解下他身上的玺印绶带，捧上交给太后，扶着昌邑王下了宫殿，走出金马门，群臣跟着送行。昌邑王向西面拜道："我愚昧不明事理，不堪担当汉朝的重任。"起身坐上皇帝侍从的车辆。大将军霍光把昌邑王送到昌邑邸后，哭着离开了昌邑王。

对此，在笔者看来，虽然刘贺确实昏庸无道，但是，在刘贺之前，还没有发生皇帝被废黜的先例。因此，从这一角度来看，霍光虽然废黜了刘贺，却也承担了巨大的心理压力，担心遭到后人的口诛笔伐。

对于刘贺来说，他仅仅当了 27 天的皇帝，就被一群大臣给废黜了，心情肯定也是相当起伏了。在失去皇帝的宝座后，皇太后诏令刘贺回到故国昌邑，并赐给他汤沐邑两千户。但很快，昌邑国就被废除了，降为山阳郡。

在将刘贺废黜了以后，大将军霍光又立了汉武帝的曾孙刘询为皇帝，史称汉宣帝。从辈分上来讲，汉宣帝刘询可得管刘贺叫一声"叔父"了。

汉宣帝刘询即位以后，内心十分忌惮刘贺，对于自己这位曾经当过皇帝的叔父，汉宣帝很是放心不下，他担心叔父刘贺会再来抢已经属于自己的皇位。所以，在公元前 63 年三月，汉宣帝刘询下诏，诏令中说，刘贺是一个被上天抛弃的愚顽之人，但作为天子的自己却是一个至仁的人，所以封刘贺为列侯，并让刘贺前往他的封地海昏就国（海昏为豫章郡下辖之县）。

汉宣帝的这一个诏令，让失去了皇帝宝座的刘贺，连原本属于他的王爵都没有保住。现在，刘贺被汉宣帝贬为侯爵。虽然，在当时的汉朝时期，侯爵也已经是非常高的待遇了，比如，大家所熟悉的名将李广，他一直到死都没有能得到封侯，但是，刘贺的情况，显然和李广大不相同，刘贺是从自己的皇帝宝座被拉到了王爵，之后，又被贬低到了侯爵。

即使这样，汉宣帝刘询还是时刻防备着刘贺，想让他彻底失去东山再起的可能。

几年之后，扬州刺史上报汉宣帝，刘贺与故太守卒史孙万世有来往。在谈话的席间，孙万世曾问刘贺："从前你作为皇帝被废时，你为什么不选择坚守着不出宫，下令让人斩杀大将军霍光，却听凭他们夺去属于你的天子玺印与绶带呢？"刘贺长长叹了一口气，说："是的，我那时是错过了机会。"接着，孙万世又问刘贺："你现在难道就甘心在这里成为列侯吗？"刘贺沉思了一会儿，回答说："未来将会怎样，不是我们现在应该谈论的问题。"汉宣帝得知这一消息后，立刻下诏令削去刘贺三千户食邑。这一道诏令又让刘贺的待遇下降一个档次了。公元前 59 年，在被封侯的 4 年后，刘贺去世。

受过牢狱之灾的皇帝

现在，我们来说说这个一直担心叔父会抢去自己宝座的刘询。刘询，原名刘病已（前 91—前 49），他是汉武帝刘彻的曾孙子，戾太子刘据之孙，史皇孙刘进之子。他在位的时间，是公元前 74 至公元前 49 年，他是中国历史上一位有名的贤君。

在汉武帝时期发生的"巫蛊之祸"时，刚出生数月的刘询还尚在襁褓，年幼的他也曾因此祸被下在狱中，汉宣帝刘询也是中国历史上第一位在继承皇位前，受过牢狱之苦的皇帝。

后来，汉武帝病重，望气者上奏汉武帝说，长安监狱有天子气，汉武帝为保住自己的性命就派遣使者，下令将牢狱中所有的人全部处死。使者领命后，在夜晚来到牢狱中，看守牢狱的邴吉将大门紧闭，说道："皇曾孙在此。普通人都不能滥杀无辜，更何况在这里还有着皇上的亲曾孙呢？"邴吉大义凛然，他以大无畏的气概，居然选择拒不执行皇帝的旨意。就这样，一直僵持到了天亮，使者无奈回去禀报汉武帝。汉武帝听闻此情景，突然醒悟了，说："天使之也。"于是，汉武帝下令大赦天下，而他的皇曾孙刘病已也得救了。邴吉于是将刘病已送到祖母史良娣的族人家里。后来，汉武帝下诏，将刘病已收养于掖庭，上报宗正并列入宗室属籍中。直到这一刻，皇曾孙刘病已的宗室地位才得到了法律上的承认。

少年的刘病已向东海人澓中翁学习《诗经》，刘病已聪明好学，但他也喜欢游侠，在游山玩水间，刘病已了解了各地的风土人情，同时也知道了普通百姓的疾苦、吏治的得失。汉昭帝曾下令召刘病已回到宫中，但是他更喜欢跑到宫外去远游，所以，刘病已并没有回到宫中，而是继续留在了民间。而这些民间的行走，并不是白白浪费时间，这些经历也都成了刘病已成为皇帝后的一笔宝贵财富。

公元前 74 年，汉孝昭帝崩，因为他没有留下儿子，朝廷中的权臣霍光等立昌邑王刘贺为皇帝。但刘贺"荒淫无行，失帝王礼宜，乱汉制度"，所以只做了 27 天皇帝，就被以霍光为首的一群大臣给废黜了。国不可一日无君，这些废黜皇帝的大臣又开始商议要把流落在民间的汉武帝曾孙刘病已迎入宫中，入继昭帝大统。

那么，为什么这些大臣偏偏要选一个流落在民间的刘氏子弟呢？为什么不选择其他的刘氏子弟呢？其实，在汉武帝的后代中，大臣们已没有更多的选择余地了，再加上邴吉又极力地赞扬这位 18 岁的皇孙"通经术，有美才，行安节和"。所以，经过商议，又在邴吉的大力推荐下，最后大臣会议同意了邴吉的提议，立刘病已为皇帝。

公元前 49 年的冬天，刘询病重。十二月甲戌日，刘询因病死于长安未央宫，在位 25 年，享年 43 岁，谥号孝宣皇帝，庙号中宗。死后其子汉元帝刘奭继位，刘奭继位后于初元元年（前 48）正月辛丑日，葬汉宣帝于今天西安市南郊的杜陵。

汉孺子刘婴

汉孺子刘婴（5—25），西汉的末代皇帝，号孺子，乃楚孝王刘嚣曾孙、广戚侯刘显子、汉宣帝玄孙。刘婴无谥号，史称孺子婴、汉孺子或西汉末帝。死后无陵寝。历史上，每一次的改朝换代中，最可悲的都是末代皇帝，西汉的这个末代皇帝汉孺子刘婴，连一个皇帝的名号也没混上，王莽呼之为"孺子"。

公元6年，汉平帝刘衎病死。王莽认为如果当时自己当皇帝，各方面的条件还都不具备，于是他就决定再立一个傀儡，任由自己摆布。傀儡皇帝年纪自然是越小越好，王莽借口汉宣帝的年长后人与平帝都是兄弟辈分，所以不好做继承人。王莽就从汉宣帝的玄孙中，选择了最年幼的广戚侯刘显的儿子刘婴为继承人，那一年刘婴刚刚2岁，还是一个什么都不懂的孩子。王莽想借着这个2岁的孩子，让自己做没有名义的"皇帝"。

刘婴2岁的时候，就被立为皇太子，即位以后，又饱受"假皇帝"王莽的摆布和戏弄，刘婴5岁时，就已经成了亡国之君。王莽封孺子为"安定公"，还将自己的女儿孝平皇后降为安定太后。王莽虽然给刘婴封了"安定公"，却不准他回到封国，而是把京城的大鸿胪府改建为"安定公第"，命人将年仅4岁的刘婴关在里面，在房间内没有任何的物品，王莽又通令所有人都不能与他讲话。这位安定公刘婴实际上过着连囚犯都不如的生活，只可怜，年幼的孺子婴长大以后，就连猪、狗、牛、羊都不认识，说话也说不清楚，就这样被变成了一个傻子。

王莽的做法，引起了那些固守刘氏汉室"正统"的朝臣们和一些宗室子弟的不满，在朝廷中居然有70多位朝臣和地方官吏，或告退，或隐亡，很多人都纷纷表示他们只愿意忠事刘汉而不为王氏朝官。各地也都有起兵反抗。

公元7年，东郡（今河南濮阳南）太守翟义举起了反王莽的大旗。翟义所拥护的是立宗室刘信为天子，他向全国各地发出通告，各个郡国纷纷响应翟义的起义，加入了反王莽的队伍中。面对起义军迅速壮大，

汉武帝陵密码

摄皇帝王莽日夜寝食难安，他昼夜抱着年幼的孺子刘婴痛哭流涕，甚至还祈求神灵保佑自己平安无事。为了能够平息天下众怒，王莽向天下宣布只要等到孺子长大成人以后，他就主动请辞，然后回家休养，不再管朝廷中的事情。

王莽面对这么多的起义军，一面是担惊害怕，另一面又是派兵镇压。然而在王莽军的镇压之下，四处的起义军居然都以失败告终。平息了叛乱以后，王莽就更加踌躇满志了，胜利让王莽一改昔日谦恭有礼的儒者风范，反而常常以一个盛气凌人的军事强人甚至是蛮横无理的姿态出现在大小臣子面前。胜利让王莽有恃无恐，王莽的狂妄也加快了他想当真皇帝的步伐，与此同时也加速了王莽的毁灭。

翟义等反叛者的失败，让王莽有了想要去掉"皇帝"前头的那个"假"字的想法。王莽在朝廷中，提出要把"摄皇帝"中的"摄"字去掉。

公元 8 年，王莽终于达成了自己的心愿，他称帝建新。至此，汉高祖刘邦创立的西汉帝国，正式宣布灭亡了。后来，王莽被更始帝刘玄发兵打败，刘婴当时人还在长安城。平陵人方望等人依据天象认为刘玄在这次的争战中必会失败，而刘婴才属于天子中的正统，所以，他们便起兵将刘婴迎至临泾，想再次立刘婴为天子。可以想象，刘婴因年幼时所受的苦待，没有接受过良好的教育，也没有什么特殊的才能展现出来，如何能当好皇帝！能选刘婴当皇帝的，也真是一个"人才"，不败才怪！

公元 25 年，刘玄派遣丞相李松将其击破，而可怜的刘婴也在战争中被乱兵所杀，时年 21 岁，不知葬所。

七、寻找汉武帝人生的小秘密

九月一日，是一个当代家长和学生极其熟悉的日子，在公元前 140 年的九月一日，汉武帝封陈阿娇为皇后。长公主曾经的努力没有白费，她终于看到了自己心爱的女儿堂而皇之地当上了大汉朝的皇后。而刚刚登基的汉武帝也对这个陈阿娇感恩戴德，两人也算是相亲相爱，这对爱情伴侣也曾羡煞很多人。

然而，时间一长，这新婚的新鲜感一过，再加上陈阿娇自小被娇生惯养，还有那么一些蛮横无理，汉武帝便对陈阿娇感到了厌倦，于是，整日里无所事事的他，便想起了玩打猎。汉武帝对于打猎的爱好，那可真是一发不可收拾。

从此，汉武帝就带着自己的"经纪人"韩嫣，开始了乐此不疲的游猎生活。在汉武帝看来，喜欢游猎只是自己的私人生活，没有必要，也更不想去惊动朝廷，于是汉武帝决定为自己实行一个"微服私猎"。然而，这种"微服私猎"并没有汉武帝想象中的那么简单，也没有他想象中的那么惬意。没过多久，汉武帝就下令，让人扩建上林苑。这是为什么呢？汉武帝不是不想惊动朝廷吗？原来，在汉武帝"微服私猎"的过程中，他因为以普通人的身份在四处私猎时，曾遭遇了两次"险情"，这让汉武帝十分忧心，自己可不能还没有建下丰功伟绩，就先丢了性命啊！再说，为了"微服私猎"丢掉性命，那岂不是太丢人了吗？今天，我们不妨一起来看看，汉武帝在"微服私猎"时遇到的两次险情。

第一次险情——终南山遭遇"守株待兔"

当时的汉武帝正值十六七岁的美好年纪，但是刚登上皇位的他，常

汉武帝陵密码

常遭到窦太后的打击，而打猎就成了他排遣心中郁闷的最佳方法。最初的时候，汉武帝为了不惊动朝廷，经常猎无定所。汉武帝时常就会给自己来一场说走就走的游猎，他想到哪儿就到哪儿去打猎。

这一天，汉武帝心情又有点不爽，他来到了终南山下。突然，一只可爱的小兔子从汉武帝面前跑过，为了追这只兔子，汉武帝带着他的随从，在农民的庄稼地里对这只可爱的兔子展开了"千里大追踪"，结果，汉武帝不但没有抓到兔子，他自己还差一点就变成了一只兔子。

原来，几个农民突然看到自己的庄稼地里闯进来一群来路不明的不法分子，还把自己辛苦种下的庄稼糟蹋得不成样子，要知道，庄稼就是农民的粮食，就是他们生活的本钱，庄稼被糟蹋就意味着全家老小都要饿肚子，于是几个农民纷纷抄起锄头等农具，把汉武帝等一伙人围了个严严实实，准备要跟这些糟蹋庄稼的人好好讨一个说法。幸亏，当地官员闻讯及时赶来，这才阻止了这次"守株待兔"事件升级为"流血事件"。这件事情让汉武帝很难为情，自己堂堂一国之君，居然为了一时的快乐，去糟蹋百姓的庄稼，还好当时双方没有动手，要不然，汉武帝的一世英名恐怕就要毁在这庄稼地里了。事后，汉武帝对于此事，也只能说"侥幸"二字了。

第二次险情——"新农民客栈"遭遇"四面埋伏"

这一次，汉武帝"微服私猎"来到了柏谷（今河南省灵宝市）。这次汉武帝玩得比较尽兴，不知不觉天色已晚了，汉武帝就带着随从一起找了个客栈准备住下。大家都忙碌了一天，每个人都饥渴难当，这些人平时都养尊处优惯了，哪里受过这种饥饿，大家便大声向店主索要汤喝。按常理来说，客人向店主索要汤也是无可厚非的事情，并没有什么不对的地方，人家没说不付钱，又没说要吃霸王餐。

都说态度决定了一切，在古时，跟从皇帝的内侍那是何等的威风啊！汉武帝手下这帮内侍平时早已经骄横跋扈惯了，此时他们在饥饿难耐的情况下，也忘记了维持自己的形象了，个个大喝大嚷，仿佛把客栈当成是自己的一亩三分地了。客栈老板也是一个有脾气的人，看不惯这群人的跋扈，没好气地回了六个字："要汤没，要命有。"

内侍们一听，立刻火冒三丈。他们平常哪里受过这样的气啊？内侍们个个义愤填膺，面对客栈老板的无礼便要发作，但是很快，这些威武的内侍就被汉武帝的一个眼神给止住了，汉武帝随口也说了六个字，不过，声音有点小，只有他的内侍们能听见："小不忍，乱大谋。"

内侍们内心一惊，赶紧收敛起自己的脾气。内侍们是忍住了，但客栈的老板却忍不住了，他见这一伙来路不明的人个个还都佩剑带刀，心里不免生疑，他怀疑这些人"非贼即盗"。于是，这个客栈的老板就把他们当地的"地头蛇"都召集起来，大家准备"为民除害"。汉武帝又一次因为"微服私猎"陷入要与自己的百姓大动干戈的地步，幸好，正在这个节骨眼上，客栈的老板娘出现了，真是应了那句"家有贤妻，男人不做横事"，客栈的老板娘开始劝诫丈夫："我看这些人来势不凡，你看那为首的人气宇轩昂，根本不像普通人，也不像是强盗啊，倒像是一位贵家的公子！更何况他们人数也不少，个个身佩刀剑，又都是十分强壮，怕是不好惹的主啊，咱们可千万不能冲动行事啊。"

谁知，看热闹的不怕事大！被老板召聚起来的"地头蛇"们，却不愿意罢休。他们仗着是自己的地盘，岂容别人在这里撒野？开始大力煽动客栈老板，所以，他对妻子的话左耳进右耳出，还是想要和这些"地头蛇"们一起"为民除害"。

其实，汉武帝的内侍们是绝对可以打败那些"地头蛇"的，只不过，这事传出去实在是不光彩。而这位客栈的老板娘是一个非常有智慧的妇人，她深深知道自己丈夫的牛脾气，他认定的事即使是九头牛也拉不回来，于是她就不再直接阻拦丈夫了。而老板娘也不放任自己的丈夫去冲动行事，于是，这位老板娘采用了"迂回"的战术，她柔声对老板耳语说道："其实，现在咱们动手的时机不太好，他们已经有了防备不说，他们现在人这么多，弄不好还会伤及无辜。我们不如等到深更半夜之时，等这伙人都睡着的时候，再打他们一个措手不及吧！"

老板一听，觉得老板娘的话还真是很有道理，他心想：现在的确不是下手的最佳时机，还是等到半夜再下手可能更好些吧。这位聪明的老板娘见丈夫已经同意了自己的主意，就立刻乘机端上酒来，说是为他"壮壮胆"，还特意为丈夫准备了几盘下酒菜。结果，这一壮就壮到云里雾里去了，等第二天老板醒来时，汉武帝一伙人早已溜之大吉了。

汉武帝平安地回到宫中后，很快就知道了这件"四面埋伏"的事情的全部经过，汉武帝认为这位智慧的老板娘实属护驾有功，所以，回宫后，他就立刻下令赏给这位老板娘黄金千斤，而汉武帝也并没有因为客栈老板想伤害自己而愤怒，反而认为客栈老板的警惕性很高，还封他做了宫廷里的禁卫官。

这两次的事件虽然对于汉武帝来说都是"有惊无险"，但是，对于年少轻狂的汉武帝来说还是心有余悸的。毕竟，没有哪一个皇帝想因为贪玩失去性命，更何况汉武帝还是一个有远大志向的皇帝。从那以后，汉武帝也不敢再拿自己的生命开玩笑了。于是，汉武帝决定还是建"上林苑"吧。上林苑说得直白一点，就是把终南山和皇家御苑之间的农田全部划为御苑，并在上林苑里面每隔数十里就建一个供游猎者歇脚的行宫。上林苑肯定是不能有百姓种地的，也不会有普通的百姓出现在这里，这样一来，既可避免外出游猎与农民发生直接的武装冲突，也不会因为游猎他乡发生住宿安全问题，既避免了很多没必要的麻烦，也不会因为游猎而失掉生命。

而当时真正的执权者窦太后对于汉武帝这种"玩物丧志"的游猎活动，自然是非常支持的了，这样，她就能更加放心地执掌朝堂了。而丞相许昌等拥后派人士，对于汉武帝这样的做法也没有提出什么反对的理由，扩建上林苑的事似乎已经成为铁板钉钉的事了。然而，就在这个关键的节骨眼上，突然杀出了一个程咬金，有一人站了出来，他义正词严地坚决表示反对皇帝扩建上林苑。而这个人便是历史上大名鼎鼎的一代才子——东方朔。

汉武帝很宠爱李延年吗

在汉朝的时代，当时比较盛行"男风"，"男风"用我们现在的话，就是同性恋。而这是一个直到现代都比较有争议的话题，但同性恋不是近代才出现的，在古代的封建社会中，几乎很多的皇帝都会有几个男宠。我们这本书的主角汉武帝自然也不例外，今天，我们要提到汉武帝其中的一个男宠——阉人乐师李延年。

李延年这名乐师，要是放在现代的社会中，绝对是一个文艺青年。说不定，还能被什么星探挖掘出来，出一个专辑什么的，甚至也有可能成为一个网红。但是李延年出生在西汉时代，在那个时代他顶多也就是一个优伶，处在社会地位中的最低层，在那个年代能吃饱饭就很不错了。

李延年家在中山，中山是当时社会的一个文化中心，娱乐业相当发达，竞争压力也非常大，李延年在家乡混得也不怎么样，迫于无奈，李延年决定背井离乡去大城市长安混一混。就这样怀着出人头地想法的李延年来到了心中梦想的大城市——长安，但是，来京城长安漂荡的人也不少，这里根本不像自己理想中的那么好混。结果，刚出来混江湖的李延年一不小心还被人陷害，受了宫刑，成了一个无奈的太监。

也许是时来运转吧，当了太监的李延年竟然非常有幸地结识了汉武帝的姐姐平阳公主。平阳公主一看长相帅气的李延年居然能歌善舞，立刻就想到了自己的弟弟汉武帝，要知道卫子夫也是被平阳公主这样送给汉武帝的，她最擅长用这种方式讨好自己的弟弟了。平阳公主把李延年送进宫里，专门给汉武帝唱歌，而汉武帝本身也是一个喜欢唱歌的人，所以很快李延年就成为汉武帝的宠臣，同时因为李延年长得比较俊俏，再加上对于太监，皇帝们都是很放心的，至少他们不会淫乱后宫，就这样李延年被汉武帝给看上了。后来为了巩固自己的地位，李延年还顺便带上了他的妹妹，也就是后来历史上知名的李夫人。从此，李延年整个家族都因着这兄妹二人备受汉武帝的宠爱。再后来，李延年的弟弟李广利也被汉武帝提拔到了大将军的位置。但是好景不长，随着李夫人的病逝，汉武帝对于李家的宠爱也渐渐失去，李氏家族逐渐没落了，再加上之后李广利投降了匈奴，老三也在宫里和宫女乱来，汉武帝就将李家满门抄斩。汉武帝的男宠李延年的一生，也算得上是大起大落，精彩纷呈。

八、汉武帝生母传奇的一生

汉武帝的生母是王氏，单名娡。王娡其实也是名门之后，根据《汉书·外戚传》记载："孝景王皇后，武帝母也。父王仲，槐里人也。母臧儿，故燕王臧荼孙也，为仲妻，生男信与两女。"原来，王娡的父亲只是一个普通人，但是她的母亲臧儿却是汉初的名门之后。在楚汉争霸时期，霸王项羽在分封十八路诸侯王时，曾经封过一个叫臧荼的人为燕王，而王娡的母亲臧儿正是臧荼的亲孙女。但是，王娡的母亲臧儿长大成人时，臧家早已家道中落。虽然贵为燕王的亲孙女，但是败落的家道逼迫臧儿只能嫁给一个普通人。最终，臧儿嫁给了槐里的一个普通平民王仲为妻，婚后的生活普通而又平静，不久后，夫妻就有了一子名叫王信，还有两个女儿，他们的长女就是汉武帝刘彻的生母王娡，次女名为王儿姁。王娡的父亲王仲死了以后，她的母亲臧儿又改嫁到了长陵田氏家里，她为田氏又生下两子，分别是田蚡、田胜。

王娡在刚刚成年后，她的母亲臧儿就为她找到了夫家，王娡在母亲的安排下，嫁到一户普通农家金王孙家里。婚后没过多久，王娡生了大女儿金俗。

这一日，闲来无事，或许是王娡的母亲臧儿终不愿意平凡地度过自己的一生，她找来了一位相士姚翁为她自己和子女相面，姚翁的话改变了臧儿平凡的生活，更改变了她女儿王娡的一生，姚翁告诉臧儿说："你的女儿王娡是大贵之人，会生下天子。"臧儿听完，内心在甚是震惊的同时也充满高兴，王娡对于姚翁的话也是深信不疑，或许她们的骨子里天生就流着贵族的血液，所以，才会如此不甘心过平凡的生活，王娡虽然已经是有夫之妇，但是她依然表示要尽力一试。就这样，母女商量好后，臧儿就强行把王娡从金王孙家中接了回来。只是一个普通农民的金王孙非常愤怒，他不肯和妻子王娡断绝关系。可是臧儿已经托了很多的关系，最终还真把王娡送进了太子宫。王娡入宫不久，就得到了太子的宠幸，王娡深知自己的力量微小，她又不停地向太子夸赞自己胞妹儿姁的美艳，不久之后，儿姁也进入了太子府。

当时的皇太子正是后来的汉景帝刘启，刘启特别宠爱王娡，并封王娡为美人。最初的时候，王娡共为刘启生下了三个女儿。王美人的肚子也的确很争气，没过多久就又怀孕了。一天晚上，她梦到一轮太阳缓缓扑入了自己的腹中。醒来之后，她就把这件事告诉还是太子的刘启，刘启一听，高兴极了，立刻说："这是显贵的征兆。"而这时，王娡怀的就是后来的汉武帝刘彻。还没等到刘彻出生，汉文帝刘恒就去世了，太子刘启顺理成章地继承了皇位，即为汉景帝。汉景帝刘启即位那一年，王娡生下了汉景帝刘启的第十个皇子刘彻，而此时王娡的身份也已升为了夫人。

我们从汉景帝后宫中嫔妃们的封号以及她们生子的状况不难看出，生育有三女一男的王娡王夫人和生育四男的王儿姁小王夫人都是受到汉景帝宠爱的，而其他为汉景帝生儿育女的嫔妃大多已是年老色衰。根据历史资料记载，自汉景帝的第九子刘胜之后，继续为汉景帝诞下皇子的，只有两位王夫人。

在此之前，还有另外一位为汉景帝诞下刘彭祖、刘胜两位皇子的贾姬，还有汉景帝长子的生母栗姬，包括这两位在内，在史书上对她们的称呼都是"姬"，而汉景帝时期并没有"姬"这一封号，由此可见，被称为"姬"的后宫嫔妃等级都是在"夫人"之下。

更让人感到传奇的是，这位已经是二婚的王娡，不仅深得汉景帝的宠爱，就连她的婆婆窦太后也与她相处得颇为亲密。当时，梁王刘武因为派人去刺杀袁盎一事，非常担心会被汉景帝诛杀，所以他就请邹阳来帮自己解决此事。邹阳想来想去，最终选择去请见了王夫人的兄长王信，他对王信说："我在私下里，听闻您的妹妹王夫人在宫中深得皇上的宠幸，恐怕天下再没有比王夫人更得陛下宠爱的女人了，但您作为王夫人的哥哥，行为却有很多不检点的地方。现在朝廷正在派人全力追查袁盎遇刺一案，梁王非常担心会因此被杀。如果，梁王被杀的话，太后心中一定会非常伤痛的，太后愤懑悲伤，怒气没处发泄，恐怕她将会咬牙切齿、横眉竖目地拿贵幸的大臣们开刀。到时，您的处境恐怕就非常危险，我现在心中暗暗为您担心。"王信听了邹阳的话，觉得十分有道理，也在心中暗暗为自己捏把汗。邹阳继续为王信谋划说："如果现在您能巧妙地劝说当今陛下，让他不要把梁国的事穷追到底，那么，您不但交下了梁王这个朋友，更重要的是，您也必然能与太后结下恩德。太后内心里肯定是刻骨铭心地感激您，再加上您的妹妹王夫人又受到皇上和太后的宠爱，那么，可以想象您尊贵的地位一定会像金城一样稳固。"王信对邹阳的话深信不疑，于是，他寻找机会进宫劝说汉景帝，最终，梁王没被查办治罪。由此，我们也可以从侧面看出王娡被汉景帝宠爱的程度。

而王娡生下的皇子刘彻，自幼聪明伶俐，也是颇受汉景帝的喜爱。公元前153年，汉景帝甚至为了刘彻打破了太子与他子不能同年而封的旧例。在公元前 153 年四月己巳日，立长子刘荣为太子，又立刘彻为胶东王。甚至，汉景帝不顾身为皇帝的自己仍在世，皇帝妻妾不能称为太后的世俗忌讳，还封了刘彻的母亲王娡为（胶东王）王太后。

后来，就发生了太子刘荣的母亲拒绝汉景帝的姐姐馆陶公主为女儿陈阿娇求亲的事件。志怪小说《汉武故事》中关于这一史实记载讲述了接下来发生的一个美好的故事："金屋藏娇"。

馆陶长公主刘嫖因为太子刘荣的母亲栗姬拒婚而非常生气，就常常在自己的弟弟汉景帝刘启面前进栗姬的谗言，汉景帝本来就不太喜欢栗姬了，再加上姐姐不停地跟自己说栗姬的坏话，听多了，自然也就信了。汉景帝开始对栗姬生出厌恶之心，但是因为以往和栗姬还算感情深厚，所以，汉景帝仍旧存有善念。

有一次，汉景帝身体十分不适，心情也不太快乐，他就想把自己已封王的儿子们都托付给栗姬，汉景帝对在身旁的栗姬说："我百岁之后，希望你能好好地照顾他们。"这个栗姬也是太没脑子了，她居然生气，不肯答应汉景帝的要求，最要命的是她居然还出言不逊。汉景帝听后，内心十分不满，但依然没有当着栗姬的面发作，这位汉景帝也真是一位能隐忍的皇帝。

在此之后，馆陶长公主刘嫖又不时在汉景帝面前说栗姬的坏话外加称赞王夫人的儿子。汉景帝自己也一直都认为刘彻的确是德才兼备，而且又有从前他母亲梦日入怀的祥兆，但是，废太子实在是一件大事，汉景帝一直未能下定决心废长立幼。

后来，在王夫人和馆陶长公主的设计下，汉景帝终于废掉太子刘荣为临江王，栗姬也因此忧惧而死。同年夏四月乙巳日，王娡被立为皇后，同月丁巳日，7 岁的刘彻被立为汉王朝的太子。王娡刚刚被册封为皇后以后，他的兄长王信就被封为盖侯。王皇后的三个女儿，长女平阳公主先后嫁了平阳侯曹寿、汝阴侯夏侯颇，武帝元鼎年间又嫁给大将军卫青；

汉武帝陵密码

次女南宫公主先后嫁给了南宫侯张坐和耏申；小女隆虑公主嫁给刘嫖的儿子隆虑侯陈蟜。

王娡一共做了9年的皇后，公元前141年的正月，汉景帝刘启去世。甲子日，王娡的儿子、太子刘彻即皇帝位，汉武帝刘彻尊其祖母窦氏为太皇太后，尊其母王氏为皇太后。三月，汉武帝又尊外祖母臧儿为平原君。王太后同母异父的两位弟弟也分别封侯，田蚡为武安侯，田胜为周阳侯。至此，这一家人已经成为真正的皇室贵族。

王娡是一个很有政治头脑的女人，她培植的外戚，成为她儿子少年刘彻的政治后盾，王娡自己也周旋在汉武帝刘彻和太皇太后窦氏之间。她一路行事谨小慎微，不断为自己的儿子扫平前方道路上的障碍。

在志怪小说《汉武故事》中曾记载了这样一则故事：太子刘彻年十四（此处有误，武帝时年十六）即位，改号为建元。长公主刘嫖觉得自己对刘彻能继承皇位有很大的功劳，所以，时常向汉武帝刘彻索求又没有节制，刘彻十分讨厌她这个姑母。而不久之后，陈皇后也不得汉武帝的宠爱。皇太后王娡知道此事以后，立刻就把儿子唤到面前说："你现在刚刚登上帝位经验尚浅，前一阵子，你因为明堂的事情已经惹怒了太皇太后，如今，你又行事违逆长公主，你如此行事，必然会使太后、长公主都心里不痛快。她们二人心里不愉快，你试想一下会有什么样的后果呢？其实，女人是最容易被取悦的了，你一定要谨慎行事。"汉武帝刘彻听了母亲的告诫，觉得十分有道理，他立刻改变了对姑妈刘嫖的态度，又恢复了从前的恭敬，对陈皇后宠幸如初。

王娡与她的前夫金王孙生下的女儿金俗，一直流落在民间。汉武帝登基以后，有人告诉汉武帝说他的母亲还在民间留有一个女儿，汉武帝听闻以后，并没有因此怪罪自己的母亲，他反而说："怎么不早点说？"于是，立刻亲自去迎接自己的这位同母异父的姐姐。金俗的家就在长陵边上的小市场中，车到了她家门口，汉武帝就派手下进去请自己的姐姐。

金俗家人哪里见过皇帝的车驾啊，看到这阵势早已吓得没魂了，惊恐万分，金俗准备要逃匿。汉武帝的内侍将她扶出拜见皇帝，汉武帝下了车驾后，开玩笑地说道："大姐，怎么藏得这么隐秘啊？"

汉武帝把姐姐金俗接到了长乐宫后，他们一起拜谒了太后。王太后见到儿子把自己流落在民间多年的女儿找了回来，忍不住流下了眼泪，金俗也悲伤地哭了，她做梦也没有想到今生她还能见到自己的母亲。这时，汉武帝举起了一杯酒，上前敬祝她们长寿。后来，汉武帝又赏赐给金俗钱千万，奴婢300人，公田百顷。太后连连向汉武帝道谢说："让皇帝破费了。"汉武帝又赐给金俗公主才有的汤沐邑，封金俗为修成君。金俗有一儿一女，儿子号修成子仲，因为王太后的纵容，横行于京师。

王太后重新与女儿团聚后，她十分怜爱金俗，也许是觉得自己先前太亏欠女儿了吧，王太后唤金俗的女儿叫娥，想让她嫁给一个好人家。恰好，宦官中有一个叫徐甲的人，他是齐国人，他向王太后请求想出使齐国，并向王太后保证一定能让齐王上书请求娶娥。

王太后一听，心中大喜，立刻就派徐甲到齐国去了。当时，主父偃知道了徐甲到齐国是想让齐王娶王后一事，也乘机对徐甲说："如果你能把这件事情办成功，那么，我也很希望你能顺便说一下我的女儿，也愿意充实到齐王的宫中。"

就这样，徐甲带着两份使命来到了齐国，并向齐王暗示了这件事。谁知，齐王的母亲纪太后听闻了此事，大怒说："齐王已经有了王后（纪太后家女），齐王的后宫也都已经备齐。而且，你这个徐甲本是齐国的穷人，因为没有什么出路，才去大汉当了宦官，你去到宫廷，原本也没有做什么有益于齐的事情，你现在却又想回来扰乱我王家！你到底是何居心？再说，主父偃他想干什么，也想把他的女儿充实到我齐国后宫？"徐甲听了纪太后的话，大为受窘，灰溜溜地跑了回来，他左思右想，去报告王太后说："齐王已经答应愿意娶娥，然而，事情恐怕会有祸害啊，奴才担心会像燕王那样。"

原来，燕王刘定国和他女儿及姐妹通奸，获禽兽行罪而死。徐甲因而拿着燕王的事来动摇王太后的心思，也好隐瞒自己没有能说动齐王的事实。王太后听了以后，说道："以后不要再谈把女儿嫁给齐王的事了！"后来，娥嫁给了别的诸侯。

公元前 126 年（也有一说是公元前 125 年即元朔四年）六月庚午日，王太后崩，与汉景帝合葬阳陵。

回顾王娡的一生，她真的是一个非常幸运的女人，她原先嫁给金家，过着普通人的生活。后来，因为算命人说她可以当皇后，她的母亲就执意把她送入宫中。已经结过婚，又生过孩子的她，却依然能成为美人，成为汉景帝最宠爱的女人，还生下了刘彻成了皇后。王娡无疑是宫廷之争的得益者，通过政治联姻，提升了宫廷地位。

九、汉武帝的左膀右臂留名千秋史

汉武帝在历史上是可以堪比亚历山大大帝、凯撒大帝、拿破仑等的伟大冒险者和野心家。汉武帝一生的终极目标，就是要让他当时已知的世界上所有国家和番邦都统统臣服在他的脚下，向他匍匐、战栗、顶礼膜拜。

试想，如果汉武帝能够拥有足够多且足够先进的交通工具，那么，东亚版图将不会被渺无人迹的沙漠与冰封万里的荒原所包围，说不定他会去征服整个欧亚大陆。

历史学家们甚至称汉武帝时代就是中国的少年时代，我们知道少年代表了朝气蓬勃，也代表了强大繁荣。汉武帝时代的汉朝是强大，它的强大不仅仅表现在物质文明上面，更表现在精神状态上。不要说张骞、卫青、霍去病等人，就连当时社会的底层，也不乏郭解这样的"豪侠"，连司马迁这种黄老出身的文人，也能够胸怀天下，锐气逼人。

回顾整个历史长河，汉武帝的功绩斐然：外击匈奴，内削诸侯，南平百越，东抚蛮夷，北通西域，罢黜百家，独尊儒术，不拘一格，唯才是举……如此有魄力、有胆识的帝王，若不能被称为"雄才大略"，那还有谁敢当此称号？而汉武帝刘彻之所以能成就宏图伟业，自然也缺不了团队的力量，汉武帝手下有能力的文臣武将，数不胜数，今天我们就来看看汉武帝这个集团中，他的五位左膀右臂。

第一位：卫青

关于卫青相信大家都非常熟悉了，他是汉武帝第二任皇后卫子夫的弟弟，姐姐是皇后，姐夫是皇帝，再加上他的老婆也是皇帝的姐姐。这个关系说起来有点拗口，可以说汉武帝刘彻和卫青两个人是互为姐夫。在汉武帝的扶持下，卫青在官场上也开始渐渐飞黄腾达起来，他的官儿做得越来越大。后来，汉武帝让卫青带兵去攻打匈奴，卫青果然也没有辜负姐夫汉武帝的厚望，卫青带领着汉军把匈奴打得落花流水。卫青与匈奴大战完胜，姐夫汉武帝刘彻自然也不会亏待他，立刻封他为长平侯，并且一再增加他的封邑，把他的封邑增至 16300 户。

但即使这样，汉武帝还是觉得不足以表达他对这个为自己冲杀战场的小舅子的喜爱，实在赏无可赏了，就把卫青三个襁褓之中的儿子也都封了侯，还给每个小孩儿食邑 1300 户。大家可千万别小看这 1300 户，在西汉初年，很多跟随汉高祖刘邦出生入死的功臣，他们的食邑也不过只有几百户而已。而卫青父子，他们的食邑加起来已经共计两万，这是自西汉开国以来无人能及的。由此可见，汉武帝刘彻对于卫青这个小舅子真是喜爱至极。

而大家知道，大将军卫青那也是相当厉害的狠角色。他曾前后 7 次率领汉军精锐马队出征匈奴，"每出辄有功"。公元前 129 年，卫青直捣龙城，斩首七百；公元前 128 年，卫青出雁门，斩首数千；公元前 127 年，卫青光复河套；公元前 119 年，卫青深入漠北，与单于决斗，斩首一万八千。卫青在战场上绝对可称战功赫赫，威震四方。

优秀的人，真是处处都优秀。大将军卫青不但功勋卓著，并且他也十分会做人。卫青对待手下将士更是保护有加，他为人重情重义，虽然身居高位，拥有重权，但他不结党营私。卫青做事懂得顾大局，他为人谦逊，夷易随和。面临皇上的恩赐，他也总会让功于别人。于是，卫青深得手下将领们的爱戴，不但如此，又因为他不结党，所以，卫青也深得汉武帝的信赖。

只可惜，公元前 106 年，卫青病死，汉武帝心痛不已，为表彰卫青的功劳，汉武帝给他"烈"的谥号。

第二位：桑弘羊

这个人是汉武帝的财务部长。我们知道无论是对外的打仗，还是对内的国民发展，财务部长都是一个相当重要的角色，而桑弘羊这个财务部长就为汉武帝的战功提供了充足的财政支撑、物质保障。桑弘羊出身商人家庭，13 岁时以精于心算入侍宫中。

如果说汉武帝刘彻在打仗时，有一个支援他的"国宝"，那这个"国宝"绝对就是西汉这位著名的"精算师"——桑弘羊。桑弘羊特别像是从现代"穿越"到西汉的人，他提出的经济改革理念非常先进，概括地说，桑弘羊的经济理念，就是一句话：一切都是国家的，一切都是国营的。

桑弘羊是汉武帝擢用的理财家。当时，汉武帝扔给了桑弘羊一个烫手的山芋，摆在桑弘羊面前的任务非常紧迫，就是赶快为汉朝敛钱！由于汉武帝连年对外用兵，所以财力和物力消耗极其巨大，汉武帝不仅将过去先祖们多年积累的老本吃光了，财政上还出现了很大的缺口，而这缺口还在变得越来越大。

财务部长桑弘羊对于西汉经济的改革，实际上不仅是一场中央财政开源式的改革，更是一场对当时的地方势力灭绝式打击的改变。这也是财务部长桑弘羊在汉武帝时代起的最大作用。桑弘羊所实施的众多措施都在不同程度上取得了成功，在经济学领域颇为精明的桑弘羊，大幅度增加了西汉政府的财政收入。

历史的轨迹已经证明：作为汉朝顶级的理财家，桑弘羊在长达近三十年的时间里，秉持着工商富国的思想，极力主张和践行工商官营，将很多营利的生意都收到了政府的管控范围内，主持或参与制定一系列经济政策和制度，桑弘羊的这种财政制度为汉武帝的文治武功奠定了雄厚的物质基础。桑弘羊除了在经济领域有着突出的表现外，作为一名出色的政治家，对政府管理和军事外交也曾作出过较大的贡献。

后来，晚年的汉武帝一时糊涂做了亡秦之事，但是，汉武帝却避免了亡秦之祸，这其中有汉武帝自悔自改的功劳。而汉武帝虽然没有经历亡秦之事，但整个西汉的经济也大受亏损，哪怕桑弘羊有着最精明的财务治理头脑，无奈当时社会财富就那么多，不管桑弘羊如何巧取豪夺，羊毛最终出在羊身上，晚年的汉武帝好大喜功，最终一切的经济损失全部都由老百姓买了单。

只是，桑弘羊一生努力作为，却都没有得到后人对他的认可和赞扬，反而他还受到后人的质疑、唾弃。著名的大文人苏东坡甚至贬桑弘羊为"粪秽"；而桑弘羊在世的时候，民间也流传着咒骂他的话"烹弘羊，天即雨"。最终，桑弘羊被他的政敌揪住了小辫子，惨遭烹煮，死得很惨很难堪。

第三位：霍去病

霍去病如果出生在现代，那绝对是少女们追捧的偶像，他的身上几乎拥有穿越小说里主角的全部特性。首先，霍去病出身寒门，身份卑贱，

汉武帝陵密码

喜欢引经据典把正在办理的案件说得光鲜亮丽，而这也正好中了汉武帝的下怀。在汉武帝时期，张汤的权势也达到了顶峰。张汤的权势不仅仅体现在朝政上，甚至还影响到了对匈奴的和亲。

有一次，汉武帝正与朝廷中的群臣讨论是否要与匈奴和亲的事情，所有的大臣都觉得要用和亲来换得现世的安稳。而没有参加讨论会的张汤却上书汉武帝刘彻，他言辞激烈地主张要用武力来解决与匈奴之间的问题。

张汤在朝廷上与汉武帝配合十分默契，他忠君唯上、唯命是从，深得汉武帝的喜爱。在处理事务上，张汤做事果敢、用法严苛。汉武帝刘彻也给了张汤巨大的权力，他可以直接秉承最高旨意，施行严刑峻法。张汤一生都忠于汉武帝，他在工作中不惜运用任何严厉手段打击一切不利于汉武帝刘彻皇权统治的力量，时时刻刻想的都是维护皇家的集权制度。他一生中遵旨办案，依律断案。

千秋万岁名，寂寞身后事。张汤的墓是西北政法大学 2002 年在长安区郭杜新校区基建工地上发现的，也许是天意让张汤葬在了此地。一亭、一碑、一馆，便是张汤墓地的全部。警示、纪念、教学，与立法、执法、守法，组成一种别具意味的文化结构。一国之法，关于社会、历史这般的大课题，它们既在这里沉思，又在这里延展。古往今来，多少怨恨纷争，多少血泪荣辱，凝结一角，它正在不声不响地任人评说。